유로존 경제위기의 사회적 기원

이 연구는 2013년 정부(교육부)의 재원으로 한국연구재단의 지원을 받아 수행한 연구입니다.
(NRF-2013-S1A5B8A01053931)

이 도서의 국립중앙도서관 출판예정도서목록(CIP)은 서지정보유통지원시스템 홈페이지(http://
seoji.nl.go.kr)와 국가자료공동목록시스템(http://www.nl.go.kr/kolisnet)에서 이용하실 수 있습
니다.(CIP제어번호: 2015026330)

유로존 경제위기의 사회적 기원

서울대학교 사회발전연구소 기획 | 장덕진 외 지음

한울
아카데미

책 머리에

이 책을 위한 연구는 유로존 경제위기가 한창이던 2012년에 집중적으로 이루어졌다. 국내에서는 대선을 앞두고 복지 정책, 재정의 지속 가능성, 경제민주화 등의 이슈를 놓고 치열한 갑론을박이 벌어지고 있었다. 장기적인 전망하에 지속 가능한 복지국가를 건설하고 경제민주화를 통해 갈수록 심각해지는 양극화를 해소해야 한다는 정책적 이상은 정치화·구호화된 채 실종되어가고 있었다. 시장과 정치, 사회적 연대와 역사적 경험의 복잡한 결과물인 유로존 경제위기는 심각하게 단순화되어 복지 포퓰리즘과 재정 파탄 걱정으로 치환되었다. 가파른 고령화 추세와 더불어 한국은 이제 마지막 기회일지도 모를 중요한 전환점을 맞고 있는 상황인데, 막상 정책에 큰 영향을 미칠 수 있는 행위자들은 하나같이 선거 승리에만 몰두하고 있었다. 이 책의 저자들은 이러한 상황의 심각성을 인식하고 연구에 착수했다. 한국을 포함해 5개 국가들의 경험을 비교하고 그로부터 우리 앞에 놓인 과제와 그에 대한 해결책을 분명히 하는 작업이 필요했다.

그리스와 이탈리아는 경제위기의 타격을 가장 크게 받은 나라들이다. 그런가 하면 한때 유럽의 병자病者라 불리던 독일은 장기적이고 일관되며 세심한 구조 개혁을 통해 유럽의 최강자로 부상하고 있었다. 복지 지출이 OECD 최하위권인 한국과 비교하면 그리스와 이탈리아의 GDP 대비 공적 사회지출은 훨씬 높은 것이 사실이지만, 유럽의 최강자가 된 독일의 공적 사회지출은 그보다 더 높으니 복지 때문에 경제위기가 온다는 단순한 공식은 성립하지 않는다. 복지 후발주자이자 성장에 대한 욕구가 매우 높은 한국은 한편으로는 저성장 시대를 이겨내고 다른 한편으로는 세원 축소와 복지 수요 증가를 뜻하는 고령화와 맞서면서 복지국가를 건설해야 한다는, 일견 불가능해 보이는 과제에 직면해 있다. 이처럼 어려운 과제에 제대로 맞서려면 한국의 정부는 대단히 유능해야 할 것이다. 그러나 터키의 경험은 국가가 반드시 모든 것을 맡아야 하는 것은 아닐 수도 있음을 보여준다. 국가의 역량에 비해 훨씬 성숙한 터키의 시민사회는 국가가 미처 감당하지 못하거나 감당하지 않으려 하는 빈틈을 메운다. 복지국가와 복지사회의 적절한 조합을 생각하게 하는 역사적 경험이다.

연구는 다양하고 지난한 과정을 거쳐 진행되었다. OECD 34개 국가의 모든 경제지표와 사회지표를 분석하고, 집중 비교 대상인 5개 나라들에 대해서는 상세한 사례 연구가 이루어졌다. 연구진이 개발한 표준적인 질문지로 5개국에서 동시에 설문조사를 실시해 각 나라 국민들의 경험과 의식을 파악했으며, 네 나라에서 50명이 넘는 전문가들을 심층면접하며 자료 분석을 통해 이루어진 우리의 연구가 그들의 실제 경험에 얼마나 접근하고 있는지를 확인했다. 면접대상자들은 정책을 책임지는 고위관료, 각국 상하원 의원, 정당 싱크탱크의 전문가들, 경총 및 노총 관계자, 학자, 언론인 등으로 구성되었다.

이 책의 각장은 ≪국제지역연구≫ 특집호와 *Development and Society*, 한국보건사회연구원 연구보고서에 실린 바 있는 논문이다. 단행본으로 새로 만드는 과정에서 지난 3년간의 변화를 반영해 내용을 보강·수정하거나 구성을 바꾸었다. 게재를 허락해준 두 학술지에 감사한다. 실린 글들은 다음과 같다.

서 론 장덕진. 2013. 「유로존 경제위기의 사회적 구성: 그리스, 이탈리아, 독일, 터키, 한국의 비교」, ≪국제지역연구≫, 제22권 제3호, 1~16쪽.

제1장 구혜란. 2013. 「그리스의 사회경제적 위기와 회복탄력성」, ≪국제지역연구≫, 제22권 제3호, 17~43쪽.

제2장 남은영. 2013. 「이태리 사회, 경제적 위기: 복지모델과 사회갈등을 중심으로」, ≪국제지역연구≫, 제22권 제3호, 45~87쪽.

제3장 김주현·박명준. 2013. 「사회의 질과 사회적 합의 지향성의 효용: 독일의 경제위기 극복사례」, ≪국제지역연구≫, 제22권 제3호, 89~120쪽.

제4장 최슬기. 2013. 「사회통합 역량으로 바라본 터키 사회의 질」, ≪국제지역연구≫, 제22권 제2호, 121~145쪽; 최슬기 외. 2012. 「터키의 복지의식과 사회통합」, 『사회정책과 사회통합의 국가비교: 아시아 국가를 중심으로 1(터키)』, 한국보건사회연구원 연구보고서.

제5장 정병은. 2013. 「한국의 사회의 질과 복지 체계: 이탈리아, 그리스, 독일로부터의 함의」, ≪국제지역연구≫, 제22권 제3호, 121~150쪽.

제6장 Hyungjun Suh, Jaeyeol Yee and Dukjin Chang. 2013. "Types of Trust and Political Participation in Five Countries: Results of Social Quality Survey." *Development and Society*, Vol.42, No.1, pp.1~28.

제7장 우명숙 외. 2013. 「'좋은 사회'는 삶의 만족을 높이는가: 5개국 개인 삶의 만족과 사회갈등해소역량」, ≪국제지역연구≫, 제22권 제2호, 87~120쪽.

연구의 진행 과정에서 많은 분들의 도움을 받았다. 한국연구재단은 물론 이러한 대규모 연구가 가능할 수 있도록 지원을 아끼지 않았던 SBS문화재단의 도움이 없었다면 이 연구는 불가능했을 것이다. 이 자리를 빌려 감사드린다. 여러 나라의 전문가들을 접촉하고 심층면접하는 과정에서도 많은 신세를 졌다. 주 독일 한국대사관, 주 그리스 한국대사관, 주 이탈리아 한국대사관에서 베풀어주신 도움을 잊지 못한다. 터키에 대한 심층적인 연구는 이스탄불문화원의 후세인 아지트Huseyin Yigit 원장과 카디르 아이한 Kadir Ayhan 씨의 도움이 없었다면 어려웠을 것이다. 이들은 터키의 수많은 연구자 및 시민사회단체들과 우리 연구진을 연결해주고 최선의 도움을 주었다. 독일 연구와 관련해서는 주 독일 한국대사관뿐 아니라 프리드리히 에버트 재단Friedrich Ebert Foundation의 탁월한 아시아 담당 전문가인 마리나 크레이머Marina Kramer의 도움이 있었다. 그의 우정에 감사한다. 촉박한 일정에도 불구하고 그녀는 에버트 재단이나 사민당 이외의 독일 정치권 곳곳에 중요한 인터뷰 기회를 만들어주었다. 또한 서울대학교 사회발전연구소 조교들의 헌신과 탁월한 역량을 빼고는 이 연구를 말할 수 없다. 그들은 방대한 자료 분석에서부터 외국 전문가에 대한 인터뷰 준비, 영어로 진행된 인터뷰 내용을 우리말로 풀어내는 작업에 이르기까지 공동연구자라 불러도 손색이 없을 능력을 발휘했다. 강미선, 김길용, 김대욱, 김미선, 문병준, 박기웅, 서형준, 유기웅, 전기훈, 추지현, 카디르 아이한이 그들이다. 이 책의 공동저자로 참여했지만 이름을 올리지 않은 조교들의 기여도 그에 못지않다. 책이 만들어지는 과정에서 구서정 조교는 모든 복잡한 과정을 세심하면서도 유쾌하게 관리해주었다. 언제나 그렇듯이 연구진이 연구에만 몰두할 수 있는 환경을 만들어준 행정실장 유선에게도 감사한다. 원고가 다듬어지는 긴 시간을 인내하고 좋은 책으로 묶어준 도서출판 한울에도 감사한다.

2015년 9월
저자들을 대표하여
장덕진

차례

표와 그림 차례

유로존 경제위기의 사회적 구성*
그리스, 이탈리아, 독일, 터키, 한국의 비교

장덕진

1. 서론

지난 2010년 그리스가 EU와 IMF에 구제금융을 요청하면서 시작된 유로존 경제위기는 아일랜드, 포르투갈, 이탈리아, 스페인 등 여러 나라를 휩쓸었다. 전문가들은 유로존 경제위기의 원인으로 방만한 재정 운용으로 인한 국가부채를 지적했으며, 특히 사회복지 지출이 재정에 악영향을 미쳤다고 분석했다. 하지만 과연 사회복지 지출만이 문제인가? 이 책은 그리스, 이

* 연구를 위해 추가적인 예산과 전폭적 지원을 아끼지 않은 ㈜SBS에 감사의 뜻을 전한다. 이 책에 필자로 참여하지는 않았지만 전반적인 연구를 함께 수행한 공동연구원 및 연구보조원들의 노력이 없었다면 이 연구는 불가능했을 것이다. 공동연구원으로 참여한 정진성, 한신갑, 안상훈 교수, 연구보조원으로 참여한 추지현, 카디르 아이한, 유기웅, 조성현, 문병준, 이준태에게 감사드린다.

탈리아, 독일, 터키, 한국의 5개국 비교를 통해 재정 운용과 더불어 각국의 독특한 사회적 특성이 경제위기에 중요한 역할을 했음을 밝히고자 한다.

주된 비교 대상인 다섯 개 국가는 여러 전략적 고려 끝에 선택되었다. 그리스와 이탈리아, 그리고 터키는 여러 경제·사회지표를 활용해 OECD 국가들을 분류해볼 때 한국과 비슷한 유형으로 종종 묶이는 나라들이다. 그리스와 이탈리아는 확실한 유럽 국가로 분류되는 반면 터키는 아시아적 특성과 유럽적 특성을 동시에 가지고 있는 나라이다. 터키는 비교 대상 국가들 중 유일한 이슬람 국가여서 종교적·문화적인 차이점들을 가지고 있지만, 동시에 강력한 국가와 군부의 정치 개입 등 한국과 매우 비슷한 현대사를 경험하기도 했다. 독일은 경제·사회지표를 활용한 유형 분류에서는 나머지 네 나라와 상당히 다른 것으로 나타나지만 분단의 경험이라는 측면에서는 한국과 공유하는 바가 있다. 이처럼 비교 대상 국가 간에 공통점과 차이점의 다양한 조합이 존재한다는 것은 비교를 통해 얻을 수 있는 함의가 극대화될 수 있다는 것을 의미한다.

게다가 2010년 초부터 유럽을 덮친 유로존 위기는 이 국가들을 또 다른 방식으로 나눠놓고 있다. 유럽 국가들 중 한국과 비슷한 특징을 가장 많이 가진 그리스와 이탈리아는 위기의 핵심 당사국이 되어 고통을 겪고 있다. 하지만 유럽과 아시아의 경계에 있으면서 한국과 비슷한 특징을 많이 가진 터키는 위기와 상관없이 높은 성장률을 지속하고 있다. 그런가 하면 한국과 분단의 경험을 공유한 독일은 유럽에서 가장 견실한 성장과 사회통합을 과시하고 있다. 터키가 위기와 무관하다는 것은 한국과 비슷한 경제·사회적 특성이 곧장 위기로 연결되는 것은 아니라는 점을 시사한다. 또한 독일의 견실한 성장은 유럽 혹은 유로존 그 자체는 문제가 아닐 수 있음을 시사한다.

그렇다면 경제위기에 빠진 나라와 그렇지 않은 나라의 차이를 가져오는 요인은 무엇일까? '경제위기'라는 단어가 자연스럽게 함축하듯이, 재정건전성이라든가 과도한 복지 지출, 금융위기의 여파, 자산 거품 붕괴, 불완전한 통화연합 등의 경제적 변수를 우선 생각할 수 있다. 하지만 많은 경제위기들이 그렇듯이 유로존 위기도 단순히 경제만의 위기는 아닌 것으로 생각된다. 여기에는 두 방향의 사회적·정치적 요인들이 작동하고 있을 수 있다. 첫 번째로, 예를 들어 재정건전성 위기를 가져오기 쉽게 만드는 사회적이고 정치적인 요인들을 생각할 수 있다. 사회의 일반적인 투명성 수준이 매우 낮다거나 정치적 포퓰리즘이 만연한 사회에서는 탈세나 퍼주기식 복지가 만연할 가능성이 높고, 이것은 쉽게 재정건전성의 문제로 이어질 것이다. 경제위기의 사회적 기원인 셈이다. 두 번째로, 일단 발생한 경제위기가 단순히 경제의 위기로 끝나지 않고 커다란 정치적 파장과 공동체의 붕괴로 이어질 수도 있다. 경제위기가 사회위기로 전환되는 셈이다.

이 책에 수록된 일곱 편의 글들은 이처럼 경제위기의 사회적 기원, 혹은 경제위기의 사회위기로의 전환을 살펴보려는 글들이다. 이를 위해 연구진은 OECD 34개국을 대상으로 다양한 분석을 진행했다. 우선은 이들 국가들에 대해 사용한 모든 경제지표 및 사회지표들을 모아서 그 특징과 지표들 사이의 상관관계 등을 파악했다. 또한 최종 비교 대상 국가로 선정된 그리스, 이탈리아, 독일, 터키, 한국 등 5개국에 대해서는 2012년 5월에 설문조사를 실시했다. 이 설문조사는 동일한 질문지로 진행되어서 5개국 국민들이 경제·사회·정치 전반에 걸쳐 어떤 생각과 행동을 하고 있는지를 비교할 수 있도록 설계되었다. 끝으로 2012년 6월 마지막 주와 7월 둘째 주까지에 걸쳐 3주 동안 한국을 제외한 나머지 4개국에 직접 방문하여 총 50명의 전문가에 대한 심층면접을 진행했다. 이것은 지표 분석과 설문 자료 분석을 통해 얻어진 양적 결과에 대한 우리의 해석이 현지 전문가들에 의해 받아들여지는지를 확인하려는 과정이었으며, 인터뷰 대상은 학자, 정치인, 언론인, 노조 관계자 등으로 구성되었다.

2. 지표를 통해 본 경제위기의 사회적 구성

1) 분석 대상 국가 및 분석에 사용된 지표

이 글에서는 위에 언급한 다양한 분석들 중 주로 지표에 대한 분석을 통해 유로존 위기의 사회적·정치적 분포를 설명한다. 또한 이러한 분포 속에서 우리가 비교 대상으로 삼는 5개국이 각각 어떤 위치를 차지하고 있는지도 파악한다. 설문 자료에 대한 분석은 다른 논문들에서 다루어질 것이다. 독자들은 이 글을 먼저 읽고 다른 논문들을 읽음으로써 각각의 국가들에 대한 분석 및 그 분석 결과에 대한 해석에 대해 더 풍부한 맥락 속에서 이해할 수 있게 될 것이다.

분석 대상 국가는 OECD 34개국으로부터 출발했다. 그러나 비교 가능성을 높이기 위해 인구 규모가 너무 작은 국가(인구 50만 명 이하)와 탈사회주의 국가, 그리고 자료 가용성이 낮은 국가를 제외함으로써 총 10개국[2]이 탈락했고 최종적으로는 24개국이 분석 대상이 되었다.[3] 분석에 사용된 지

---

2 탈락된 국가들은 기준별로 각각 다음과 같다. 인구 50만 명 이하인 국가인 룩셈부르크(약 50만 명), 아이슬란드(약 32만 명), 탈사회주의 국가로 체코, 에스토니아, 헝가리, 폴란드, 슬로바키아, 슬로베니아, 자료 가용성이 낮은 국가인 칠레와 이스라엘 등이다.

3 24개국 명단은 호주, 오스트리아, 벨기에, 캐나다, 덴마크, 핀란드, 프랑스, 독일, 그리스,

표 1 분석에 투입된 지표들

지표 명	연도	출처	설명
실업률	2000~2007	OECD Factbook 2011	노동 인구 대비 실업자 비중(%)
여성 노동 참가율	2000~2007	OECD 고용과 노동 통계	15~64세 여성 인구 대비 취업 여성 비중(%)
자영업 비중	2000, 2005	OECD Factbook 2011	전체 고용 인구 대비 비중(%)
지하경제 규모	2006	Schneider et al,(2010)	GDP 대비 지하경제 비중(%)
일반 신뢰	2006~2009	World Values Survey, European Values Study, Eurobarometers	"대부분 사람들을 신뢰할 수 있다"에 긍정한 응답자 비율(%)
국가기관 신뢰도	2008~2010	Society at a Glance 2011: Gallup World Poll	군대, 사법기관, 정부를 신뢰할 수 있다고 응답한 사람 비율(%)
부패지수	2008~2010	Society at a Glance 2011: Gallup World Poll	기업과 정부의 부패 정도에 대한 인식(%)
사회복지 지출 규모	2000~2007	OECD	GDP 대비 사회복지 지출 비중(%)
재정수지 균형	2000~2008	OECD Economic Outlook 2011	GDP 대비 재정수지(%)
합의민주주의 전통	1980~최근	Savina Avdagic(2010)	선거 비례성이 높고 정당의 경쟁 정도가 높은 경우, 갤러거 불비례성 지수(Gallegher disproportionality index)와 락소-타게페라 지수(Laakso-Taagepera index)를 조합해 구성
정부 효과성	2008	World Governance Index, World Bank	공공 서비스 제공, 관료제, 공무원의 질, 공적 서비스의 정치적 독립성, 정부 정책의 신뢰성 등을 종합해 측정
참여와 책임성	2008	World Governance Index, World Bank	정치 과정, 시민의 자유, 정치적 권리, 미디어 독립성 등을 종합해 측정
법의 지배	2008	World Governance Index, World Bank	사회의 규칙을 준수하고 신뢰하는 정도

표는 〈표 1〉에 정리되어 있다.

〈표 1〉에 제시된 13개의 지표들은 두 가지 원칙에 의해 선택되었다. 첫째, 이번 특집호에 실린 논문들의 공통된 출발점인 '사회의 질Social Quality'

아일랜드, 이탈리아, 일본, 한국, 멕시코, 네덜란드, 노르웨이, 뉴질랜드, 포르투갈, 스페인, 스웨덴, 스위스, 터키, 영국, 미국이다.

이론(Beck et al., 2001)의 네 개의 조건적 요인들conditional factors 을 가급적 고루 충족시킬 것,[4] 둘째, 지표들 사이의 중복성을 최소화함으로써 효율적인 분석이 되도록 할 것 등이다. 물론 이 두 개의 기준이 항상 완벽하게 충족될 수는 없기 때문에 경우에 따라 이론적 고려를 위해 분석의 효율성을 일정 부분 희생하거나 혹은 그 반대의 경우도 있었다. 이 13개의 지표들을 이용하여 분석 대상이 된 24개 국가에 대해 다양한 분석을 실시했는데, 그것은 다차원축적도Multidimensional Scaling: MDS, 군집분석Cluster Analysis, 질적 비교분석Qualitative Comparative Analysis: QCA 등이었다. 이 중에서 다차원축적도와 질적 비교분석은 거의 동일한 결과를 제공했으며, 군집분석은 여러 개의 집락을 찾아내는 특성상 2차원 평면에 표현되는 다차원축적도와 완전히 일

---

4   원래 사회의 질 개념을 제안한 유럽 학자들은 이를 측정할 수 있는 95개의 경험적 지표를 제시했었다(Van der Maesen and Walker, 2005; Van der Maesen, Walker and Keiger, 2005). 그러나 국제 비교연구를 하기에는 지표의 수가 너무 많고, 일부 지표들은 유럽의 상황에만 적용될 수 있는 것들이어서 '아시아 사회의 질 연구 컨소시엄(Asian Consortium for Social Quality: ACSQ)'에 소속된 일군의 아시아 학자들에 의해 아시아적 상황에 맞도록 약간의 변형을 거친 바 있으며, 이재열과 장덕진은 경험적 분석에 입각해 이것을 다시 19개로 축소하고 네 개의 조건적 요인도 조금씩 수정할 것을 제안한 바 있다(Yee and Chang, 2011). 원래의 조건적 요인들은 ① 사회적 응집성(social cohesion), ② 사회경제적 안전성(socioeconomic security), ③ 사회적 포용성(social inclusion), ④ 사회적 역능성(social empowerment)으로 구성되는 반면, 이재열과 장덕진이 새로 제안한 조건적 요인들은 이것을 각각 ① 사회적 역능성(social empowerment), ② 복지와 사회안전망(welfare and social security net), ③ 인적자원 투자와 회복탄력성(human capital investment and resilience), ④ 정치적 역능성(political empowerment)으로 수정·보완하고 있다. 이 수정된 조건적 요인들과 19개의 지표들은 아시아 사회의 질 컨소시엄이 주최하고 유럽 사회의 질 재단(European Foundation on Social Quality: EFSQ)이 참여한 국제 학회에서 그 유용성을 인정받고 적어도 아시아 사회의 경우 앞으로 이 수정된 안을 사용하는 데에 합의한 바 있다. 하지만 아직까지 이 수정안이 원래의 안을 완전히 대체한 것은 아니어서 사회의 질 관련 연구에서 두 가지는 상황에 따라 혼용되고 있는 상황이다. 이 책의 글들도 필자에 따라 원안을 사용한 경우와 수정안을 사용한 경우가 함께 존재한다.

치할 수는 없지만 대체로 비슷한 결과를 제공했다. 세 가지의 분석 결과가 거의 일치하기 때문에 이 글에서는 논의의 효율적 전개를 위해 다차원축적도를 중심으로 설명하기로 한다.

2) 다차원축적도 분석 결과

〈그림 1〉에서 국가들은 분석에 사용된 13개 지표상 비슷한 특성을 공유할수록 서로 가깝게 놓이게 되고, 공유하는 특성이 적을수록 서로 멀리 놓이게 된다. 다차원축적도란 여러 개의 차원을 동시에 고려하여 사례들을 2차원 평면에 나타내는 기법으로서, 마치 3차원 공간을 2차원의 지도에 나타내는 것과 같은 방식이다. 따라서 가로축과 세로축은 그 자체로서 절대적인 의미를 가지는 것은 아니며, 축이 주로 무엇을 나타내는지는 사후적인 해석을 필요로 한다. 속성정합분석 Property Fitting Analysis: PROFIT 결과에 따르면 〈그림 1〉에서 가로축은 주로 거버넌스(정부 효과성, 법의 지배), 신뢰(일반 신뢰, 국가기관 신뢰), 부패 등을 나타내고 있으며, 세로축은 주로 사회복지 지출 규모, 재정수지 균형, 합의민주주의 전통 등을 나타낸다.

여기서 흥미로운 것은 이 연구가 한창 진행되던 2012년 한국에서 가장 중요하게 논의되던 사회적 의제들이 거의 예외 없이 〈그림 1〉의 세로축에 포함된다는 점이다. 2012년 4월 총선과 12월 대선을 거치면서 한국에서는 복지가 가장 큰 사회적 의제가 되었고, 결국 보수정당조차 복지 확대를 공약으로 내세워야만 했다. 반면 복지 확대에 반대하는 입장에서는 복지 지출 증가에 따라 재정건전성이 무너질 수 있음을 계속해서 지적해왔다. 다른 한편 정치적으로는 2012년의 선거는 단순히 한 번의 총선이나 대선이 아니라 25년간 지속되어온 소위 87년 체제를 극복하는 대안적 정치체제의

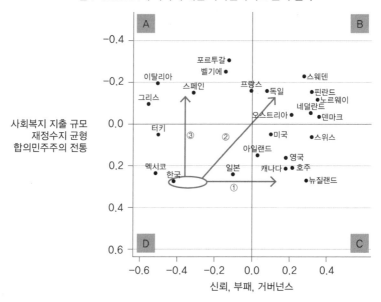

그림 1 OECD 24개 국가에 대한 다차원축적도 분석 결과

출현 가능성을 가늠하는, 소위 정초선거founding election가 될 가능성 때문에 많은 관심을 끌기도 했다. 여기에서 보듯이 세로축이 나타내는 복지 지출, 재정수지 균형, 합의민주주의 전통이라는 세 가지 지표는 2012년 한국의 가장 뜨거운 의제였던 것이다.

반면 가로축이 나타내는 지표들은 2012년 한국의 뜨거운 의제들에 가려 그다지 큰 관심의 대상이 되지 못했던 것들이다. 한국의 낮은 신뢰 수준이나 부패(투명성)의 문제는 꾸준히 논의되는 주제이기는 하지만 세로축이 나타내는 복지나 민주주의만큼 대대적인 관심의 대상이 되지는 못했다. 선거가 '무엇을' 할 것인지를 결정하는 정책 간 경쟁의 장이라면 거버넌스는 무엇을 하든지 간에 '어떻게' 할 것인가의 문제이다. 복지 지출을 얼마나 많이 할 것이냐도 문제이지만, 이에 못지않게 지출되는 복지 예산이 얼마나 투명하고 효율적으로 사용되는지, 혹은 꼭 필요한 곳에 실제로 전달된다는 의미에서 얼마나 효과적으로 사용되는지 등도 중요한 문제라는 뜻이다. 〈그림 1〉에서 국가들의 운명을 가르는 두 개의 축들 중에 거버넌스의 문제가 하나의 축을 차지한다는 것은 향후 한국 사회의 진로와 관련해 중요한 함의를 가진다.

3) 네 개의 권역들

두 개의 축에 대한 설명을 마쳤으니 이제는 〈그림 1〉의 2차원 공간에서의 국가들의 분포를 살펴보기로 하자. 〈그림 1〉의 공간은 A, B, C, D로 표시된 네 개의 권역으로 나누어볼 수 있다. 이때 흥미로운 것은 권역 A에 유로존 위기의 핵심 당사국들인 소위 PIGS 국가들, 즉 포르투갈, 이탈리아, 그리스, 스페인이 모두 포함된다는 점이다. 벨기에도 권역 A에 속하는데, 벨기에는 핵심 위기 국가는 아니지만 언제든 위기의 불길이 옮겨붙을 가능성이 있는 나라로 자주 지목되곤 했다. 그렇다면 권역 A는 거의 예외 없는 '위기 지역'이라고 할 수 있다. 세로축에서 볼 때 이들 국가의 특징은 복지 지출 수준은 높고 재정건전성은 나쁘며, 합의민주주의 전통도 취약하다는 점이다. 또한 가로축으로 보면 대체로 신뢰 수준이 낮고 부패 수준은 높으며 정부 효과성은 낮고 법치주의 수준도 낮은 편이다. 간단히 요약하면 정부와 사회의 전반적 거버넌스가 낮은 상태에서 복지 지출만 높고, 따라서 이것이 쉽게 재정건전성 악화로 연결되었을 것이라고 생각할 수 있다. 이 글의 앞부분에서 제기한 '경제위기의 사회적 기원'에 해당되는 설명이다.

권역 B에는 가장 모범적 복지국가 사례로 자주 언급되는 스웨덴, 핀란드를 비롯해 유로존 위기 상황에서 가장 건실한 경제 상황을 유지하며 실질적인 자금줄 역할을 하고 있는 독일 등이 포함된다. 이들 국가들이 세로축에서 높은 값을 가지는 점에서 알 수 있듯이, 이들의 복지 지출 수준은 위기 국가들과 비슷하거나 혹은 더 높다. 즉, 복지 지출 그 자체를 곧바로 재정건전성 악화나 경제위기로 연결 짓는 설명들은 근거가 없거나 혹은 과장된 설명일 가능성이 높다. 실제로 세로축에서 이들 국가들의 특징은 높은 복지 지출 수준과 높은 재정건전성, 그리고 높은 수준의 합의민주주의 전통을 동시에 가지고 있다는 점이다. 또한 가로축에서는 신뢰 수준, 정부 효과성, 법치의 수준이 높고 부패 수준은 낮다. 권역 A에 대한 해석 방식을 권역 B에도 적용한다면, 정부와 사회의 거버넌스 수준이 높으면 복지 지출을 늘리더라도 전혀 문제가 되지 않는다고 볼 수 있다.

권역 C에는 미국, 영국, 캐나다 등 주로 영미식 모델이라 불리는 국가들이 많이 포함되어 있다. 이들 국가들은 세로축에서는 미국을 제외하고는 합의민주주의 전통이 취약한 편이고, 재정수지 균형도 대체로 취약한 편이며, 복지 지출 수준도 낮다. 가로축에서는 일반 신뢰는 낮지만 기관 신뢰는 높고, 정부 효과성과 법치 수준이 높으며 부패는 낮은 특징을 보인다. 즉, 이들 국가들은 시장원리를 중시하면서 정부가 게임의 규칙을 관리하는 모델이라고 볼 수 있다. 시장의 효율을 중시하다 보니 복지 수준은 낮은 편이고, 기관 신뢰가 높은데도 불구하고 일반 신뢰는 낮은 데서 보듯이 게임의 규칙은 믿지만 함께 게임에 참여하는 다른 이들은 공동체의 일원이 아니라 믿어서는 안 될 경쟁자로 간주된다.

한국은 일본, 멕시코, 터키와 함께 권역 D에 속한다. 세로축에서 이들은 합의민주주의 전통이 취약하고 복지 지출 수준도 낮지만 재정건전성은 대체로 높은 편이다. 강력한 국가가 사회 구성원의 요구에 반해 복지 지출을 억제하고 그 결과 재정의 건전성을 유지하는 데 도움이 되는 형태이다. 가로축에서는 이들 국가들은 신뢰 수준과 정부 효과성, 법치의 수준이 모두 낮고 부패 수준은 높은 편이다. 예외가 있다면 터키의 경우 일반 신뢰는 낮지만 기관 신뢰는 높은 편이고, 한국의 정부 효과성이 다른 나라들보다 높은 정도이다.

3. 비교 대상 국가들의 특성

1) 비교 대상 국가들의 위치

이제 이 네 개의 권역에서 여섯 편의 글에서 다루고 있는 국가들이 어디에 속하는지를 보자. 그리스와 이탈리아는 권역 A에 속한다. 앞에서의 해석이 맞다면 이들 국가들은 정부와 사회의 전반적 거버넌스가 낮은 상태에서 복지 지출만 높고, 따라서 쉽게 재정건전성 위기로 연결되는 모습을 보여줄 가능성이 높다. 또한 제대로 된 합의민주주의의 전통이 취약하다는 점도 이들 국가들에서 위기를 불러오는 정치체제의 문제, 혹은 이미 벌어진 위기에 효과적으로 대응하지 못하게 만드는 정치적 불안정과 비효율의 모습을 목격하게 될 가능성이 높다. 나아가 전반적 거버넌스의 수준이 낮다는 것은 지출된 복지 예산이 효과적이고 효율적인 방식으로 사용되지 못하고 있을 가능성을 제기한다. 실제로 그리스에 대한 구혜란의 연구(제1장)와 이탈리아에 대한 남은영의 연구(제2장)는 이 예상들이 거의 다 사실이라는 점을 보여준다.

또 다른 비교 사례인 독일은 스웨덴, 핀란드 등과 더불어 권역 B에 속한다. 권역 B에는 복지 지출 수준이 높지만 정부와 사회의 전반적 거버넌스 수준이 높기 때문에 문제가 되지 않는 국가들이 주로 모여 있다. 더 구체적으로 독일은 세로축에서 복지 지출과 합의민주주의 전통이 함께 높고, 재정건전성도 최근 10여 년간 계속해서 향상되어왔다. 일반 신뢰의 수준은 특별히 높은 편이 아니지만 기관 신뢰 수준은 높고, 정부 효과성과 법치주의도 높은 수준에서 관철된다. 그렇다면 독일은 어떻게 해서 이러한 바람직한 사회적 특성들을 고루 갖추게 되었을까? 제3장에 실린 김주현·박명준의 연구는 그 비결 중의 하나가 '사회적 시장경제social market economy'에 대한 사회적 합의, 그리고 정치의 대표성을 높여주고 정책의 일관성을 가능하게 하는 선거제도에 있다고 말한다.

한국과 함께 권역 D에 속하는 터키는 한국과 매우 비슷한 현대사를 가지고 있다. 군부 출신 대통령으로 터키의 국부로 불리는 케말 아타튀르크 Kemal Ataturk[5]는 한때 박정희와 종종 비교되기도 했다. 구 사회주의권의 동쪽 끝에 한국이 있었다면 서쪽 끝에는 터키가 있었다. 미국과의 긴밀한 관계는 물론이고 GDP 대비 강력한 군사력을 가지고 있다는 공통점도 있다. 그런가 하면 한국에서 1961년, 1972년, 1980년의 군사 쿠데타가 일어난 것처럼 터키에서는 1960년, 1971년, 1980년 쿠데타가 있었다. 한국에서는 1987년 직선제 개헌과 절차적 민주주의로의 전환이 일어난 반면 터키에서는 아직도 그 과정이 마무리되지 않고 있다는 점은 중요한 차이이다. 물론 다른 한 가지 큰 차이점은 터키가 이슬람 국가라는 점이다. 그러나 터키는 세속주의를 택하고 있으므로 정치와 종교는 엄격하게 분리되며, 가장 개방

---

5 한국에서는 케말 파샤라는 이름으로 더 잘 알려져 있지만, 그는 대통령이 된 후 아타튀르크라는 성(姓)을 부여받았다. 아타튀르크란 '튀르크의 아버지'라는 뜻으로 말 그대로 '국부'인 셈이다. 이 성은 케말 아타튀르크 단 한 사람에게만 부여되었으며, 어느 누구도 이 성을 쓰는 것은 금지되었다고 한다.

된 형태의 이슬람 국가라고 할 수 있다. 〈그림 1〉을 보면 터키 또한 한국처럼 세로축에서는 합의민주주의의 전통이 희박하고 복지 지출도 부족한 반면 재정건전성은 비교적 잘 유지하고 있는 공통점을 보인다. 가로축에서도 다른 특징들은 거의 한국과 공유하지만, 한국과는 달리 터키는 매우 높은 수준의 사회통합적 역량을 유지하고 있다. 이것은 이번 연구에서 비교 대상이 된 어느 국가보다도 터키에 풍부하게 존재하는 것으로 확인되는 사회적 자본과 밀접하게 연관된다. 국가의 복지 지출 수준이 낮고 정부 효과성도 높지 않은 상태에서 국가 역할의 공백을 풍부한 사회자본이 메우고 있는 셈이다. 이 점에 대해서는 제4장에 실린 최슬기의 글에서 더 상세하게 설명한다.

다시 〈그림 1〉로 돌아가면, 한국은 비교 대상 24개 국가 중에서 가로축과 세로축의 값이 모두 가장 낮은 왼쪽 아래에 위치하고 있음을 볼 수 있다. 그러나 복지와 정치체제의 전환이 커다란 사회적 의제가 되었던 2012년의 경험을 거치면서 한국도 이제는 내내 같은 자리에 머무를 수만은 없게 될 것이다. 무엇보다 앞으로 한국의 복지 정책이 예정대로 실행될 경우 복지 지출 수준이 높아지면서 세로축에서 위로 올라가는 변화는 예정되어 있다. 그렇다면 한국은 어느 방향으로 움직이게 될 것인가? 〈그림 1〉에는 가능한 변화의 방향을 나타내는 세 개의 화살표가 그려져 있다. 먼저 ①번 경로는 세로축의 이동을 최소화하면서 가로축에서 오른쪽으로 이동함으로써 영미식 모델에 근접해가는 것이다. 정치체제에 큰 변화가 없는 상태에서 복지 지출 증가를 최소화함으로써 재정의 부담을 줄이고, 반면 법치와 투명성, 그리고 정부 효과성을 높이는 방향의 변화이다. 현재 한국 사회에서 벌어지고 있는 경제민주화 논의에서 보듯이, 게임의 규칙이 지켜지는 시장 중심 사회의 모습이 그려진다. ②번 경로는 정치체제의 유의미한 변화와 큰 폭의 복지 지출 증가를 통해 세로축에서도 위로 이동하고 법치, 투명성, 정부 효과성, 신뢰 수준 등 정부와 사회 전반의 거버넌스 개선을 동시에 이루어내는 길이다. 결과를 놓고 보면 가장 바람직한 복지국가의 모습이지만, 북유럽 복지국가들이 만들어진 시점과 이제부터 복지국가를 만들어나가야 하는 한국이 놓인 객관적 조건들이 다르기 때문에 과연 얼마나 실현 가능성이 있는지에 대해서는 진지한 고민이 필요하다. 이 문제는 한국의 사례를 다루고 있는 제5장 정병은의 글에서 좀 더 상세하게 논의한다. ③번 경로는 거버넌스의 전반적 개선이 이루어지지 않은 상태에서 복지 지출만 늘어나는 것이다. PIGS 국가들의 예에서 보듯이 이 경우 재정건전성 악화와 경제위기는 거의 예외 없이 현실이 되는 듯하다. OECD 최하위 수준의 복지 지출을 하고 있는 한국에서 복지 지출 증가는 적어도 일정 부분 불가피하다는 점을 인정할 때, 이와 동시에 거버넌스의 개선이 이루어지지 않으면 경제위기는 정해진 미래라고 주장하는 것도 가능해진다.

2) 사회적 힘들의 상호작용

지금까지는 다차원축적도 분석에 투입된 지표들을 중심으로 각 권역의 특징과 비교 대상 5개 국가의 위치를 해석했다. 그러나 실제로는 이 지표들이 측정하고 있는 다양한 사회적 힘들은 서로 복잡하게 얽이면서 경제위기를 불러오기도 하고, 혹은 경제위기를 사회위기로 전환시키기도 하는 거시적 결과들을 낳고 있을 것이다. 이 사회적 힘들은 어떤 방식으로 상호작용하고 있는 것일까? 이 질문에 대한 답은 5개국에 대한 설문조사 자료를 비교분석하고 있는 서형준·이재열·장덕진의 글(제6장)과 우명숙·김길용·유명순·조병희의 글(제7장)이 부분적으로나마 제시해준다. 제6장에서는 신뢰와 정치 참여라는 문제에 천착한다. 신뢰는 이번 연구의 이론적 배경이 되는 사회의 질의 조건적 요인들 중 사회적 응집성(혹은 수정안에 의하면 사회적 역능성)의 주요 구성 요인이기도 하고, 〈그림 1〉의 가로축에서의 위치를 결정하는 주요 변수이기도 하다. 신뢰의 유형을 네 가지로 구분한 이들의 연구에 따르면 비교 대상 5개국 중 가장 바람직한 사회적 특징과 경제적 성과를 보인 독일은 네 가지 유형의 신뢰가 비교적 고르게 발달해 있는 반면 한국, 이탈리아, 그리스는 불신형이 2/3를 넘을 정도여서 사회문제 해결을 위한 규범적 인프라가 부족한 상태이다. 이러한 신뢰 유형의 분포는 정치 참여의 정도와 형태에도 영향을 미치는 것으로 나타난다. 정치 참여는 사회의 질을 결정하는 조건적 요인들 중에서 사회적 역능성(혹은 수정안에 의하면 정치적 역능성)의 핵심 내용이고, 〈그림 1〉의 세로축의 내용을 결정하는 주요 변수이기도 하다. 서형준·이재열·장덕진의 글에서는 경제위기 상황에서 통합적 역량을 발휘하기보다는 집단 간의 책임공방과 폭력을 수반하는 갈등, 그리고 정부의 무능력이 두드러지게 나타나고 있는 몇몇 국가들에서 왜 경제위기가 사회위기로 전환되고 있는지를 설명해주고 있는 셈이다.

개인이 살고 있는 사회의 특성은 그 개인의 삶의 만족도에 영향을 미칠 것인가? 이 질문은 경제위기의 사회적 측면을 바라보는 이 책이 던지는 궁극적 질문인지도 모른다. 충분한 복지를 제공하면서도 재정건전성을 악화시키거나 경제위기를 초래하지 않는 사회, 설사 경제위기가 벌어지더라도 사회위기로 전환되어 필요 이상의 고통을 수반하는 않는 사회, 그런 사회는 실제로 존재하며 그런 사회에서 개인들의 삶의 만족은 높아질 것이다. 우명숙·김길용·유명순·조병희의 글은 5개국 설문조사 자료를 분석하여 바로 이 질문에 대한 답을 구한다. 이들의 연구에 의하면, 경제자원의 양극화, 관계의 양극화, 가치의 양극화라는 세 가지 층위에서 개인들이 서 있는 각자 다른 위치가 서로 다른 수준의 삶의 만족도를 설명한다. 더구나 이 세 가지 층위가 개인들에게 영향을 미치는 방식이 5개국에서 각기 다른 특이한 패턴을 보여준다는 사실은 앞으로 한국 사회의 질적 발전 수준을 높여 나가려는 시도에서 우리 사회의 특성에 대한 더 많은 고민이 필요하다는 점을 시사한다.

4. 결론

2012년 대선을 시작으로 한국의 복지에 대한 뜨거운 논쟁과 열망은 지속되고 있다. 한편에서는 OECD 평균에 비해 턱없이 부족한 한국의 사회 안전망과 복지 수준을 지목하며 복지 확대에 대한 요구가 제기되었고, 반대편에서는 유로존 위기를 들어 자칫 복지 확대가 재정건전성 악화를 통해 위기로 가는 경로가 될 수 있음을 경고했다. 다른 한편에서는 정치체제의 전환과 더 많은 민주주의의 실현을 통해 더 좋은 사회를 구축하려는 열망이 뜨거웠다. 복지와 재정건전성, 그리고 민주주의라는 가치는 모두 부정할 수 없는 중요한 것들이다. 하지만 우리의 분석 결과는 이 모든 주장들이 사실은 훨씬 더 복잡하고 미묘한 것들이며, 이 중요한 가치들은 마땅히 추구되어야 하지만 신중한 관리하에 추진되어야 함을 보여준다.

복지가 늘어나는 것이 곧바로 위기로 연결된다는 주장은 사실이 아닌 것으로 보인다. 그러나 늘어난 복지 지출을 관리할 수 있는 정부와 사회의 전반적 거버넌스 개선이 이루어지지 않은 상태에서 복지 지출이 증가하는 것은 위기로 가는 첩경일 수 있다. 더 많은 민주주의 실현도 중요하지만,

이것은 신뢰를 통해 사회갈등을 해소할 수 있는 사회 전체의 도덕적·규범적 능력과 밀접하게 엮여 있는 문제이다. 사회 전체의 특성이 개인의 삶을 상당한 정도로 규정하는 것은 맞지만 그 구체적인 방식은 사회마다 나름의 독자성을 보이기 때문에 우리의 현실에서 좋은 사회를 구현하기 위해서는 한국 사회의 특성에 대한 더 구체적이고 세부적인 연구를 필요로 한다. 이 책에 수록된 주요한 발견들과 각각의 사례들은 각각의 국가에서 개인과 사회가 상호작용하는 방식에 대해 중요한 시사점들을 제공해줄 것이다.

국가별 경제위기 대응

1

그리스의 사회경제적 위기와 회복탄력성

구혜란

1. 서론

2008년 국제 금융위기와 함께 촉발된 그리스의 재정위기가 2015년 다시 세상의 관심의 대상이 되고 있다. 그리스는 2010년 1차 구제금융 지원이 이루어진 후 5년이라는 시간 동안 위기를 극복하기 위해 힘들고 고통스런 개혁을 추진해왔다. 그런데 그리스 위기가 다시 세계 경제의 관심과 우려의 대상이 되고 있는 것이다.

지난 2008년 유로존에 닥친 위기는 유럽 내 국가들에게 심각한 타격을 주었다. 그리스를 비롯해 아일랜드, 스페인, 포르투갈, 키프로스가 구제금융 지원을 받아야만 했고 유로존의 경제성장률은 2009년 -4.5%로 급락했다. 그러나 위기 이후의 상황은 국가별로 달랐다. 독일은 유로존 위기 발발 직후인 2009년에만 -5.6%의 마이너스 성장을 경험했을 뿐 그다음 해에 곧

바로 4.1%의 성장률을 기록하면서 위기 전의 경제성장세를 회복했다. 구제금융의 도움을 받아야 했던 아일랜드와 스페인도 2013년 말에 구제금융 관리체제로부터 벗어나 회복세에 있다. 아일랜드의 경우 2011년 구제금융 투입 후 곧바로 플러스 성장세로 돌아섰고 2014년에는 4.8%의 경제성장률을 달성했다.[1] 스페인도 2012년 구제금융 신청 후 1년 반 만에 금융부문의 건전성이 확보되면서 구제금융 체제를 조기 졸업한 상태이다.

그리스도 2010년 이래 두 차례의 구제금융 지원을 받으면서 2014년 0.8%의 플러스 성장을 기록했고 재정수지와 경상수지가 크게 개선되었다. 그러나 다른 구제금융 국가와 달리 그리스는 계속되는 경기 침체와 실업 악화로 유로존의 추가 지원이 필요한 상태에 놓여 있다. 그런 상황에서 올해 초에 구제금융 프로그램에 부정적인 입장을 가진 급진좌파정당이 집권에 성공하면서 긴축정책의 안정적인 실행에 대한 불확실성이 커지게 되었고, 결국 2015년 7월 유럽재정안정기금EFSF이 그리스의 공식적인 디폴트(채무불이행)를 선언하기에 이르렀다. 도대체 무엇이 이런 차이를 낳은 것인가?

그리스 위기에 대한 국내의 언론 보도와 기존 연구들을 보면 그리스의 문제는 외적으로는 불완전한 통화 통합이라는 유로존의 한계(강유덕·오태현·이동은, 2010; 김득갑·이종규·김경훈, 2012)와 내적으로는 과다한 복지 지출과 방만한 정부 재정 운용, 경상수지 악화 및 탈세 등으로 인한 세수 확보의 어려움(강유덕·오태현·이동은, 2010; 김득갑·이종규·김경훈, 2012; 김준석, 2010), 유로화 도입 이후 고임금, 고물가로 인한 가격경쟁력 하락으로 국제

---

[1] 2014년 19개 유로존 국가의 평균 GDP 성장률이 0.8%였다는 점을 고려하면 아일랜드의 경제 회복력은 놀라울 만한 것이다.

수지 불균형이 심화된 점(문우식, 2012), 부패, 재정을 파탄 낸 복지 포퓰리즘, 또는 정치적 후견주의(박준, 2010) 등과 같은 요인들 때문이라는 분석이 지배적이다.

그러나 사실 단일통화로서 유로존이 가지는 한계는 그리스에만 국한된 문제가 아니며, 북유럽 국가들의 경우에서 확인할 수 있듯이 높은 복지 지출 자체가 직접적으로 재정 적자와 국가 채무의 증가를 가져오는 것도 아니다(김태일, 2012). 국제수지 불균형, 탈세와 부패, 포퓰리즘, 정치적 후견주의 등과 같은 요인들은 스페인을 비롯한 남유럽 국가들에서 공통적으로 발견되는 문제이다. 그런데 왜 그리스만 유독 위기로부터의 회복이 더딘 것일까?

사회생태계는 내부적, 또는 외부적 위험이 발생했을 때 이를 원래의 안전한 상태로 회복하려는 경향을 보인다. 이른바 회복탄력성 resilience 이다. 회복탄력성이란 단순히 원래 상태로의 복귀만을 의미하는 것이 아니라 위기 이전 상태의 안정성 stability 과 변화한 환경에 대한 적응력 adaptability 을 확보하면서 어느 시점에서는 그로 인한 새로운 수준의 사회생태적 체제를 만들어낼 수 있는 전환능력 transformability 을 포괄하는 개념이다(Walker et al., 2004; Folke et al., 2010). 사회생태계는 외부적, 또는 내부적으로 위기가 발생하면 우선 위기로 인해 발생한 다양한 체계 내의 불안전성을 흡수할 수 있는 완충장치를 통해서 체계 자체의 붕괴 위험에 대처한다. 그렇게 체계가 위험을 받아들이면 그다음 불안정성을 가져온 위험 요소를 제거하거나 불안정성을 초래한 환경 변화에 적응하기 위해 변화가 필요한 기제들을 조정함으로써 전반적인 체계의 적응력을 높여나간다. 이러한 기제를 통해 사회생태계는 지속적인 체제의 안정성을 유지한다.

국가도 하나의 사회생태계로 볼 수 있다. 국가라는 사회생태계에서 위기로 인한 불안정성을 흡수할 수 있는 기제는 경제, 복지, 사회 시스템 등의 제도의 틀이다. 또한 적응을 위해 그 사회의 제도적 장치들을 조정하는 기제는 다양한 집단들 간의 사회관계의 역동성에서 찾을 수 있다. 결국 사회가 위기에 대해 어느 정도 회복탄력성을 갖는가는 그 사회의 제도적 역량과 다양한 집단들 간의 사회관계의 역량에 달려 있다는 말이다(Wisner et al., 2004). 그렇다면 그리스 위기의 진단과 해법도 이 두 개의 축을 함께 들여다볼 때 좀 더 분명하게 읽어낼 수 있지 않을까?

이 글의 목적은 유로존 위기의 진원지가 된 그리스 위기의 성격과 위기를 불러온 제도적 맥락과 정치사회적 관계를 살펴보고, 위기 극복을 위한 근본적인 해법을 탐색해보는 데 있다. 이 장의 구성은 다음과 같다. 제2절에서는 그리스 위기의 전개 과정과 위기 상황의 심각성을 여러 지표들을 통해서 살펴본다. 제3절에서는 위기를 심화시킨 그리스 사회의 경제와 복지의 제도 취약성과 정치사회적 관계의 취약성을 짚어본다. 마지막 절에서는 그리스가 위기를 극복하고 지속가능한 체제로 전환하기 위해서 필요한 사회적 대안은 무엇인지 고민해보는 것으로 글을 마무리한다.

2. 그리스 위기의 전개 과정

1) 재정위기의 발발과 구제금융

그리스의 위기는 2008년 국제 금융위기에 의해서 촉발된 자본 유동성의 급작스런 하락으로부터 시작되었다. 그리스는 유로존 가입 이후 유럽연합 국가 평균의 2배 가까운 평균 4%를 넘는 성장세를 보였다. 1990년대부터

점진적으로 진행된 금융 자유화 조치와 2000년 유로존 가입으로 국가신인
도가 상승하면서 외국으로부터의 자본 유입량이 꾸준히 증가하는 추세에
있었다. 유로존 가입 후 2001년부터 금융위기 직전까지의 자본 유입량을
보면 그 이전 기간(1995~2000년)과 비교해 2.2배가량 증가했다(OECD stat).
이는 그리스 정부가 필요한 자본의 동원을 상당 부분 국채에 의존한 데다
유로존 가입에 따라 유로존 내의 단일금리 적용에 따른 저금리 혜택[2]이 주
어지면서 독일, 프랑스, 영국 등의 자본이 그리스에 대규모 유입됨에 따른
것이다. 이런 상황에서 자본 유동성의 하락은 정부 부채 상환의 압력으로
작용했고 부실은행 자본 확충을 위해 투입된 막대한 정부 지원금은 정부
재정을 압박했다. 그리스는 2008년 금융위기 이후 유동성 악화에 대응하
기 위해 GDP 대비 11.6%에 이르는 금융 부문 지원책을 마련하고 이 중 절
반 이상을 집행함으로써 가뜩이나 누적된 재정 적자 부담을 가중시켰다(황
현정, 2010).

그리스의 과도한 정부 부채는 사실 어제오늘 발생한 문제가 아니다. 그
리스의 정부 부채는 1980년대 이후 증가해 1993년에는 GDP 대비 100%를
초과했으며 2008년에는 110%를 넘어섰다. 이를 축소하기 위해 정부는 여
러 차례 공공부문의 민영화와 대규모 구조조정을 추진했으나 그때마다 공
공부문의 파업사태 등 개혁의 대상이 되는 세력들의 강력한 저항으로 인해
뚜렷한 성과를 거두지 못했다.

그리스 정부 부채가 증가한 주요 요인 중 하나는 경상수지와 재정수지
의 동반 악화에서 찾을 수 있다(이종규 외, 2010; 박준, 2010; 신기철, 2010).

---

2   유로화 가입 전인 1990년대의 그리스의 평균 이자율은 10~18% 정도였으나 유로화 가입
    이후 이자율이 2~3%로 크게 낮아졌다.

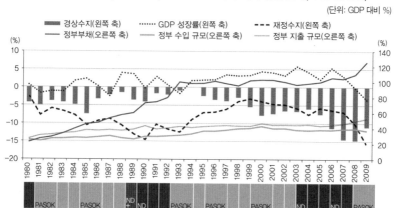

그림 1-1 **경상수지, 재정수지, 정부 부채 변화 추이와 정권 변화**(1980~2012년)

(단위: GDP 대비 %)

주: PASOK는 사회당, ND는 신민당, ND+는 신민당 연정을 의미함.
자료: IMF(2012).

유로화 가입 전후의 그리스 경상수지의 변화를 살펴보면 유로화 가입 전부
터 이미 적자 수준이었고, 유로화 가입 후 더욱 악화되는 것을 확인할 수
있다(〈그림 1-1〉 참조). 재정수지도 1980년대 이후 계속 적자 상태로 하락
세에 있다가 1990년대 경제성장률 상승과 함께 잠시 줄어들다가 유로존
가입 후 다시 악화되는 경향을 보인다. 유로존 가입 첫해인 2001년 그리스
의 재정수지는 -4.5%로 연간 재정 적자의 규모를 GDP의 3% 미만으로 유
지해야 한다는 마스트리히트 조약Maastricht Treaty의 기준[3]을 충족시키지 못
한 상태였으며, 2008년 재정 적자 규모는 GDP의 9.8%까지 늘어났다.[4]

---

3   마스트리히트 조약의 경제통화동맹(EMU)은 연간 재정 적자 규모가 GDP의 3%를 초과하
    지 않아야 하며 공공부채의 누계가 GDP의 60% 이하에 머물러야 한다고 규정하고 있다.
4   이 때문에 그리스는 안정과 성장 협약(Stability and Growth Pact) 위반으로 2004년과
    2009년에 두 번의 시정 조치를 받은 바 있다. 그리스의 재정 적자는 지출 규모 때문이라
    기보다는 상대적으로 낮은 국민 부담률에 기인한 것이었다. 2007년 그리스 정부의 지출
    규모를 보면 GDP 대비 47.5%로 유로존 국가들의 평균 지출 규모(46.0%)와 크게 차이가

그런 와중에 2009년 10월에 집권한 사회당PASOK 정부는 이전 신민당ND 정부가 재정 적자를 숨기기 위해 국가통계를 조작했고, 그래서 실제 그리스의 2009년 예상 재정 적자는 6%가 아니라 그 2배가 넘는 12.5%라고 수정하여 발표했다.[5] 이는 시장에서 그리스 신용에 대한 불신으로 이어졌고, 신용등급기관들이 일제히 그리스의 신용등급을 하향 조정하는 계기가 된다. 그 여파로 그리스 정부는 자금 조달에 어려움을 겪게 되었고 국가 채무 상환에 대한 부담이 급증했다. 다급해진 그리스 정부는 이듬해 초 2014년까지 재정 적자를 3% 미만으로 축소하는 것을 골자로 하는 긴축안을 마련하고 이를 조건으로 EU와 IMF로부터 구제금융 지원을 받기로 합의했다. 구제금융 지원 협상을 위해 그리스 정부가 마련한 긴축안은 공공부문 임금 동결, 공공사업 축소, 은퇴 연령 연장, 부가가치세와 간접세 인상, 공기업 민영화 추진, 국방 예산 삭감 등 작은 정부와 시장자유화를 지향하는 전형적인 워싱턴 컨센서스를 그대로 반영하는 것이었다(이종규 외, 2010).

정부의 긴축정책은 범사회적인 저항을 불러일으켰다. 연일 집회와 시위가 이어졌고 2010년 5월 5일에는 아테네에서만 시위 도중 3명이 숨지는 사고가 발생하기도 했다. 그리스 정부의 구조조정 노력과 EC와 IMF의 지원에도 불구하고 심각한 경기 침체로 인해 정부가 계획한 3% 미만이라는 재정 긴축안의 목표 달성 가능성이 희박해지자 그리스 정부는 2011년 5월 EU에 추가 지원을 요청했고, 그다음 달에 신용평가기관들은 다시 그리스의 신용등급을 하향 조정했다. 특히 스탠더드앤드푸어스(Standard & Poor's)

나지 않는 수준이었다. 반면에 그리스는 수입 규모가 40.7%로 유로존 국가들 평균인 45.3%에 미치지 못했다. 이는 유로존 국가의 GDP 대비 국민 부담률이 41.2%인 데 반해 그리스의 경우에는 34.3%에 미치지 못한 것에 기인한 것이다(Eurostat).

5 이후 실제 재정 적자 규모가 GDP의 15.4%에 이르는 것으로 확인되었다.

사는 EU와 IMF의 그리스 실사 후 그리스 신용등급을 가장 낮은 수준인 CCC로 강등하면서 그리스의 디폴트 위기가 고조되었다.

유로존의 2차 구제금융 지원을 받기 위해 마련한 그리스 정부의 중기 재정 계획안은 공무원 월급 20% 삭감, 공무원 3만 명 구조조정, 공기업과 은행 퇴직자 연금 15% 삭감, 55세 이전 퇴직자 연금 40% 삭감, 2015년까지 500억 유로 규모의 민영화 추진 등을 포함하고 있었다(Hellenic Republic Ministry of Finance, 2011). 사실 이런 개혁 조치들은 1990년 이후 그리스 정부가 계속 추진하고자 했었으나 이해 당사자들의 거센 반발과 정당 간의 합의를 도출해내지 못해 실패를 거듭한 정책들이었다. 위기 상황에서 그동안 지지부진했던 구조개혁을 추진하기 위해 필요한 것은 개혁에 대한 저항을 최소화할 수 있도록 정당 간의 합의와 다수 시민들의 동의를 이끌어내는 것이었다. 그러나 그리스 정부의 개혁안은 정당들 간의 합의와 동의를 얻지 못했을 뿐만 아니라 대규모 시위가 전국적으로 확산되어가는 등 강력한 저항에 직면했다. 이에 그리스 총리 게오르기오스 파판드레우Georgios Papandreou는 개각을 단행하고 의회 신임을 묻는 투표를 단행하는 등 정치적인 조치들을 감수했다. 결국 우여곡절 끝에 의회 신임투표가 통과되면서 그리스 정부는 새로 마련된 계획안에 대해 EU와 IMF, ECB와 합의했다.

2) 긴축과 구조개혁 추진, 그 성과

그리스 정부는 2011년 구멍 난 재정을 메우기 위해 조세 수입 확충, 공공부문 개혁, 연금 개혁, 민영화 등의 조치를 통해 향후 5년간 재정 지출을 약 140억 유로를 삭감하고 140억 유로에 달하는 조세 수입을 확충한다는 긴축정책을 발표했다. 그리스는 복잡한 조세체제와 큰 규모의 지하경제,

그리고 전문직과 고소득층에 만연한 탈세와 조세 징수 행정의 비효율성 등에 의해 조세 징수율이 낮은 것으로 알려져 있다. 최근 그리스 은행이 개인 실제 수입에 대해 평가하는 기준을 적용해 그리스의 탈세 정도를 추정한 한 연구(Artavanis, Morse and Tsoutsoura, 2015)에 의하면, 그리스 자영업자의 43~45%가 실제 수입을 제대로 신고하지 않아 세금을 상당 부분 내지 않는 것으로 분석되었다. 특히 가장 탈세가 빈번하게 일어나는 산업 분야는 변호사, 의사, 교육, 언론 등의 전문직 서비스 분야였다. 정부는 이를 해결하기 위해 세제개혁을 단행하고 회계감사체계와 탈세에 대한 제재를 강화하는 등의 조치를 단행했다. 또한 부가가치세와 소비세, 최고소득세율 인상, 전문가 집단에 대한 면세 축소, 한시적인 재산세 부과 등을 포함하는 세제개혁안을 추진하고 있다.

또한 국영기업들의 민영화 작업에 착수하여 그리스 복권수탁공사OPAP와 그리스 가스공급망공사DESFA의 매각을 완료했으며 철도청과 지역 공항, 항만 등의 민영화와 함께 부동산 매각을 통한 재원 마련을 추진하고 있다. 공공부문 개혁의 일환으로 공공부문 일자리 수를 2009년에서 2011년 사이에 약 15만 개를 줄이면서 전체 노동인구 대비 공공부문 고용인 비율을 19.9%에서 17.5%로 떨어뜨렸다(ILOSTAT).

그리스 정부는 정부 지출의 1/4을 차지하고 있어 정부 재정의 주요 부담 요인으로 작용하는 연금 개혁도 추진했다. 그리스 연금제도가 가지고 있는 가장 큰 특징은 지역 간에 연금 체계가 서로 달라서 연금 혜택의 일관성이 없고, 적용 범위가 협소하여 공적연금 사각지대가 광범위하게 발생한다는 것이다. 따라서 복잡한 연금 체계를 통합하여 단순화하고 연금급여율의 형평성 문제를 해결하고자 했다. 이를 위해 연금소득대체율을 95.7%에서 60%대로 대폭 낮추었으며 기존에 연금 수급 개시 연령이 남성의 경우 65

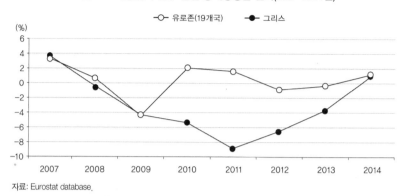

그림 1-2 **재정위기 전후 실질 경제성장률 변화(2007~2014년)**

자료: Eurostat database.

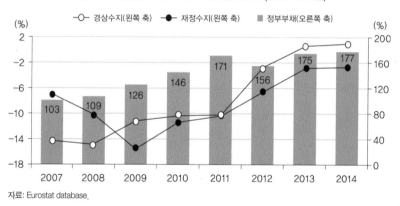

그림 1-3 **재정위기 전후 정부 재정 상태 변화(2007~2014년)**

자료: Eurostat database.

세, 여성의 경우 60세이던 것을 2013년부터 남녀 모두 67세로 상향 조정하고 지급 회수도 연간 14회에서 12회로 축소했다.

노동시장과 상품시장에 대한 개혁도 피해갈 수 없는 문제였다. 그리스는 2011년 말 임금협상의 분권화, 고용 보호법제의 완화, 최저임금 인하, 노동시간의 유연성 향상 등 노동시장 개혁의 기본 방향을 정하고 이를 추진했다. 이에 따라 단위노동비용이 크게 하락했다. 또한 그리스 민간고용의 1/3을 차지하고 있는 전문직 서비스 분야를 경쟁체제로 전환했다.

이상과 같은 강도 높은 구조조정은 실질 경제성장률의 상승세와 경상수지와 재정수지의 동반 상승 등의 가시적인 성과로 나타났다(〈그림 1-2〉, 〈그림 1-3〉 참조). 그리스는 2011년을 기점으로 경제성장률이 상승세로 돌아서면서 2014년에는 +0.8%의 성장률을 기록했다. 경상수지도 침체된 내수와 수입 감소에 기인한 부분이 없지 않지만 관광산업 등 그리스가 강세를 보이는 산업 분야가 정상화되면서 2013년부터 흑자로 돌아섰고, 재정수지도 2009년 GDP의 15% 수준의 적자에서 2014년 3% 내 수준의 적자를 기록하는 등 거시경제의 회복세가 두드러졌다. 그러나 위기 후 최악의 경기 침체로 GDP는 위기 전과 비교해 1/4이 줄어들었고[6] 정부 부채도 꾸준히 증가해 2014년에는 GDP 대비 177%에 육박하는 등 위기를 완전히 벗어나지는 못하고 있다.

3) 사회위기로의 전환

국제 금융위기와 긴축으로 인한 경기 불황은 그리스인들의 사회경제적 조건을 급격히 악화시켰다. 그리스 상인연합National Confederation of Greek Commerce의 추산에 따르면 경제위기 이후 6만여 개의 사업체가 문을 닫았으며 2012년 한 해 동안 16만 개의 일자리가 없어졌다. 공공부문의 일자리도 큰 폭으로 축소되었다. 이에 따라 실업률은 2009년에 9.6%였던 것이 2012년

---

6   2008년 1인당 GDP는 2만 1600유로였으나 2014년에는 1만 6300유로로 25%가량 감소했다(Eurostat database).

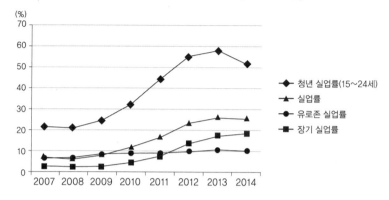

그림 1-4 재정위기 전후 실업률 변화(2007~2014년)

청년 실업률(15~24세)
실업률
유로존 실업률
장기 실업률

자료: Eurostat database.

에는 24.5%로 2배 넘게 증가했고 2014년에는 26.5%를 기록했다. 이는 EU
국가들의 평균인 10.2%를 크게 상회하는 것이다(〈그림 1-4〉 참조). 이들 실
업자 중에서도 장기 실업자의 비율은 급속히 증가해 2014년에는 경제활동
인구의 19.5%에 달했으며 특히 실업자 세 명 중 두 명(67.1%)은 장기 실업
자인 것으로 나타났다.

실업의 위험은 청년층에 집중해서 나타났다. 청년 실업률의 변화 추이
를 보면 그 증가 폭이 더욱 급격한 것을 알 수 있다. 청년 실업률은 2009년
25.8%였던 것이 2012년에는 55.3%에 달했다. 그리스에서 실업수당은 실
직 후 처음 12개월 동안만 받을 수 있고, 직업훈련이나 구직서비스와 같은
적극적인 취업 연계 서비스가 빈약하다는 점에서 장기 실업률과 청년 실업
률의 증가는 사회적으로 심각한 문제를 내포하고 있다. 더군다나 2012년
긴축정책의 일환으로 정부가 실업수당을 22% 감축하겠다고 결정한 데다
가 2013년 7월 그리스 의회가 2만 5000명이 넘는 공공부문 근로자들의 임
금삭감과 구조조정을 포함한 일명 '공공부문 유연화' 법안을 통과시킴에

따라 그리스의 실업 문제는 더욱 악화될 것이라는 전망이 지배적이다.

실업률 상승과 함께 일자리를 가지고 있는 사람들의 직업 안정성도 현저하게 낮아지고 있다. 노동시장 유연화 조치는 시간제 근로자의 비중을 점차 증가시키고 있는데 문제는 이들 중에서 원하지 않지만 전일제 일자리를 구할 수 없어서 할 수 없이 시간제로 일하는 근로자가 70%를 넘는다는 것이다. 최근 몇 년간의 유로바로미터 조사[7]에 따르면 그리스에서 다음 달에도 일자리를 유지할 수 있을 것이라고 응답한 사람들이 2006년에는 78.9%였던 것이 2011년에는 45.7%로 줄어들었으며 직장을 그만 두게 될 경우에 재취업 가능성이 어느 정도인가를 묻는 질문에 대해서도 2006년에는 42.5%가 긍정적으로 대답한 데 비해서 2011년에는 그 비중이 절반 이하(17.3%)로 뚝 떨어졌다.

가계경제 사정도 계속 악화되었다. 2010년과 2011년 물가상승률은 각각 4.7%, 3.1%를 기록했는데 이는 유로존 국가들의 평균 물가상승률 1.6% (2010년), 2.7%(2011년)와 비교해 높은 수치이다. 물가는 오르는데 가계소득은 2007년 이후 계속 줄어들고 있고, 게다가 가처분소득 대비 가계 부채 비율은 지속적으로 불어나고 있어 2013년에는 가계소득의 110%를 넘어섰다(〈그림 1-5〉 참조). 이러한 상황은 실제 그리스 국민들의 피부로 느껴지는 것이어서, 2010년에 실시한 갤럽 조사에 따르면 응답자의 2/3인 62.5%가 현재 수입으로 생활하는 것이 어렵다고 응답한 것으로 나타난다. 이는 2007년에 비해 20% 가까이 늘어난 수치일 뿐만 아니라 심각한 경제위기를 겪은 이탈리아(5% 증가)나 스페인(11% 증가), 포르투갈(6% 감소)과 같은 남유럽 국가들과 비교해서도 매우 큰 폭으로 증가한 것이다(OECD, 2011d).

---

7   유로바로미터 조사 결과 2006년 65.3%, 2011년 76.2%.

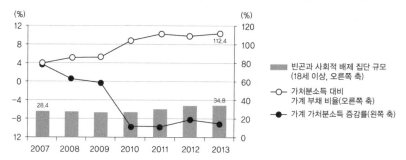

그림 1-5 **가계소득과 부채 변화 추이 및 빈곤 위험 집단 규모(2007~2013년)**

주: 범주에서 '빈곤과 사회적 배제 집단 규모'는 소득이 중위 소득의 60% 이하인 사람들과 물질적인 박탈을 경험한 사람 등을 포함한 수치임.
자료: Eurostat database.

이는 그리스 국민들이 경제위기의 영향을 훨씬 더 심각하게 받고 있다는 것을 보여준다.

이러한 경제적 어려움은 소득이 낮은 집단에서 더 심각하게 나타났다. OECD 분석에 따르면 2007년과 2010년 사이 가처분소득의 변화를 소득수준별로 보면 소득 하위 10%에 해당하는 사람들의 감소율이 8%인 데 비해 상위 10%의 소득 감소율은 그것에 절반인 4%에 지나지 않았다(OECD, 2014).

경제적 여건의 악화와 노동시장의 불안정성은 그리스의 사회통합을 와해시키고 있다. 말쿠치스(Malkoutzis, 2012: 19~20)는 전통적으로 자살률이 유럽에서 가장 낮은 나라 중의 하나인 그리스에서 경제위기 이후 2009년과 2011년 사이에 1800명이 스스로 목숨을 끊었으며 홈리스도 25% 이상 증가했다고 보고하고 있다. 범죄 발생 건수를 보아도 2007년에 강도 사건이 10만 명당 25.1건이었던 것이 2010년에는 2배가 넘는 53.5건으로 증가했다. 이는 다른 남유럽 국가들, 이탈리아, 포르투갈, 스페인에서의 범죄률이 재정위기를 전후로 크게 증가하지 않은 것과 대조적이다.[8]

정부의 긴축정책으로 인한 생활고와 그러한 고통 분담이 취약 집단에게 집중되면서 정치적으로는 기존 정치체제에 대한 불만과 대의민주주의에 대한 불신이 증가했다. 갤럽의 2012년 조사에 따르면 그리스에서 정부를 신뢰한다고 응답한 사람은 14%에 지나지 않는데, 이는 OECD 국가들 중에서 가장 낮은 수치이며, 2007년과 비교할 때, 27.6%나 하락한 것이다(OECD, 2014). 함께 구제금융 지원을 받았던 아일랜드와 포르투갈의 정부 신뢰 정도가 각각 36%와 26%인 것과 비교해도 매우 낮다.

구제금융 조치의 가혹함은 그리스 정치체제의 지평 또한 흔들어놓았다. 기존의 전통적인 좌우 간의 대립은 긴축에 찬성하는가 반대하는가와 같은 새로운 정치적 균열로 대체되었다. 이는 황금새벽당과 같이 공공연하게 신나치주의를 내세우는 극우세력과 급진좌파정당의 지지율 상승과 같은 정치적 결과를 초래했다.

4) 끝나지 않은 위기

그리스는 구제금융 이후 강도 높은 긴축정책과 구조개혁 노력을 통해 재정수지와 경상수지가 개선되는 등의 성과를 달성했다.[9] 그러나 다른 한편으로 긴축정책은 그리스 내수경제의 침체와 심각한 수준의 실업 문제를 야기시켜 구조개혁에 대한 불만과 저항을 고조시켰으며 정치적 대립과 갈

---

8   UN의 범죄 통계에 따르면 이탈리아는 오히려 2007년 이후 범죄 건수가 줄어드는 추세이며, 포르투갈도 2008년 이후로 거의 늘지 않았다(UNODC statistics).

9   OECD에서는 개혁조치들이 어느 정도 실효성 있게 추진되는지를 측정하는 지수(개혁에 대한 반응률 지수(reform responsiveness rate indicator)를 발표하는데, 그리스는 2011년 이후 OECD 국가들 중에서 가장 반응성이 높은 국가로 평가되었다(OECD, 2015).

등을 불러일으켰다. 이는 구제금융과 긴축정책에 반대하는 시리자Syriza(급진좌파연합)의 지지율 상승으로 이어졌고 결국 2015년 1월 총선에서 득표율 36.3%로 의회 총 300석 중 149석을 차지하면서 정권 교체를 이루었다.

급진좌파연합의 알렉시스 치프라스Alexis Tsipras 총리는 취임 후 구제금융 연장에 반대하면서 민영화 중단, 감세, 최저임금 인상, 구제금융 피해자에 대한 복지제공 확대 등을 단행하겠다고 발표했다. 또한 추가적인 부채 탕감과 구제금융 지원의 조건으로서의 긴축정책을 완화해줄 것을 구제금융 협상단에 요구했다. 이는 유로존 트로이카와의 갈등을 불러일으켰으며, 결국 유럽중앙은행이 그리스 국채에 대한 담보 인정을 중지하기에 이르렀다. 이는 시장에서의 그리스의 신용등급 하향 조정으로 이어져 또다시 위기를 고조시키게 되었다.

시리자의 치프라스 총리는 EU가 제시한 긴축안을 놓고 찬반을 묻는 국민투표를 실시했으며 압도적인 긴축안 반대라는 결과를 얻은 후 독자적인 개혁안을 가지고 채권단과 구제금융협상에 나서 3차 구제금융협상을 채결했다. 합의한 내용은 기존의 시리자가 가지고 있었던 입장과 달리 채권단이 요구하는 긴축안을 수용하는 것이었다. 이는 당내 강경파 의원들의 반발과 반대 의원들의 탈당과 분당, 그리고 급기야는 의회 해산과 치프라스의 총리직 사퇴, 그리고 9월 조기 총선 시행이라는 사태로 발전했다. 결국 그리스는 또다시 혹독한 긴축조치 연장과 함께 사회적으로, 정치적으로 힘든 시기를 보내고 있다.

이상에서 살펴본 바와 같이 다른 유로존 국가들과 비교해서 그리스에서의 경제위기는 장기화되면서 더 심각한 사회적 위기, 정치적 위기로 확대되어 나타나고 있다. 그 이유는 무엇인가? 다음 절에서는 그리스 사회가 위기로부터의 회복탄력성이 떨어지는 요인들을 살펴보기로 하자.

3. 그리스 위기의 원인

1) 제도적 취약성

(1) 경제적 취약성

그리스는 유럽 내에서도 산업화를 늦게 시작한 국가이다. 그리스의 본격적인 경제개발은 1967년부터 1974년까지 군사독재하에 정부 주도로 시작되었다. 이 시기 동안 그리스는 평균 7.4%의 경제성장을 이루면서 '그리스 경제의 기적'(Thomadakis, 1997: 43)을 이루어냈다. 이후 민정 이양과 함께 집권한 신민당은 EC 가입을 목표로 적극적인 시장경제정책을 추진했다. 그러나 1970년대 중반 오일쇼크로 세계 경제의 불황이 찾아옴에 따라 성장률이 절반 수준[10]으로 하락하고 인플레이션이 증가하는 등 경제상황이 악화되었다(Thomadakis, 1997: 46). 경기 침체와 실업률 증가가 지속되는 가운데 1981년 집권에 성공한 사회당 정부는 신민당의 시장주의 정책을 폐기하고, 대대적인 기간산업의 국유화와 사회복지 정책을 추진했다. 그러나 이러한 조치들은 그리스 경제 부문의 효율성과 경쟁력을 저하시키는 방향으로 작동했다. 사회당 정부 집권 초기 3년간 경제는 마이너스 성장(1981~1983년 평균 경제성장률은 -1.25%)을 기록했고 1990년 신민당에게 정권을 내줄 때까지 9년간 경제성장률은 0.79%에 지나지 않았다. 이처럼 경제성장률이 연평균 1%를 넘지 않고 경상수지도 개선되지 않는 상태에서 복지와 공공부문 확대에 기인한 정부 지출의 증가는 정부 재정에 상당한 부담이 된 것은 사실이다.[11] 그러나 더 근본적인 이유는 그리스의 산업구

---

10 1973년부터 1979년까지 그리스의 평균 경제성장률은 3.7%였다.

조와 노동시장 구조의 취약성에 있다.

그리스는 전통적으로 농업 및 관광산업과 관련된 서비스업 중심의 산업 구조를 가지고 있다. 그리스는 1990년대 중반만 하더라도 농업 인구가 전체 인구의 20%를 넘고 있었고, 서비스업이 56.4%, 제조업이 23.2%를 차지하고 있었다. 이후 서비스업 비중이 급속히 증가해 2011년에는 78.9%로 증가했다. 이는 OECD 국가들 중에서 가장 높은 수치이다. 반면에 제조업은 17.9%에 지나지 않는다. 경제가 발전함에 따라 제조업 부문의 기여도가 감소하는 것은 일반적인 현상이다(Soubbotina and Sheram, 2000: 51). 따라서 제조업 비중이 낮은 것만으로 산업구조가 취약하다고는 할 수 없다. 문제는 그리스의 서비스 부문이 경기변동에 민감하게 영향을 받는 관광업과 이와 연관된 서비스업에 치중되어 있으며 제조업 분야도 산업경쟁력이 낮은 섬유, 의류, 신발 등의 저부가가치 산업 분야에 집중되어 있다는 점이다(김득갑·이종규·김경훈, 2012: 22).

그리스 기업은 가족 단위의 소규모 생산업체가 대부분이다. 전체 기업중 97.8%가 20인 미만 규모의 기업이고 자영업 비중이 높다. 이는 비공식 부문과 지하경제가 발달하는 데 우호적인 조건으로 작용했다. 그리스의 지하경제 규모는 2007년 기준 26.5%(Schneider et al., 2010)로 OECD 국가들 중에서 가장 높은 편에 속한다. 여기에는 그리스의 높은 세율과 복잡한 세법, 그리고 산업과 노동시장에 대한 과도한 규제 등으로 인한 부담을 회피하고자 하는 동기가 한몫했다. 큰 규모의 지하경제는 조세와 노동시장 규

---

11 무분별한 복지 지출이 그리스 위기를 불러온 원인이라는 국내 주류 언론의 보도(≪조선일보≫, 2015.7.7; ≪중앙일보≫, 2015.7.7)는 이에 근거하고 있다. 그러나 그리스 위기는 재정위기이자 정치적 위기가, 내부 위기이자 외부 요인에 의한 위기가 복합적으로 작용한 결과로 보는 것이 타당할 것이다.

그림 1-6 **공공부문 규모(2000년, 2008년)**

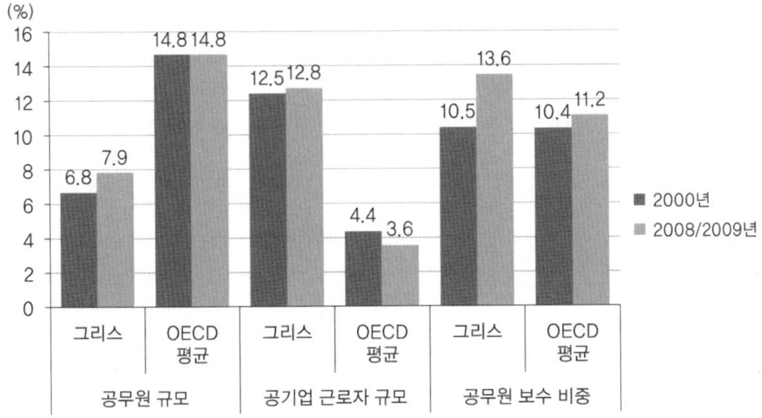

주: 공무원 규모와 공기업 근로자 규모는 전체 노동 인구 대비 비중, 공무원 급여 규모는 GDP 대비 비중임.
자료: OECD(2011a).

제의 형평성과 효율성을 저해하는 요인이 되고 있다.

또한 그리스는 OECD 국가들과 비교해서 공공부문이 상대적으로 크다
(〈그림 1-6〉 참조). 2000년과 2008년 자료를 비교해보면 OECD 국가들에서
는 공무원 수나 공무원 급여가 거의 늘지 않았고, 공공부문 종사자의 비중
은 오히려 줄어든 것으로 나타난다. 반면 그리스에서는 같은 기간에 공무
원 수와 공무원 급여가 크게 증가한 것을 확인할 수 있다. 특히 그리스에서
두드러지는 특징은 공무원 수의 경우 OECD 평균의 절반 수준으로 작은
규모이지만 공기업 근로자 수는 OECD 평균의 3~4배에 달한다는 것이다.
결과적으로 그리스의 공공부문은 위기 전 20%가 넘어 OECD 평균을 웃돌
고 있었다.

그리스 공공부문의 확대는 복지 서비스 확대와 지방분권화에 따른 신규
인력의 필요성과 연관이 있는 것이었다. 그러나 공공부문이 이렇게 증가한
배경에는 사회당 정부의 공공부문 고용 확대 정책이 기여한 바가 크다

(Tsakalotos, 1998). 경제적 호황기가 끝난 1980년 이후 그리스의 실업률은 급격히 증가했다. 신민당 정부가 집권하던 1970년대에는 실업률이 평균 2.3%에 지나지 않던 것이 1980년대에는 연평균 6.6%, 1990년대에는 연평균 9.6%를 기록했다. 이 시기에 집권한 사회당 정부는 실업 문제 해결을 최우선 과제로 추진해야 하는 상황이었다. 사회당 정부는 공공부문의 고용 확대 정책을 통해 치솟는 실업률을 낮추고자 했다. 그런데 사회당 정부의 공공부문 확대 정책은 단순히 실업률을 낮추는 효과만을 가진 것이 아니었다. 사회당 정부는 늘어난 공공부문의 일자리를 지역 유권자들에게 나누어 주는 것을 통해 자신들 정당의 지지 기반을 확보하는 데 이용하면서 공공부문의 고용은 매우 큰 폭으로 증가했다.

소규모 서비스업 중심의 경제성장과 공공부문의 과도한 팽창은 노동시장 이중화에 기여했다. 그리스는 250인 이상 규모의 대기업에 고용된 인구는 전체의 30%에 지나지 않는다. 반면에 고용 인구의 1/3이 10인 이하의 기업에 고용되어 있다. 또한 OECD 평균의 2배가 넘는 35.5%가 자영업에 종사하고 있다(OECD, 2012). 이러한 고용구조는 대기업과 공공부문의 남성정규직 중심의 공식 부문 노동자와 영세중소기업에 종사하는 여성, 청년층, 이민자 들을 포함하는 비공식 부문 노동자 간의 뚜렷한 분절을 초래했다. 대기업이나 공공부문의 경우 임금과 고용 안정성이 상대적으로 높고 법적·제도적으로 고용 보호 수준이 높은 반면 비공식 부문 노동자는 임금 수준과 고용 보호 수준이 낮은 불완전 노동에 종사하고 있다. 또한 이들 간의 이동이 어려워 비공식 부문에 종사하는 노동자들은 실업과 빈곤의 위험에 더 심하게 노출되어 있는 상황이다.

(2) 복지와 사회안전망의 취약성

노동시장이 이중화되고 분배격차가 심화되는 문제에 대한 사회적 조정은 복지와 사회안전망의 정비에 대한 요구를 증가시킨다. 복지와 사회안전망은 사회 구성원들의 적정한 삶의 수준을 영위하고 사회경제적 위험으로부터 보호해주는 기능을 한다. 그리스는 1980년대 이후 복지제도를 본격적으로 도입하기 시작하면서 빠른 속도로 복지 지출을 늘려왔다. 그리하여 재정위기 직전인 2007년에는 공적 사회지출 규모가 GDP의 21.3%로 OECD 34개국 평균인 19.2%보다 높은 수준에 도달했다. 복지 지출 규모의 빠른 증가세에도 불구하고 그리스의 복지는 사회적 위기에 대한 완충작용을 거의 하지 못하고 있다. 이는 경제와 노동시장 구조의 변화에 부응하지 못하는 복지설계의 구조적인 문제와 복지 거버넌스상의 책무성accountability과 효율성efficiency이 낮다는 데서 부분적으로 그 원인을 찾을 수 있다.

그리스 복지제도는 고비용-저효율 구조로 복지 혜택에 있어서 집단 간의 불평등한 성격이 강하다. 그리스의 복지제도는 연금제도를 중심으로 하는 전통적인 복지 서비스 중심으로 설계되어 있다. 그리스에서 연금 지출은 공적 사회지출의 2/3를 차지하고 있는 반면 사회서비스와 같은 신사회 복지 지출 규모는 낮은 수준이다(〈그림 1-7〉 참조).

그리스의 복지제도가 연금제도에 집중되어 있는 배경에는 남유럽 특유의 가족주의가 자리 잡고 있다(Ferrera, 1996). 가족주의는 여성들에게 육아와 돌봄의 일차적인 책임을 부여하며 가족은 비공식적인 사회안전망을 제공하는 핵심 역할을 담당한다. 그래서 육아나 돌봄, 실업 관련 사회서비스들에 대한 요구가 발전하는 대신 남성 가장의 소득을 보전해주는 방향으로 복지제도가 발전했다. 이는 주로 연금 혜택을 늘리는 데에 집중적으로 투자하는 형태로 나타난다.

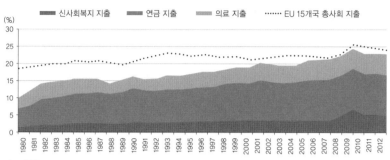

그림 1-7 그리스의 GDP 대비 사회복지 지출 부문별 구성비

자료: OECD, Social expenditure database.

그리스 연금제도는 다른 유럽 국가들에 비해서 매우 관대한 것으로 알려져 있다. 연금소득대체율이 97.7%에 달하고 소득수준에 상관없이 동일하다(OECD, 2011c). 그러나 이는 주로 공식부문의 정규직 일자리를 가진 남성 근로자를 대상으로 하고 있다. 이들은 상대적으로 높은 임금과 안정적인 일자리를 보장받으며, 고용과 연계된 연금제도로 인해 높은 복지 혜택을 제공받는다. 반면 대개 청년층, 여성, 이민자들이 상당수를 차지하고 있는 비공식 부문은 소득이 낮고 고용이 불안하며 사회적 위험에 더 노출되어 있음에도 복지의 사각지대에 머물러 있다. 그리스에서 2000년대 중반 연금에 가입해 있는 사람을 전체 노동인구로 보면 85%지만 전체 가입 대상 인구로 보면 60%가 채 되지 않는 것으로 나타나는 것은 바로 이 때문이다(Holzmann, Robalino and Takayama, 2009: 100).

그리스 복지제도는 직업 집단이나 고용 상태에 따라 복지 수혜 대상과 제도 및 서비스 전달 기관이 고도로 분절화되어 있다. 일례로 국민연금의 주 적용 대상인 민간부문 근로자들과 별도로 자영업, 농부, 의사, 엔지니어, 공공부문 근로자 등 직능단체별로 자체적인 연금 혜택을 적용받는다(OECD, 2011d). 펫메시두(Petmesidou, 1991: 41)는 이처럼 파편화된 제도가 발전하게 된 배경을 근대적 의미의 노동계층이 형성되지 못했다는 점에서 찾고 있다. 그에 의하면 사회보장제도의 기초가 확립되기 시작한 1980년대 그리스의 자본축적은 근대적 부문보다는 전통적인 부문에서 소규모 자영업을 중심으로 이루어졌다. 이 때문에 근대적 의미에서의 노동계층은 형성되지 못했고 이들 중심의 조직력은 크지 않다. 반면 자영업, 특히 고소득 자영업 직능단체와 공공부문 종사자들은 노조를 중심으로 자신들의 이익을 추구할 수 있는 힘을 갖고 있다. 이들은 정부와 정당의 후견인 역할을 하면서 정당으로부터 다양한 혜택을 얻어내는 데 성공했다. 정부는 이들을 통제하고 조정하기보다는, 이들이 요구하는 것을 들어주는 대신 정권 유지를 공고히 하는 쪽을 선택했다. 이 같은 과정에서 드러나듯이 그리스의 복지 거버넌스는 효율성과 투명성, 복지 혜택의 형평성 면에서 문제를 지니고 있다.

복지 서비스의 불평등 문제는 보건의료영역에서 잘 드러난다. 그리스는 모든 국민을 대상으로 하는 공적 의료 서비스 체계를 가지고 있다. 그러나 실제로 의료 서비스에의 접근성은 소득에 따라 큰 차이를 보인다. 2009년 EU-SILC 조사에 따르면 그리스는 경제적·시간적·공간적 이유로 인해서 필요한 의료 서비스를 받지 못한 사람들의 비중이 소득에 따라 가장 크게 나타나는 나라로 나타난다. 또한 2000년에서 2009년 사이에 그리스의 의료비 지출 증가 폭은 연평균 6.9%로 OECD 평균인 4%를 훨씬 웃돌고 있다. 그런데 의료 지출 증가에 상당한 공헌을 한 것이 약값 지출이다. OECD (2011b)에 따르면 2000년과 2007년 사이에 1인당 약값 지출액은 2배로 증가했으며, 2009년에는 전체 의료비 지출의 25%를 차지하는 것으로 나타난다. 이는 불필요한 처방과 값비싼 약에 의존하는 의료 행태 때문인 것으로 보고 있다. 또한 그리스는 인구 1000명당 의사 수가 다른 OECD 국가들 중에서 가장 많다(2009년 인구 1000명당 6.1명이며, OECD 평균은 3.1명이다). 반면에 간호사 수는 매우 적어 OECD 평균의 절반에도 미치지 못하는 것으로 나타난다.

이러한 고비용-저효율 구조, 복지 서비스의 형평성 문제는 그리스 정부가 제한된 자원을 효율적으로 분배하는 데 실패한 결과라고 볼 수 있다. 복지제도의 구조와 복지 거버넌스의 문제는 경제위기 상황에서 가장 취약한 집단들뿐 아니라 중산층에 대한 안전망의 부실로 이어졌고 이는 그리스 위기가 상대적으로 더 심한 사회적 문제를 불러일으킨 배경이 되고 있다. 그렇다면 이런 제도적·구조적 취약성의 사회적 기원은 무엇인가?

(3) 정치와 사회관계의 취약성

복지제도를 비롯해 사회제도의 개혁은 다양한 이해관계자들의 조정을 통해서 이루어진다. 그 때문에 이해관계자들의 서로 다른 이해를 어떻게 조정해 나가는가 하는 것은 성공적인 제도 개혁을 위해 매우 중요한 문제다. 그리스 정부도 지난 수십 년간 변화하는 세계 경제의 흐름과 복지 개혁의 요구를 인식하고 좀 더 안정적인 거시경제 환경과 사회안전망을 구축하기 위해 조세, 노동시장 구조, 연금, 공공부문 등 다양한 분야에서 개혁을 추진해왔다(Tinios, 2005; Featherstone, 2005; Featherstone and Papadimitriou, 2003; Lyberaki and Tsakalotos, 2002). 그러나 지난 여러 차례의 개혁 과정을 되짚어볼 때 그리스는 역사적으로 이해관계를 조정하는 데 그다지 성공적이지 못한 것으로 보인다(Zambarloukou, 2006). 그리스 정치와 시민사회관계의 성격은 그러한 개혁 실패의 원인을 제공한다.

그리스는 권위주의적인 나폴레오닉 국가 행정의 전통이 강한 나라이다. 나폴레오닉 전통을 갖고 있는 국가들은 국가가 사회, 또는 개인에 대해 자율성을 갖는, 국가 중심의 거버넌스 모델을 발전시켜왔다. 이 때문에 이들 국가에서는 이해집단의 역할을 정부 역할의 자율성에 대한 간섭이라고 생각하는 경향이 강하다. 또한 공공행정 면에서 타협과 협상보다는 법률과 형식에 구애되는 경향이 나타난다(Peters, 2008). 이에 더해 그리스의 군사독재와 늦은 산업화 경험은 경제체제에 대한 조절과 통제 권한을 국가에 더욱 집중시키는 결과를 가져온 반면, 전문적이고 기술적인 관료 집단의 형성과 정책 결정 과정의 합리화를 지연시켰다(Lyberaki and Tsakalotos, 2002). 또한 다른 한편으로는 시민사회에 대한 강력한 통제로 인해 시민사회의 조직적 역량과 권한이 성장할 수 있는 기반을 약화시켰다(Ladvas, 2005; Pagoulatos, 2003; Sotiropoulos, 2004).

갑작스러운 민정 이행 후 그리스는 행정과 정치의 공백을 맞게 되었는데 관료나 시민사회집단이 성장하지 못한 상태에서 민주화 과정을 주도할 수 있는 유일한 행위자는 사실상 정당뿐이었다. 그리스는 다당제를 택하고 있는 나라이다. 그러나 1989~1990년의 짧은 연정 경험을 제외하고는 실질적으로 자유주의적 시장경제를 지향하는 신민당과 사회주의를 지향하는 사회당의 양당 대결 구도로 의회가 구성되어왔다(〈그림 1-2〉 참조). 이들은 최근까지 투표의 거의 80%를 독식하다시피 하면서 강력한 지배력을 발휘해 왔다. 신민당과 사회당은 의회에서 다수석을 차지함으로써 자신들만의 단일 정당 기반 정권을 확보하기 위해 대립했다. 두 정당 간의 양극화된 갈등을 기반으로 한 정권 교체는 정치적인 양극화와 적대적인 정치 담론에 의존하는 정치과정을 만드는 데 기여했다. 정권을 잡은 정당은 이전 정권이 추진하던 정책들을 폐기해버리거나 이전 정부의 잘못을 의도적으로 드러내는 것을 통해 정권의 지지 기반을 공고히 하곤 했다.

그리스는 근대적인 관료제가 발전하기 이전에 급작스런 민주주의를 맞이행다. 이로 인해 관료행정의 자율성과 권한이 확고하게 정비되지 못했다. 이때 정당이 선거에 이길 수 있는 가장 효과적인 방법은 후견주의 clientelism에 의존하는 것이었다(Fukuyama, 2012). 후견주의는 정당이 정치적 후원자들에 대한 보상 수단으로 공적인 자원, 특히 공공부문의 일자리를 사용할 때 발생한다(Shefter, 1993; Fukuyama, 2012). 사회당은 1981년 신민당 정부를 제치고 집권하면서 정권 기반을 확고히 하기 위해 그리스 공무원 노조와 노동총연맹의 지도부를 당에 포섭하는 전략을 추구했는데, 그 정치적 후원의 대가로 공무원 충원 자격 조건을 완화하는 조치 등을 이용하여 공공부문의 일자리를 이들에게 열어주었다. 실업 문제 해결을 위해 도입된 공공부문 확대 정책이 정치적 후견주의와 맞물리면서 기존에 있던 능력 있고 열정 있는 공무원들의 업무 의지를 약화시키고 결과적으로 전문성 없는 무능한 관료들을 양산하는 결과를 초래했다(Petmesidou, 1991: 44). 정권 교체 때마다 예외 없이 제공된 공직 특혜는 정당이 관료행정을 지배하고 정치화하는 기반이 되었다.

정당은 관료행정뿐 아니라 시민사회 영역까지 지배하고 통제했다. 그리스의 노동운동은 오랫동안 정당의 당파주의에 의해 지배당해왔다(Sotiropoulos, 1995). 그리스 노조는 1897년 선박제조업 부문에서 처음 조직화된 후 다양한 산업 부문으로 확산되었다. 그러나 대규모 산업노동자 비중이 낮고 자영업자들의 비중이 높은 그리스 노동시장의 특성상 노조 조직률은 그리 높지 않은 편이었고 주로 공공부문이나 대기업에 종사하는 상대적으로 안정적인 고용 상태에 있는 근로자를 중심으로 조직되었다. 이들 노조들은 기업 수준에서, 또는 직업군을 중심으로 독자적으로 정부나 정당과의 연대를 추구하는 방식으로 세력을 키워나갔다(Lavdas, 2005).[12] 반면 기업의 이해집단은 산업 부문을 중심으로 잘 조직화되었으며 국가로부터 어느 정도의 자율성을 유지했고, 나름대로의 힘을 가지고 있었다. 파편화된 노조와 이들과 정당 간의 개별적인 후원 관계 형성과 연대는 중앙 수준에서 대표성을 갖는 노동조합의 성장을 저해했다. 이 때문에 노동자들은 중앙 수준에서 기업조직이나 정부와의 타협이나 합의를 위한 통일된 이해나 행동을 조직화하기 어려웠다. 반면 공공부문 노조와 같이 국가로부터 어느 정도 비토권veto power을 확보한 노조들은 자신들의 기득권 보호에 반하는 개혁에 반대했으며, 이중화된 노동시장 구조하에서 조직력을 갖추진 못한 비공식 부문 노동자들은 협상에서 배제되었다. 이런 상황에서 개혁을 위한 노사 간의 이해관계 조정은 이루어지지 못했고 국가에 의해 조정이 강제되는 상황에서도 상호 간의 협약의 지속성을 보장할 수 없었다.

정당은 여러 제도적인 기제를 통해 농부, 노조, 공공기관 근로자 조직을 철저히 모니터링하고 이들을 선거 지원을 위한 전방위 조직으로 활용했다. 아이러니하게도 지배적인 정당의 발전은 국가와 정당으로부터 독립된 시민사회 부문의 성장을 저해하는 쪽으로 작용했다.[13] 그리스의 사회관계는 강한 친족 연대를 중심으로 하고 있으며, 종교 또한 국가와 밀접히 연결되어 있고 사회서비스나 자원봉사도 국가의 간섭을 받는 구조이다. 소티로풀로스(Sotiropoulos, 2004: 24)에 의하면 시민사회 조직의 75%가 국가로부터 보조금을 받았으며 이것으로 전체 예산의 25% 이상을 충당했다. 노조를 포함한 사회집단은 기업조직이나 국가를 상대로 하는 교섭보다는 정당이나 정부 권력과의 연결고리를 통한 단기적인 이익에 집중했다.

---

12 노조 가입률은 1992년 37.6%를 정점으로 계속 하락해 2007년에는 24.5%에 지나지 않는다(OECD stat).

13 라브다스(Kostas Lavdas)는 이를 국가와 정당에 의한 이해집단의 식민화로 지칭했다(Lavdas, 2005: 299).

정치적 후견주의가 민주주의 동원의 수단으로 사용되고 여기에 이해집단들의 지대 추구 행태가 결합되면서 국가와 시민사회 간의 일반화된 신뢰관계는 형성되지 못했다. 그리스의 사회자본은 유럽 국가들 중에서 낮은 편에 속한다. OECD 보고서에 의하면 타인에 대해 신뢰한다고 응답한 사람은 2008년에 40%로 OECD 국가들 중에서도 하위권에 속하며, 국가기관에 대한 신뢰도도 43.8%로 역시 OECD 국가 중 하위권에 속한다(OECD, 2011d). 2012년 서울대학교 사회발전연구소 조사에서도 그리스는 응답자의 90%가 넘는 사람들이 정부가 부유층이나 정치인을 대변한다고 응답했으며 정부가 국민의 생각에 관심을 기울인다는 질문에 동의하는 사람은 14.4%에 지나지 않았다. 또한 사회적으로 부패 정도가 심각해 2012년 부패인식지수 순위에서는 176개국 중 94위를 차지했다.

양당 간 정치적 대립과 정치적 후견주의, 관료행정의 정치화, 분절화된 시민사회와 이익집단들의 지대 추구 행위, 낮은 신뢰와 투명성은 정부 주도로 추진된 일련의 개혁들의 실패 원인으로 작용했다. 이는 그리스로 하여금 2000년 이후 경제 호황기에 경제와 노동시장 및 정부 재정의 구조적인 불균형을 해소하고 지속 가능한 복지체제를 정비할 수 있는 기회를 상실하게 만들었다. 개혁이 지연되면서 그리스 사회는 세계 경제의 불확실성에 대한 적응력을 갖추지 못한 상태에서 경제위기를 맞이하게 된 것이다.

정치사회적 취약성은 위기 상황 속에서도 그대로 드러났다. 재정 긴축안과 구제금융 지원책을 마련한 사회당 정부는 이에 대한 정치, 사회적인 저항을 예상했음에도 불구하고 다른 정치 세력과의 연합을 모색하기보다는 단일 정당의 힘으로 위기를 극복하고자 했다. 위기 상황에서도 이전 정부의 정당과 연계된 부패 스캔들[14]을 조사하기 위해 의회의 조사위원회를 구성하고 별다른 징계나 처벌을 이끌어내지 못한 채 이전 정부의 잘못을 들춰내는 방식을 통해서 지배력을 공고히 하려고 했다(Lyrintzis, 2011). 이로 인해 정치적 갈등과 대립이 심화되는 가운데 정부는 구제금융 지원과 긴축안이라는 위기관리 조치들에 대해 서로 다른 입장을 지닌 정당과 이해 집단을 정책 협의 과정의 파트너로 인정하고 상호 이해를 조정하기보다는 국가주도의 개혁안들을 관철시키는 과정에서 이들을 정책 협의 과정에서 배제시켰다. 이 때문에 경제위기를 극복하기 위한 개혁의 필요성에 대해서는 사회적인 공감대가 형성되어 있음에도 그것이 어떤 개혁이어야 하고, 어떻게 해나가야 하는지에 대해서는 사회적인 합의를 이루어나가는 데 실패했다. 이로 인해 정부는 직접적으로 긴축안에 영향을 받는 집단들에게뿐 아니라 사회당과 신민당의 전통적인 지지 세력에게까지 긴축안 실행이 그리스를 위기로부터 벗어나게 할 것이며 장기적으로 안정적인 성장을 통해 보상받게 될 것이라는 신뢰를 얻는 데 실패했다. 결과적으로 정부가 단기적인 재정건전성 회복을 위한 트로이카의 요구를 실행하는 것 이외에 그리스의 장기적인 미래에 대한 확고하고 일관성 있는 대안을 제시하지 못하고 있는 사이 경제위기는 정치위기, 또는 사회위기로까지 확대되어가는 양상을 보이고 있는 것이다(Malkoutzis, 2012).

---

14 사회당 정부는 이전 신민당 정권과 연계된 지멘스 뇌물 사건 등을 조사하기 위해 의회에 특별조사위원회를 설치·운영했으나 이전 유사한 위원회가 그랬던 것처럼 관련된 사건으로 처벌된 정관계 인사는 한 명도 없었고 이는 정부에 대한 불신과 정치적 양극화만 심화시키는 결과를 초래했다.

4. 결론

앞에서 살펴본 바와 같이 위기에 처한 그리스 제도의 짜임을 들여다보면, 체계가 위기의 충격을 안정적으로 흡수할 수 있도록 되어 있기보다는 위기의 충격이 아무런 완충장치 없이 그대로 개개인에게 전달되거나 어느 한 쪽으로 집중되어 일어나게끔 짜여 있다는 것을 알 수 있다. 그러다 보니 경제위기 발발 후 실업, 빈곤, 고용 불안전성 등 사회적 불안과 위험을 체계가 적절히 흡수하지 못하고 있다. 오히려 위기는 가장 취약한 집단을 통해 가장 심각하게 영향을 줌으로써 사회공동체의 기반을 흔들고 있다. 그런 상황에서 위기를 관리하고 조정하는 핵심 기제로서의 사회관계의 역량도 충분하지 못하다. 그리스의 정치 및 사회관계는 민주적인 합의 절차에 기반을 둔 신뢰와 협력 관계를 형성하고 유지해 왔다기보다는 권위주의적인 국가체제하에서 이해집단들 간의 단기적인 이해 추구, 그러한 이해관계를 정권을 위한 수단으로 포섭, 통제해온 정당, 그러한 정당이 관료와 시민사회 영역을 '식민화'함으로써 왜곡된 사회관계를 발전시켜왔다.

한 사회의 위기는 그 사회의 산업구조, 노동시장구조, 재정구조 등의 제도적 역량과 개혁을 추진할 수 있는 정치 및 시민사회의 역량이 복합적으로 연결되어 드러난다. 경제위기에 빠진 국가들의 문제를 단순히 복지 지출의 확대와 재정건전성의 악화만의 문제가 아니라 사회적 합의의 전통과 신뢰와 투명성에 기반을 둔 그 사회의 거버넌스 수준에서의 문제도 포함해서 봐야 하는 이유이다. 제도와 거버넌스의 질에 따라 위기로부터의 서로 다른 회복탄력성을 보여준다. 그리스의 회복탄력성은 이러한 복합적인 관계가 적절히 작동할 때 담보할 수 있다. 특히 지금과 같이 시장의 불확실성이 증가하고 국제적인 수준에서의 이해관계들이 상호 얽혀 있는 상황에서 정부는 다양한 이해관계자들 간의 합의에 기초를 두는 '거버넌스'에 초점을 맞출 수밖에 없다.

현재 그리스는 인원 삭감, 공공복지 지출 삭감, 노동시장 규제 완화, 민영화 등과 같은 제도 개혁을 위해 강력한 조치들을 단행해나가야 하는 상황이다. 이 시점에서 가장 먼저 필요한 것은 개혁의 목적이 무엇인가를 분명히 하고 이에 대해 사회적 합의를 얻어내는 것이다. 연금 개혁의 목적은 연금 지급을 줄여서 재정건전성을 확보하는 것이 아니라 균형 잡힌 사회적 안전망을 제대로 만들어 앞으로의 위험에 대비하는 것이다. 공공부문개혁은 공공부문 일자리를 줄여서 정부 지출의 효율성을 높이는 것이 아니라 필요한 정책을 제대로 설계하고 조정하면서 집행해나갈 수 있는 행정력과 효과성을 갖추도록 하는 것이 목적이다. 제도를 정해진 역할과 목적에 맞도록fit for purpose 수정하고 재설계하도록 만드는 것은 결국 거버넌스 체제이다. 따라서 이를 포괄하는 개혁이어야 할 것이다.

이것은 근본적으로는 바스티안과 니콜라이디스(Bastian and Nicolaidis, 2013: 78)가 역설하듯이 그리스 사회의 총체적인 '리셋reset'을 요구하는 것인지도 모른다. 그리스는 지금의 개혁이 지속적으로 국가의 장래에 영향을 줄 수 있는 역사적 순간critical juncture에 있다. 그리스 사회의 힘겨운 리셋 과정이 시시포스의 헛된 수고로 귀착될 것인가, 아니면 헤라클레스의 도전과 같은 성공으로 마무리될 것인가는 결국 그리스 사회 내의 정치, 사회관계의 재설정과 균형, 그리고 이러한 관계에 기반을 두고 합의를 도출해냄으로써 개혁의 정당성을 확보하는 것으로부터 출발하게 될 것이다.

2

이탈리아의 사회경제적 위기
복지 모델과 사회갈등을 중심으로

남은영

1. 연구 목적 및 배경

최근 유럽 발 재정위기는 글로벌 금융위기 재발과 더블딥[1] 우려를 증폭시키며 세계 경제를 위협하고 있다. 그리스 사태 이후 EU와 IMF의 대응으로 점차 진정세로 돌아섰던 남유럽 관련 불안감이 다시 확대되고 있다(한국경제연구원, 2010). 유럽의 경제위기 원인에는 대외적 요인과 대내적 요인이 있다고 볼 수 있는데, 대외적 요인으로는 첫째, 회원국 간 경제적 불평등을 들 수 있다. 즉, 재정이 건전한 국가인 독일, 프랑스와 재정이 부실한 국가(그리스, 스페인, 포르투갈, 이탈리아) 등으로 양분되고 있다. 둘째로는,

---

[1] 더블딥(Double dip) 혹은 W자형 불황(W-shaped recession)은 경제가 불황으로부터 벗어나 짧은 기간의 성장을 기록한 뒤, 얼마 지나지 않고 다시 불황에 빠지는 현상이다 (www.ko.wekipedia.org).

정책적 한계가 있는데 유럽통합 이후 환율과 통화정책 등이 하나로 묶여 있기 때문에 경기 조정 수단이 재정 정책 외에는 부재하다는 한계점을 갖는다(김득갑·이종규·김경훈, 2012).

회원국 내부의 문제로는 남유럽 국가 중 그리스, 포르투갈, 이탈리아가 방만한 재정 운용으로 위기를 맞게 된 대표적 사례라고 할 수 있다. 이 국가들의 재정수지 적자는 최근 국제 금융위기에 기인한 단기적인 것이 아니라 구조적인 성격의 문제이다. 특히 이탈리아는 유로존 가입 이후 재정 지출이 증가 추세로 돌아서면서 재정건전성이 다시 악화되고 있다. 그리스와 포르투갈의 재정건전성 악화는 복지 지출의 급증에 따른 것으로 평가되고 있다. 그러나 이탈리아는 복지 지출 확대보다는 정부의 비효율성으로 인해 재정 운용이 방만하게 이루어지면서 재정건전성이 악화되었다고 볼 수 있다. 이탈리아는 경제적 규모에 비해 정부의 효율성이 다른 유로존 국가에 비해 최하위 수준이다. 또한 예산안의 수립 과정이 복잡하여 재정 지출 개선의 여지가 별로 없는 사회구조적 문제점을 지니고 있다. 그리고 지방정부의 경우 중앙정부와 달리 국내 안정성협약domestic stability pact[2]을 제대로 준수하지 않고 있다(현대경제연구원, 2010). 둘째, 긴축재정에 대해 노조를 포함한 국민들의 저항이 매우 거세게 일어나고 있으며 이것이 정치적 부담으로 작용하고 있다(Pierson, 1996).

즉, 현재 유럽의 경제위기는 회원국 내부의 문제와 유로화 체제의 구조적 취약성이 결합되어 나타난 현상이라고 볼 수 있다. 따라서 해결책으로 회원국의 긴축과 개혁에 추가해 유로존의 제도적 보완이 필요하다고 볼 수

---

2 안정성 협약은 유로존 국가의 재정 적자 및 총 부채가 GDP의 각각 3%, 60%에 한정되는 것을 골자로 하고 있다.

있다. 제도적 보완책의 내용은 재정이전fiscal transfer 시스템 강화, EU 예산 증액을 통한 회원국 지원 확대 등이다(김득갑·이종규·김경훈, 2012).

그러나 이미 황금기 이후 1980년대부터 서구 복지국가들은 세계화의 물결 속에서 긴축재정과 관련해 복지 축소를 포함한 많은 변화를 겪어왔다. 이러한 세계화의 충격에 대한 복지국가의 대응은 어떻게 나타나는가? 여기에는 세계화의 충격을 어떻게 보는가에 따라 두 개의 가설이 존재한다. 효율성가설 efficiency hypothesis 과 보상가설 compensation hypothesis 이 그것이다. 전자는 시장경쟁을 촉진하는 세계화의 물결 속에서 국가와 기업은 평등과 소득분배를 중시하던 기존의 원리를 축소하고 효율성 증진에 초점을 맞춰야 한다는 것, 그리하여 복지국가는 축소되는 것이 마땅하고 또 이는 일반적으로 나타나는 패턴이라는 주장이다. 이에 반해 보상가설은 세계화의 부정적 효과를 줄이고 세계화의 현실적 충격에 희생된 계층과 집단을 보호하는 것이 급선무임을 강조하면서 효율성 가설과는 대조적인 처방을 제시한다. 즉, 시장통합과 자유경쟁 체제로의 전면 이행에 따른 폐단을 줄이는 조치를 과감히 펼치는 것 그리고 소득불평등, 고용 불안정, 실업 위험에 대처하는 적극적 정부 개입이 필요하다는 것이다. 즉, 세계화가 임금생활자에게 주는 충격이 크면 클수록 복지국가의 질적 발전과 확대가 필요하다고 보는 것이다. 효율성가설은 신자유주의적 이념, 보상가설은 사민주의적 이념에 입각하고 있다(송호근·홍경준, 2006).

어떤 가설이 더 현실 적합성이 높은지를 둘러싸고 많은 논쟁과 연구들이 진행되었다(Garrett, 1998b; Swank, 1998; Fligstein, 1998; Huber and Stephens, 2001). 개별 국가에서 진행되는 사회정책 내지 복지제도의 변화 양상을 살펴보면, 복지제도의 축소와 사회지출비의 전면 삭감이 세계화에 대응하는 일반적 방식이라는 견해와는 사뭇 다른 모습이 많이 발견된다. 이런 복합적 양상의 혼재를 폴 피어슨Paul Pierson은 복지정치welfare politics로 설명한다. 설령 세계화가 복지국가의 재정위기를 악화시키고 축소의 필요성을 촉발한다고 하더라도 실제로 축소를 단행하는 것에는 정치적 비용이 따른다는 것이다(Pierson, 1996).

세계화와 복지제도 간의 관계가 복합적으로 나타나는 것은 국가가 처한 경제 환경, 경제구조, 시장 개방의 정도, 국내 정치적 구조 등 대단히 다양한 요인 때문이다. 예를 들면, 재정 정책과 무역정책의 특징, 체제 성격, 산업구조, 복지 혜택에 대한 시민들의 기대 수준, 정당 구조, 국가의 정책 개발 및 수행 능력, 국제관계 조정 능력 등이 세계화와 복지국가의 인과관계를 변형시키는 요인들이라고 할 수 있다(송호근·홍경준, 2006). 이탈리아의 경우는 1990년대를 거치면서 대대적인 사회정책의 개혁을 추진했지만 인구 고령화로 인한 노령연금 지출의 증가가 복지비용의 증가로 이어져 전체 사회지출은 지속적으로 증가했다. 2000년대 이후에는 EU의 재정협약에 대한 엄격한 준수 요구와 국가 개입의 제한성 등으로 인한 사회적 긴장감이 더욱 고조되고 있다(Jessoula and Alti, 2010).

이 글에서는 이탈리아 경제위기를 통해서 사회구조적인 위기와 복지 모델의 특성, 그리고 복지국가의 재편 과정, 이로 인해 유발되는 사회갈등 등을 고찰하고자 한다. 위에서 살펴본 바와 같이 복지국가의 재편과 관련해 효용성가설과 보상가설이 있지만 각 개별 국가에서의 변화 양상은 정치적 비용 때문에 복지정치 등에 의해 영향을 받고 각 국가가 처한 정치적·경제적 구조와 정당 구조, 국가의 정책 수행 능력과 조정 능력, 시민들의 기대 수준에 의해 영향을 받는다고 할 수 있다.

1990년대 이후 이탈리아의 복지제도 개혁 과정은 국내 정치의 개혁과 외부적인 유럽통합의 움직임이 함께 맞물려 개혁의 필요성에 대한 사회적 합의가 이루어지면서 진행되었다. 1990년대의 개혁을 통해 이탈리아의 복지 모델은 후견주의적인 현금 지출 위주의 사회보험주의로 부터 건전 재정을 추구하는 복지 지출의 축소로의 제도 개혁이 이루어졌다. 이는 국가 경쟁력을 확보하기 위한 정부의 복지 축소의 움직임을 나타내는 것으로 효용성 가설과도 부합하는 측면이 있다.

그러나 실질적으로 정책의 실효성의 측면에서는 큰 성과를 거두지 못한 것으로 볼 수 있는데, 개혁 정책 이후 사회지출 규모가 지속적으로 증가했으며, 2000년대 중반 이후 재정건전성도 다시 악화되기 시작했다. 그뿐만 아니라 EU 가입과 글로벌 경제위기 이후 재정 적자 및 경제 침체, 비정규직의 증대 및 실업률 증가, 인구 고령화 등을 겪게 되면서 오히려 사회지출의 수요가 증대되었다. 이에 따라 시민들 사이에서 복지 축소에 대한 저항과 사회갈등이 일어나게 된다는 점에서 보상가설의 부상으로 설명할 수 있다. 한편 이탈리아 정부는 재정 적자 완화 및 실업률 해소를 위해 연금 개혁 등의 복지 축소와 노동유연화를 향한 개혁 정책을 시행하고자 하기 때문에(Jessoula and Alti, 2010) 정부의 입장은 효율성 가설과도 더 부합된다고 할 수 있다. 따라서 정부는 효율성을 주장하고 시민은 경제위기를 겪으며 사회적 위험이 증가함에 따라 이에 대한 보호와 보상을 지지하고 있다. 이와 같이 두 입장이 서로 대립하면서 사회갈등이 첨예화되고 있다고 볼 수 있다.

한편, 최근 조사 결과에 의하면 대다수의 이탈리아 국민들은 복지에 대한 국가의 책무를 강조하지만, 동시에 경제성장을 중시하며 복지의 축소를 지지하는 사람이 과반수 가까이 차지하고 있는 것으로 나타나고 있다. 즉, 이탈리아 국민들은 일견 원칙적으로는 보상가설을 지지하면서 현실적으로 효율성가설을 지지하는 이중적인 특징을 보이고 있다. 그러나 이는 국가의 개입이나 책무성 자체에 대한 부정이라기보다는, 현재의 복지제도가 불투명하고 비효율적이기 때문에 복지가 경제성장에 장애가 되고 있다는 인식이 확산되어 있기 때문인 것으로 생각된다.

이러한 관점에서 이탈리아 경제위기를 통해서 본 복지국가의 개혁 과정과 사회갈등을 제도의 특성 및 사회구조적 측면에서 규명하고자 한다. 이글의 구성은 다음과 같다. 이탈리아 경제위기의 전개 과정을 먼저 살펴보고 이탈리아 복지 모델의 특징과 복지에 대한 국민들의 평가에 대해 고찰한다. 다음으로 복지 개혁의 전개와 복지정치에 대해 논의한다. 즉, 이탈리아 복지 모델의 문제점으로 인해 복지 모델의 개혁의 필요성이 제기되며 이에 따라서 복지 모델의 개혁이 이루어졌다. 그리고 대대적인 정치적 부패에 대한 수사로 인해 정치적인 지형이 변화하게 되며, 기존 정당의 자리를 대신하여 노조의 대표성이 인정을 받으면서 개혁정치하에서 사회협약이 나타나게 되었다. 그러나 이탈리아는 사회구조적 특성으로 인해 사회갈등 및 사회 균열이 심화되어 있는데, 이로 인해 사회적 합의가 쉽지 않다. 이러한 특징은 이탈리아 사회에서 경제위기가 사회위기로 전화되는 과정을 보여준다고 할 수 있다. 마지막으로 이탈리아의 사회경제적 위기의 특성과 원인을 요약하고 한국 사회에 주는 함의를 논의하고자 한다.

2. 이탈리아의 재정위기의 전개와 현황

이탈리아는 왜 경제위기를 겪게 되었나? 여기에서는 이탈리아 재정위기의 전개 과정과 현황을 살펴보기로 한다. 1948년 시작된 미국의 경기 부양책인 마셜 플랜Marshall Plan의 혜택으로 이탈리아는 1960년대 후반까지 '경제 기적'이라고도 불리는 높은 성장을 이루었다. 그러나 그 이후 1980년대 초반까지는 경제뿐 아니라 정치사회적으로 어려운 시기를 맞이하게 된다. 이후 경제는 점차 회복세를 보여 베티노 크락시Bettino Craxi 총리 시절 세계 5위의 경제 규모를 달성하며 G7에도 참여하는 강세를 보였으나, 반면 과도한 재정 지출의 결과 국가부채가 GDP의 100%를 넘는 문제 또한 이 시기에 시작되었다(홍승현 외, 2011).

최근에는 과도한 부채가 국가 신용등급의 강등뿐 아니라 EU체제 전반을 위협하는 재정 문제의 큰 축으로 부각되고 있다. 2008년 글로벌 금융위기를 겪으면서 유로존 국가들의 국가 재정이 크게 악화되었다. 경기 침체로 인한 세수 감소와 부실은행에 대한 재정 지원 등으로 재정수지가 크게 악화되었다.[3] 이탈리아 재정수지 추이를 살펴보면, 1990년에 재정 적자가 GDP 대비 11%에 달했으나, 1990년대 과감한 재정건전화로 1997년 마스트리흐트 조약(GDP 대비 3%)의 조건을 달성하고 EU에 가입하게 된다. 그러나 2000년대 이후 다시 재정 적자가 심화되는 현상이 나타나고 있다(〈표 2-1〉). 재정 적자의 기원을 찾아 올라가보면 이탈리아는 1960년대부터 기민당 정부가 국민들의 지지를 얻어 정권을 획득하기 위해, 즉 정치적 지지기반을 얻기 위한 수단으로 사회보장 정책을 시행했다. 이로 인해 관대하게 지출되는 연금제도 등을 포함한 방만한 국가 재정 운영이 계속되었다.

---

3 유로존 경제는 2007년 3.0% 성장했으나, 2009년에는 -4.3%의 경기 후퇴를 경험해 명목 GDP가 3년 사이 94.4%로 감소했다. 유로존 17개국 전체의 재정수지는 2007년 GDP 대비 -0.7%에서 2010년 -6.2%로 악화되었다. 이로 인해 유로존 17개국의 GDP 대비 정부 부채 비율은 2007년 60.7%에서 2010년에 83.1%로 22.4% 상승했다. 특히 재정이 취약한 유로존 5개국(PIGS: 포르투갈, 아일랜드, 이탈리아, 그리스, 스페인)은 위험 국가로 지목되고 있는데, 이들 국가들은 GDP 대비 재정 적자와 정부 부채 비율이 모두 높아 재정 취약국으로 간주되고 있다(김득갑·이종규·김경훈, 2012).

표 2-1 **남유럽 4개국 및 독일, 프랑스의 국가 채무 비율과 재정수지 비율**

(단위: %)

구분		1990	1995	2000	2005	2008	2010
국가 채무 비율	그리스	89.0	108.7	103.8	98.8	99.2	144.9
	포르투갈	-	64.2	54.4	63.6	66.3	93.3
	스페인	48.5	71.7	69.5	43.0	39.7	61.0
	이탈리아	103.7	123.1	110.8	105.9	105.8	118.4
	독일	-	55.7	60.8	71.8	69.9	86.3
	프랑스	38.6	62.6	65.7	76.0	79.2	95.5
재정수지 비율	그리스	-15.9	10.2	-0.9	-5.1	-7.7	-10.6
	포르투갈	-4.9	-4.6	-1.4	-6.1	-2.7	-9.8
	스페인	-4.2	-6.6	-0.3	1.0	-4.1	-9.3
	이탈리아	-11.0	-7.6	-0.3	-4.3	-2.7	-4.6
	독일	2.8	-1.2	-1.8	5.0	6.2	5.9
	프랑스	-0.8	0.7	1.4	-0.5	-1.7	-1.6

자료: OECD; EC; Eurostat.

1980년대 중반 GDP 대비 국가부채 비율은 90%를 넘었으며 1994년에는 124.3%로 정점에 이르게 된다.

최근의 국가부채와 경제성장률의 관계에 대해 분석한 한 연구에 의하면 GDP 대비 국가부채 비율이 90%를 넘으면 경제성장률이 대폭 하락하고 경제위기가 찾아오기 쉽다. 특히 국가들이 단기 차용에 지나치게 의존할 경우 갑작스럽고 예기치 않은 재정위기를 겪게 된다고 하면서 부채 관리가 공공 정책의 최우선순위가 되어야 할 것을 주장하고 있다(Reinhart and Rogoff, 2009).

스톨피, 고레티 그리고 리주토(Stolfi, Goretti and Rizzuto, 2010)는 이탈리아의 재정 문제가 1970년대에 시작되었다고 주장하고 있다. 이 시기의 오일쇼크 등의 국제적 충격에 대응하기 위해 이탈리아 정부는 대규모의 재정 적자를 감수하는 정책을 폈다. 적절한 재정 규율이 없는 상태에서 확장적 재정 지출이 1980년대에도 이어지게 되어 유럽통화연합의 회원 자격 문제뿐 아니라 자체 재정의 지속 가능성도 위험에 처하게 되었다(홍승현 외, 2011). 이탈리아의 정부 부채는 1995년 이후 GDP 대비 123%에서 105%로 약간 줄어들었으나 2008년 글로벌 경제위기를 겪은 이후 2010년에는 다시 118%로 증가해서 남유럽 국가 중 그리스 다음으로 높다. 재정수지도 1990년 GDP 대비 -11%에서 적극적인 재정건전화 정책을 펼친 결과 2000년에 -0.3%까지 줄어들었다. 그러나 더 근원적인 사회구조적인 문제를 해결하지 못한 채, 세수의 확대 등을 통한 단기적인 해결책에 그쳤고, 그 결과 2005년 이후에는 -4%까지 악화된다(〈표 2-1〉). 2010년에는 재정 적자 5.3%를 나타내고 있어 비교적 양호하나, 높은 정부 부채(118%)로 인한 긴축재정이 불가피한 상황이었다. 따라서 2010년 5월 이탈리아 정부는 2011~2012년 총 240억 유로의 채무 감축을 목표로 하는 긴축 예산안에 서명했다.

그러나 인구 고령화, 경제 침체에 따른 실업자 증가에도 불구하고, 현재 정부 지출 중 복지 분야 비중이 55.3%, 사회지출 중 연금 비중이 60%에 이르렀기 때문에 연금 및 복지 분야의 추가 긴축 조치가 요구되는 상황이라는 점에서 문제의 심각성이 있다. 따라서 이와 같은 긴축정책은 정치적·사회적 갈등의 요인이 되고 있다. 특히 이탈리아의 복지 모델은 현금 이전 성격의 연금제도가 핵심적 역할을 하며 노동시장 이원화로 인한 이중구조를 갖고 있는 점이 특징적이다. 따라서 경제위기 속에서 사회갈등 및 양극화가 심각해지는데, 북부와 남부의 현격한 경제 격차, 노사 및 노정갈등, 비정규직과 정규직 간의 갈등 등이 대표적인 사회위기라고 할 수 있다.

따라서 이 글에서는 복지 모델과 사회적 균열을 중심으로 이탈리아의 경제위기와 결합되어 있는 사회위기의 원인과 특징을 살펴보고자 한다. 이후에는 그러한 사회경제적 위기를 극복하기 위해 나타난 복지제도의 개편 과정과 전개, 개혁 정책을 둘러싼 정치적 지형의 변화, 그리고 최근의 재정 위기에서 나타난 사회갈등을 고찰해봄으로써 이탈리아의 사회경제적 위기의 원인과 실태를 진단해보고자 한다.

3. 이탈리아 사회경제적 위기의 원인과 전개 과정

1) 복지 모델의 특징과 복지에 대한 국민들의 평가

(1) 이탈리아 복지 모델의 특징

이탈리아는 왜 사회경제적 위기를 겪게 되었는가? 그리고 그 위기에서 쉽게 벗어나기 못하게 만드는 사회구조적인 원인은 무엇인가? 여기에서는 그 주요한 요인으로 이탈리아 복지 모델에 주목하고자 한다. 이탈리아 복지 모델의 특징과 그 문제점, 이탈리아 국민들이 갖고 있는 복지의식 등을 살펴본다.

이탈리아의 복지제도는 사회보험의 원리를 중심으로 소득 상실 등의 위험으로부터 국민을 보호하는 사회보장 체제를 지향한다. 따라서 사회적 불평등을 완화하는 공적 부조의 사회복지 제도적 성격이 상대적으로 약한 것이 특징이다. 더구나 피고용자의 근로소득을 보호하는 것이 중심 모토이기 때문에 복지 시스템을 이용한 사회 서비스의 제공이나 소득재분배의 기능은 상당히 제한적이라는 한계가 있다. 또한 역사적으로 1946년 공화국 설립 이래로 우파 성향의 정권이 이어지면서 좌우파 정당 간의 이념적 대립 속에서 복지제도는 시민들의 생활수준 향상보다는 정권 유지를 위해 국민들의 동의를 얻을 수 있는 정책 위주의 시스템을 구성하고자 했던 정치적

도구로서의 성격이 강하다(조경엽 외, 2013).

이탈리아의 복지국가는 성장 과정을 거치며 유럽대륙 복지 모델이나 남유럽 복지 모델과는 구분되는 독특한 이탈리아식 복지 모델로 분화되었다(김혜란, 2008). 이탈리아 모델의 전반적 특징은 첫째, 노동시장 내 강한 이원성이 존재하고 있다. 동일한 사회적 위험에 대한 보장과 혜택도 노동시장 내 지위에 따라 매우 심한 차별성이 존재하고 있다. 핵심 부문의 정규직 남성 근로자는 실업, 노후, 질병의 위험에 대해 매우 관대한 정책의 적용을 받는다.

둘째, 각 기금에서는 직업 범주별로 분화된 이해관계가 반영되며 파편화된 미로식 구조이다. 직업군에 따라 수많은 기금이 존재하고 각 기금별로 차별적 법규가 도입되고 적용된다. 많은 기금들의 예외 규정 적용으로 특정 범주들에게 특혜성에 가까운 혜택이 제공된다. 즉, 공공 부문 근로자, 대기업 근로자, 자영업자, 전문직 종사자들에게 자원 분배가 편중되는 체계이다.

셋째, 위험 범주 간 차별화된 분배 구조, 연금제도가 특징적이다. 복지의 제도화 과정은 정당과 정치계급, 부문별 위험 범주별로 분화된 노동자의 선호 구조를 대표한 노조 간 타협과 정치적 교환에 의한 정치 선택이 제도화되었다고 볼 수 있다. 그 결과 이탈리아의 재정 문제, 형평성 결여, 비효율성, 노동 없는 복지의 위기가 초래된다. 관대하고 분화된 연금 체계의 발달과 파편화되고 결함이 많은 복지 모델이 특징적이라고 할 수 있다. 〈그림 2-1〉과 같이 이탈리아의 연금소득대체율은 OECD 주요국 중 그리스, 스페인에 이어 3위로 매우 관대한 연금 체계를 가지고 있는 것으로 나타나고 있다.

이와 같이 이탈리아 모델의 특징은 유럽대륙의 모델과 남유럽 복지 모

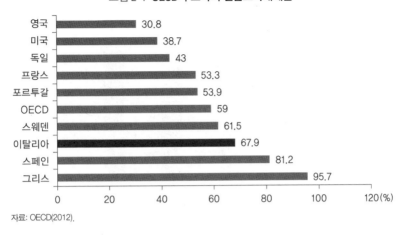

그림 2-1 OECD 주요국의 연금소득대체율

영국 30.8
미국 38.7
독일 43
프랑스 53.3
포르투갈 53.9
OECD 59
스웨덴 61.5
이탈리아 67.9
스페인 81.2
그리스 95.7

자료: OECD(2012).

델 특성을 공유한 변형 모델이라고 할 수 있다. 유럽대륙 모델과의 유사점 으로는 가톨릭주의와 가족주의에 기반을 두고 있고, 사회보험이 발달했으 며 복지 서비스 수준은 낮다는 점이다. 사회보장은 직업 범주에 따라 분류 된다. 복지 혜택은 사회적 지위와 소득수준과 밀접히 연관되어 있다. 가족 주의 원칙에 따라 가장이 경제 소득원 역할을 하며, 여성은 가사 및 자녀 양육과 노인 복지 서비스를 충족시키는 역할을 맡는다. 이와 같은 복지 모 델은 지속적인 경제성장을 전제로 하며 노동시장 내 높은 소득과 고용 안 정, 낮은 임금 격차를 추구한다.

남유럽 복지 모델과의 유사성으로 들 수 있는 것은 현금 이전 성격의 복 지 프로그램이 복지제도에서 핵심적 역할을 하고 있다는 점이다. 이탈리아 소득 지원 프로그램은 고용 상태와 밀접히 연계되어 있으며, 동일 복지 프 로그램 내에서도 직업 범주별로 법규를 제정하고, 집행과 기금 관리 등에 서 분화, 파편화 정도가 매우 높다. 또한 앞에서도 살펴보았듯이 노동시장 내의 이원성이 강한데, 노동시장 중심부와 주변부의 노동자들에 대해 차별

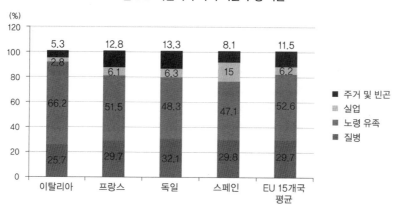

그림 2-2 **이탈리아 복지 지출 구성 비율**

(%)

	이탈리아	프랑스	독일	스페인	EU 15개국 평균
주거 및 빈곤	5.3	12.8	13.3	8.1	11.5
실업	2.8	6.1	6.3	15	6.2
노령 유족	66.2	51.5	48.3	47.1	52.6
질병	25.7	29.7	32.1	29.8	29.7

자료: OECD(2012).

적인 혜택을 제공한다. 이탈리아는 정규직 노동자들에게 매우 관대한 소득과 고용보장 혜택을 제공하지만 비정규직 노동자들에게는 지극히 잔여적 혜택을 제공하거나 보호 장치가 거의 제공되지 않는다.

  이탈리아 노동시장의 성격을 규정하는 결정적인 특징은 성격이 다른 직군 간의 뚜렷한 분할이다. 두 자리 수의 실업률과 낮은 고용률[4]을 타개하기 위해 1997년과 2003년의 중요한 노동시장 개편에 이어 임시 근로 계약의 사용이 지속적으로 자율화되었다. 이후 임시 근로자의 숫자가 급격하게 증가했다. 그러나 계약 조정이 가능한 근로자들을 위한 해고 보호의 안정적 수준과 새로운 노동시장 조건에 소득 보장 체계의 제한적 도입은 정규직과 비정규직 근로자 사이의 노동 및 사회적 조건의 뚜렷한 불평등인 '이

---

4 2010년 고용률은 이탈리아 경제활동 인구 대비 56.9%이며 실업률은 8.5%이다. 유럽 주요 국가들의 실업률은 덴마크(75.7%), 스웨덴(72.2%), 오스트리아(71.6%), 독일(70.4%), 영국(70.6%) 프랑스(64.1%)로서 유럽 주요 국가에 비해 매우 낮은 편이다(www.source oecd.org).

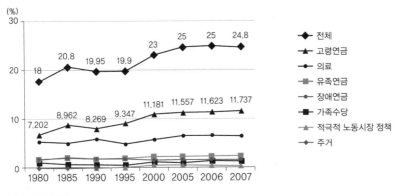

그림 2-3 **이탈리아 사회지출 내역 변화 추이(1980~2007년)**

자료: OECD(2012).

원화' 과정을 촉발시켰다(Berton, Richiardi and Sacchi, 2012). 2007년 엄격한
자격 규정 때문에 실업급여는 전체 실업자들에 대해 31.4%가량의 매우 낮
은 보상 범위를 나타낸다. 그리고 국가적 최저소득제도가 없어서 이러한
제도를 필요로 하는 개인은 마지막 수단으로서의 사회안전망조차 제공받
지 못하고 있다(정기혜·김용하·이지현, 2012).

그리고 행정 체계의 비효율성과 후견주의 문화의 영향으로 인해 복지
자원의 분배가 비효율적으로 이루어지며 복지 자원이 사적·정치적 목적을
위해 남용되고 있다. 이는 이탈리아의 낮은 국가성 때문이라고 볼 수 있다.
즉, 이탈리아의 복지제도는 강한 후견주의 문화와 결합되어 정치계급이 후
견주의적 네트워크를 형성해 복지 자원을 오남용할 수 있는 토양을 제공했
다. 이탈리아 복지 모델은 노령 및 유족연금과 의료보험이 매우 큰 비중을
차지하며 상대적으로 실업보험이나 주거 및 빈곤 예방을 위한 지출은 매우
적은 것을 알 수 있다(〈그림 2-3〉). 즉, 이탈리아 복지 모델은 파편화되어
있으며 형평성과 효율성이 결여된 구조를 가지고 있고 고용과 복지가 연계

되어 있지 않아 고용 창출과 경제성장을 저해하는 대표적 복지 모델이라고 할 수 있다(김혜란, 2008).

1980년부터 2007년까지 약 30년간 GDP 대비 이탈리아 사회비용 지출 내역을 살펴보면 문제점이 드러난다. 이탈리아는 매우 관대한 공적연금제도를 가지고 있는데, GDP 대비 공적연금 비중은 14.1%이다. 1970년대 사회보장 체제가 현재의 제도적 틀로 완성되었다. 1975년에는 GDP 대비 사회지출이 증가해 GDP 대비 22.6%에 이르렀는데, 이는 사회연대적 원칙을 바탕으로 한 복지제도의 성장을 의미하는 것이 아니라 이탈리아 복지체제의 왜곡된 분배 구조의 문제점이 내재되어 있음을 보여준다. 즉, 사회지출의 거의 2/3가 퇴직연금과 유족연금에 할당되고 있으며 실업, 고용, 가족, 주택과 빈곤층에 대한 지출은 매우 낮다. 한편 사회지출은 자영업자(특히 전문직 종사자), 노동시장의 핵심 부문의 정규직 근로자, 그중에서 대기업과 공공 부문의 근로자에게 상대적으로 유리한 프로그램에 치중하고 있다. 이와 같이 관대한 연금제도 때문에 이탈리아는 '연금국가'로 규정된다(Ferrera and Gualmini, 2004). 이탈리아의 연금은 전 국민을 대상으로 하는 보편적 적용 범위를 가지고 있다. 65세 저소득 노인은 빈곤을 예방하는 대비책인 자산 조사 기반 급여를 수급할 수 있다. 이러한 기본적인 보장 외에, 연금 수령권을 획득했거나 경제활동 정지 등의 조건을 만족하는 퇴직자나 장애인에게 소득 혹은 기여에 기반을 둔 공적연금 급여가 있다.

이탈리아의 연금 정책은 현재 대체출산율보다 낮은 출산율(합계 출산율 1.4), 노령 인구의 증가, 퇴직 연령에서의 기대수명 증가 등의 인구학적 문제에 직면해 있다. 또한 보충연금은 상대적으로 충분히 발달되어 있지 않은 반면, 공적연금은 지출 수준이 높아 소득 연계 급여의 소득대체율이 높다. 실제적인 퇴직은 법정 퇴직 연령 훨씬 이전에 일어나며, 젊은 세대로부

표 2-2 이탈리아 연금제도 체계도

연금제도		연금 종류	내용
3층	추가 연금	개인 적립식 혼합	개인연금저축	가입자가 은행, 보험회사와 계약을 체결해 가입
2층	직업연금	소득 연계	직업연금	직업에 따른 임의 가입, 적립 방식
1층	제도	빈곤 예방	연금(노령, 퇴직, 장애, 유족)	명목확정기여형, 고용조건으로 국가 및 조합에서 운영하는 기여 방식
			사회수당	소득 조사, 거주 조건으로 국가가 조세로 지원

자료: 정기혜·김용하·이지현(2012).

터 노령세대 간, 세대 간 재분배가 광범위하게 발생한다. 연금의 높은 소득 대체율에도 적절성과 형평성은 그리 크지 않다. 따라서 고령자들의 빈곤은 상대적으로 높으며 연금 수급자 간의 불평등은 임금소득의 집중 정도를 그대로 반영하고 있다(정기혜·김용하·이지현, 2012).

다음에서는 노동시장 정책의 특징을 살펴보기로 한다. 유럽에서 가장 높은 실업률과 낮은 고용률 그리고 높은 노동시장 경직성을 지닌 이탈리아가 추진한 노동시장 정책 중 적극적 노동시장 정책은 중요한 의미를 갖는다. 현재 많은 국가들의 사회정책은 '적극적 복지국가Active Welfare State' 패러다임에 의해 주도되는 것이다. 적극적 복지국가는 복지 권리를 구직 노력과 긴밀히 연계시켜 복지 수급권을 구직자에게 한정해 부여하는 것이다. 이탈리아의 노동시장제도는 유럽대륙 모델들과 마찬가지로 강한 경직성, 낮은 소득 격차, 노동시장 핵심부 노동자에 대한 높은 고용과 소득 안정을 특징으로 하며 실업보호 정책에 초점을 두었다. 이러한 특징은 여성과 청년, 주변부 노동자들에게는 높은 진입 장벽을 의미했으며, 저임금 서비스 부문이나 공공 서비스 부문에서의 일자리 창출을 어렵게 하는 요인으로 작용했고 잉여 노동력 조절은 수동적 정책 수단을 통해 이루어졌다.

후기 산업사회의 변화하는 경제적·사회적 조건하에서 이러한 정책적 대응은 일자리 창출의 어려움, 실업 증가와 급속한 복지비용 증가의 악순환을 형성해 결국 노동 없는 복지위기를 발생시켰다. 이탈리아 노동시장의 대표적인 문제로는 학교교육에서 노동시장으로의 이행과 진입의 어려움, 중장년 노동자의 직업기술 향상과 유연화된 작업 형태의 부적응, 여성의 취업과 지속적인 고용 유지의 어려움 등이 있다. 또한 만연한 불법 고용과 중북부에 비해 실업률이 4배 정도 더 높은 남부 노동시장의 문제도 있다. 실업 감소, 고용 창출, 사회통합과 경제성장을 위해 노동시장 정책의 변화가 촉구되었으나 다양한 정치적 이해관계, 유연성 강화에 반대하는 노조와 유연성이 전제되지 않은 상태에서 실업 보호 정책 강화에 반대하는 기업 간 갈등으로 인해 노동정책의 개혁이 이루어지지 못했다.

이탈리아 노동시장 제도의 유연화와 적극화 전략으로서 전환은 1990년대 후반 중도좌파 로마노 프로디Romano Prodi 정부에 의해 진행되었다. 유연화와 적극화 전략은 후임 정부들에서도 지속되었으나, 2000년대 전반에 중도우파 정부가 들어서면서 전반적인 정책 방향과 구체적인 정책 수단에 변화가 발생했다. 중도좌파 정부가 실업에서 노동시장으로의 이행과 노동시장 재통합을 제고하기 위한 적극화 전략에 초점을 두었다면, 중도우파 정부는 시장 기능의 효율성을 강화하고 노동 연계 복지 이념을 본격적으로 반영하는 전략을 선택했다. 이처럼 경제성장, 고용 창출과 사회통합을 위한 적극적 노동시장 정책은 집권 정부에 따라 정책 방향과 정책 수단이 다르게 나타났다(김혜란, 2013b).

최근 경제위기 이후의 이탈리아 고용정책은 신규 고용 창출보다는 경제위기로 인한 고용에 대한 충격을 완화하는 데 중점을 두어왔다. 이러한 충격 완화 조치는 기존의 충격 완화shock absorbers 시스템[5]을 강화시키는 방향으로 진행되었다. 충격 완화 시스템은 실업 위험에 대한 사회적 보장과 경

표 2-3 **이탈리아와 EU 15개국의 적극적 노동시장 정책에 대한 공공 지출(2009년)**

(단위: 유로, %)

적극적 노동시장 정책의 종류	이탈리아		EU 15개국
	총 지출	GDP 대비	GDP 적극적 정책
공공 취업 서비스	469	0.031	0.241
훈련	2,418	0.158	0.233
일자리 나누기	38	0.003	0.002
지원 고용	-	-	0.079
직접 일자리 창출	91	0.006	0.068
신규 인센티브	305	0.020	0.040
적극적 노동시장 계*	5,094	0.335	0.554

* 적극적 노동시장 계에 공공취업 서비스는 포함하지 않음.
자료: Eurostat(2010).

제 상황으로 영향을 받은 근로자에 대한 소득 지원을 제공하기 위한 메커니즘이다. 2008년 9월 이탈리아 정부는 청년과 여성의 고용 창출을 위한 새로운 조치를 추진하기 시작하고, 이를 위한 기본 계획을 채택했다. 2008년의 경우 이탈리아의 전반적인 실업률은 6.7%였으나, 청년 실업률과 여성 실업률은 각각 21.3% 및 8.5%에 달했다. 이탈리아 정부는 2008년 9월 법령 제정을 통해, 기존의 충격 완화 시스템 운영을 위한 예산을 증대하고, 일반 실업수당 적용 대상 범위를 확대했다. 아울러, 실직된 자 이외에 임시 해고 등 실직 위험에 처한 근로자도 일반 실업수당의 적용을 받을 수 있도록 했다.

최근 대부분의 OECD 국가들에서는 실업자의 고용 기회를 높여 실업자들이 노동시장에서 경쟁력을 갖도록 돕는 것이 더 효과적인 방안이라는 점

5　충격 완화 장치의 대표적인 제도로는 해고방지기금(Redundancy Fund, Cassa Integrazione)이 있다. 해고방지기금은 어려움에 직면한 회사 및 근로자를 지원하기 위한 조치로, 위기 상황에 직면한 회사의 근로자에게 보수를 대체할 수 있는 소득을 지원함으로써, 해당 회사가 특정 고용 수준을 유지하도록 하는 것이다(www.ita.mofa.go.kr).

에 동의하고 일자리 탐색에 대한 지원 및 실업자의 창업에 대한 지원 정책, 교육 훈련 및 고용 보조금 지급 등의 적극적 노동시장 정책을 펼치고 있다 (전병유 외, 2005). 그러나 〈표 2-3〉에서와 같이, 이탈리아는 다른 유럽 국가들에 비해 적극적 노동시장 정책에 대한 재정 지출은 비교적 낮다(정기혜·김용하·이지현, 2012).

(2) 현 복지제도에 대한 국민들의 평가

다음은 서울대학교 사회발전연구소에서 실시한 2012년 「유럽 및 한국 사회 조사」의 조사 결과[6]이다. 현재의 연금제도와 실업급여에 대한 이탈리아, 그리스, 독일, 한국 등 4개 국가 국민들의 자국의 복지제도에 대한 평가를 보여준다. 특히 연금 지급(노령연금)에 관한 의견을 살펴보면, '많이 낸 사람이 더 많이 받아야 한다'는 기여분에 대한 차등 지급 방식과 '모두가 똑같이 받아야 한다'는 평등 지급 방식에 대한 지지도가 거의 비슷하게 양분되어 있다.

이탈리아의 경우 노령연금 지급 방식에 대해 '모두가 똑같이 받아야 한다'는 의견이 44%로 가장 많으며 다음은 '많이 낸 사람이 더 많아야 한다'는 의견이 약 39%로 나타나, 두 가지 의견으로 양분되어 있음을 알 수 있다. 소득수준이 높을수록, 취업을 한 사람(임금 근로자나 자영업자), 북부 지

---

6 서울대학교 사회발전연구소에서는 2012년 4월~5월에 걸쳐서 이탈리아, 그리스, 독일, 터키, 한국 등 5개국을 대상으로 사회의식 및 복지의식, 정치 참여 등을 포함하는 국민 의식 조사를 실시했다. 조사 대상은 18세 이상 성인 남녀(한국은 19세 이상)이며 조사 내용은 경제적 박탈, 차별 경험, 신뢰, 정체성, 복지의식 및 정치 참여 등이었으며 조사 방법은 구조화된 설문지를 이용한 면대면 조사이다. 표본 크기는 각 국가별 1000명(독일 1200명)이고 표본 추출 방법은 성과 연령을 기준으로 한 할당 표본 추출로서 한국갤럽연구소에서 실사를 담당했다.

표 2-4 **현재 연금제도에 대한 주관적 평가**

(단위: 찬성률 %)

구분	설문 내용	한국	독일	이탈리아	그리스
노령연금	많이 낸 사람이 더 받아야 한다	49.3	22.4	38.9	23.5
	필요한 사람이 더 받아야 한다	32.3	32.4	17.0	35.8
	모두가 똑같이 받아야 한다	18.5	45.2	44.2	40.7
실업급여	많이 낸 사람이 더 받아야 한다	33.8	23.1	21.9	6.8
	필요한 사람이 더 받아야 한다	44.3	34.9	23.0	41.2
	모두가 똑같이 받아야 한다	21.9	42.0	55.1	52.0

자료: 서울대학교 사회발전연구소(2012).

역 거주자와 도시 거주자들이 '기여도에 따라 연금을 더 많이 받아야 한다'
고 응답했다. 저소득층, 읍면 거주자, 남부나 도서 지역 주민, 실업자와 비
경제활동 인구는 '모두가 똑같이 받아야 한다'는 응답률이 높게 나타난다.
현재의 연금 지급 방식이 소득에 연계된 기여분에 따른 차등 지급 방식임
을 감안할 때, 연금 지급이 좀 더 평등하게 이루어짐으로써 연금을 통한 소
득의 재분배가 실현되기를 희망하는 국민들이 많다는 것을 알 수 있다. 특
히 저소득층, 남부나 도서 지역 거주자, 노동시장에서 배제되어 있는 사람
등 소외 계층일수록 평등한 연금 지급을 더욱 많이 원하고 있는 것으로 나
타난다. 이에 비해 실업급여는 평등한 지급을 원하는 사람이 전체의 과반
수이며, 기여도에 의한 차등 지급 방식에 대한 지지도는 22% 정도이다.

'성장과 복지 중 더욱 중요하다고 생각하는 것'을 질문했을 때, 이탈리아
국민들은 복지보다 성장을 중시하는 태도가 매우 높은 것으로 나타난다.
이탈리아, 그리스, 독일, 터키, 한국 등 5개국 중 이탈리아에서 '경제성장'
이 중요하다고 응답하는 사람들의 비율이 가장 높았다. 이탈리아 전체 국
민 중 65%가 경제성장을 강조해, 그리스(57%), 한국(48%), 독일(35%)에 비
해 월등히 높다. 이탈리아에서는 '복지가 경제에 부담을 준다'는 응답은 약
50%로 과반수를 차지하고 있으며 이는 독일(35%) 및 그리스(19%)보다 높

은 수치이다.

한편 전체 국민 중 73%가 '복지 혜택이 줄어든다 하더라도 세금을 더 적게 걷어야 한다'고 응답해, 복지 혜택보다는 감세에 대한 지지율이 매우 높다. 최근 미국과 유럽, 일본 등 세계 19개국을 대상으로 조사한 결과, 소득에서 차지하는 세금과 각종 사회보험료 부담이 가장 높은 나라는 이탈리아로 나타났다(≪중앙일보≫, 2011.6.13). 이탈리아 정부는 1990년대 이후 재정건전화와 세수 확대를 목적으로 소득세율을 높였다. 현재 이탈리아는 높은 세율을 유지하고 있는데, 2009년 기준 조세 부담률(세수/GDP)은 43.2%에 달하고 있다.[7] 증세에 대한 부정적 의견이 높게 나타난 것은 현재 이탈리아의 높은 세율에 대한 국민들의 반감이 표현된 결과라고 볼 수 있다.

이탈리아 국민들은 '복지보다는 성장을 더욱 중시'하며 '보편 복지보다는 선별 복지를 지지'하고 '복지 혜택을 줄이더라도 감세'를 원하는 사람들이 가장 많아서 이러한 의견을 가진 사람들이 전체의 약 44%로 나타나고 있다. 다음으로 복지보다 성장을 중시하면서 보편 복지를 원하는 사람이 약 15%이다. 즉, 성장과 감세를 모두 원하는 사람들이 전체의 60%를 차지하고 있으며 이들 중의 많은 사람들이 전체 국민을 대상으로 하는 보편 복지보다는 빈곤층이나 취약 계층을 위한 선별 복지를 더욱 희망하고 있는 것을 알 수 있다.

즉, 전반적으로 경제성장을 중시하고 복지 효과에 대한 부정적인 인식

---

7 현재 중앙정부가 부과하는 조세는 직접세인 법인소득세와 개인소득세가 있으며, 간접세로는 부가가치세, 물품세, 등록세, 관세 등이 있다. 지방정부가 부과하는 조세로는 직접세인 생산활동지방세와 간접세인 부동산 보유세가 있다. 최근의 세율을 인하해 이탈리아 정부는 2008년부터 법인소득세율을 33%에서 27.5%로, 생산활동지방세는 기준 세율을 4.25%에서 3.9%로 인하했다(외교통상부, 2010).

표 2-5 복지 지향(성장/복지), 복지 가치(선별 복지/보편 복지), 세금(증세/감세)에 대한 태도

표 2-5 복지 지향(성장/복지), 복지 가치(선별 복지/보편 복지), 세금(증세/감세)에 대한 태도

(단위: 찬성률 %)

구분		한국		독일		이탈리아	
		성장▲ 복지▼	성장▼ 복지▲	성장▲ 복지▼	성장▼ 복지▲	성장▲ 복지▼	성장▼ 복지▲
선별 복지	복지 혜택 ▼ 세 금 ▼	24.9	8.4	18.2	4.2	43.6	9.4
	복지 혜택 ▲ 세 금 ▲	7.6	11.3	4.9	20.4	2.9	7.1
보편 복지	복지 혜택 ▼ 세 금 ▼	11.2	8.7	13.3	10.1	15.0	5.1
	복지 혜택 ▲ 세 금 ▲	4.8	23.1	3.9	25.0	3.5	13.4
계		48.5	51.5	40.3	59.3	65.0	35.0

자료: 서울대학교 사회발전연구소(2012).

이 높은 반면, 국가 책임성에 관한 복지의식은 매우 높아서 일자리 제공
(91%), 의료 서비스 제공(92%), 노후 적정 생활수준 제공(92%), 실업자 생
활보호(89%), 저소득층 대학생 지원(91%), 육아 서비스 제공(91%), 적정 주
거 제공(90%) 등에서 절대다수가 '정부의 책임'이라고 응답했다. '가난의 이
유'에 대해 '제도의 책임'이라는 응답이 약 80%로 매우 높게 나타난다. 이
러한 결과는 이탈리아 국민들은 복지의 국가 책무성에 대한 인식은 매우
높은 반면, 현재의 이탈리아의 복지제도가 경제에 부정적인 영향을 준다고
평가하고 있음을 알 수 있다. 문제는 많은 사람들이 제도가 비효율적이고
투명하지 못해 경제성장에 장애가 되고 있다고 인식하고 있다는 점이다.
'복지 예산 집행이 투명하지 않다'고 생각하는 사람들은 전체의 45%에 이
르며, '복지 서비스 제공이 효율적이지 않다'고 응답한 사람들도 38%를 차
지하고 있다. 그러나 복지제도 자체가 불필요하고 생계 및 일자리, 주거,
노후 보장 등이 전적으로 개인의 책임이라고 생각하지는 않고 있으며, 오
히려 이러한 영역에서 정부의 책임성을 매우 강하게 주장하고 있다.

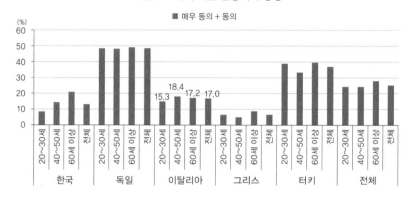

그림 2-4 **복지 예산 집행의 투명성**

■ 매우 동의 + 동의

자료: 서울대학교 사회발전연구소(2012).

　이탈리아 정부는 경제위기 이후에도 복지 정책의 기조와 노선을 어느 정도 일정한 방향에서 유지하고 있다고 볼 수 있다. 그러나 궁극적으로 복지비용의 절감만으로 구조적으로 해결되지 않는 문제들이 존재한다. 첫째는 사회적 양극화와 실업 문제, 둘째는 복지 예산 집행의 불투명성, 비효율성 등이다. 이탈리아 국민의 과반수 정도가 복지 예산의 집행이 투명하지 않다고 응답해 높은 불신을 나타내고 있다. 그리고 복지 효과에 대해서 부정적 태도가 높다. 복지 혜택보다 감세를 지지하는 사람들의 비중이 높은 것은 이탈리아 정부가 재정건전성을 위해 지속적인 증세를 해왔고, 소득세율이 상당히 높기 때문에 이에 대한 국민들의 반감이 누적된 결과로 해석된다.

　〈그림 2-4〉는 서울대학교 사회발전연구소에서 실시한 2012년 「한국과 유럽 사회조사」 조사 결과에서 나타난 '복지 예산 집행이 투명하게 이루어진다'는 의견에 동의하는 응답 비율이다. 이탈리아 국민들은 전체적으로 17%만이 복지 예산의 집행이 투명하게 이루어진다고 응답하고 있으며, 특

히 20대는 약 15%만이 동의하고 있어 청년층이 복지 예산 집행의 투명성에 대한 부정적 의견을 더욱 강하게 표출하고 있는 것으로 나타나고 있다.

복지 제공의 효율성에 대해서는 이탈리아는 약 23%만이 긍정적으로 응답하고 있으며 38%의 사람들은 비효율적이라고 응답해 복지 제공이 비효율적이라고 생각하는 사람들이 더 많았다. 이에 비해 독일은 49%가 효율적이라고 응답했으며 15%의 사람만이 비효율적이라고 생각하여 대조적인 양상을 보이고 있다. 복지 제공의 효율성에 대해서 한국은 13%만 동의하고, 경제위기를 겪고 있는 그리스는 8%만이 효율적이라고 응답해 각 국가에서 복지 제공의 효율성이 큰 문제가 되고 있음을 알 수 있다.

2) 복지 모델의 개혁: 정치 환경의 변화와 개혁정치

(1) 복지 모델의 개혁: 1990년대 이후의 변화와 사회협약

이탈리아의 복지 모델의 문제점으로 인해 재정 적자가 심화되고 경제성장이 둔화됨에 따라 이탈리아 정부는 사회정책에 대한 개혁을 추진하게 된다. 1990년대는 사회정책 분야에서 대대적인 개혁이 이루어졌다(Ferrera and Gualmini, 2000). 당시 이탈리아 복지국가는 대내외적 한계점에 도달했다. 외적으로 유럽통화연합은 공공부채나 재정 적자가 이미 심각한 수준에 이른 이탈리아 정부에 사회지출 삭감을 요구했다. 유럽연합과 비교할 때 1993년 이탈리아 재정 적자는 118%를 초과해 벨기에와 그리스 다음으로 높았다. 유럽통화연합에 가입하려면 재정 적자를 60% 이하로 낮추어야 하며, 이는 사회지출의 대폭적인 삭감을 의미했다. 한편 국내적으로 경제성장이 둔화되고 실업률이 상승함에 따라 세수는 감소하고 사회지출은 증가하고 있었다. 이러한 상황에서 사회정책 분야에서는 노인연금 체제의 변혁, 각종 직업연금 체계의 변화가 두드러진다. 한편 노동정책과 관련해 줄리아노 아마토Giuliano Amato 정부하에서 노사관계 및 소득정책, 일자리 창출 등에서 급격한 변화가 일어났다(강명세, 2001).

이탈리아 개혁 정책이 유럽의 다른 나라들과 구별되는 특징은 삼자협약이다(Ferrera and Gualmini, 2000). 삼자협약을 통한 복지 개혁이 추진된 이유는 이탈리아의 독특한 복지제도의 발전에 있다. 앞에서도 살펴본 바와 같이 이탈리아의 복지제도의 특징은 이중적 복지 구조이다. 정규 노동자에게는 과도한 복지 수혜가 돌아가는 반면, 비정형 노동자를 비롯한 비공식 부문의 노동자를 위한 복지는 극히 빈약하다. 또한 이탈리아 복지체제는 후견인적 체제이다. 전통적으로 사회에 대한 국가 침투가 취약한 상황에서 복지는 정치적 후견제도와 결합했다. 관료제는 미약하고 그 대신 정당의 이익 취합 기능이 강하게 발전했다(Ferrera, 1996). 1960년대 등장한 장애연금은 후견적 복지제도의 전형적 종류이다.[8] 후견적 복지제도는 정당과 노조의 조직적 연계 그리고 복지 행정 연결망을 기반으로 했다. 정당-노조 연결망은 취약한 직종의 노동자가 장애연금을 받을 수 있도록 했다. 즉, 정당은 정치 동원을 위해 비공식 부문 등의 노동 인구에게 접근해 정치적 지지를 받는 대신 선별적 복지 혜택을 제공했다. 또한 정당은 노동조합을 매개로 표와 복지를 교환했다. 과거 기민당은 특히 저발전 지역인 남부에서 공공 부문의 일자리 제공을 미끼로 표를 동원하거나, 복지 관료에게 영향력을 행사하여 개인에게 복지 서비스를 지원했다.

1990년대 초반 이탈리아의 정치적인 지형의 변화는 정치개혁의 계기를

---

8 1960~1971년 동안 장애연금 수혜자는 3배로 증가했고, 1972년에는 노인연금 수혜자 수를 넘었다. 1982년 이탈리아 인구 10명 중 1명이 장애연금을 받았다(강명세, 2011).

마련해주었다. 이 시기에 마니 풀리테mani pulite(깨끗한 손)를 통해 밝혀지기 시작한 부패 스캔들에 연루된 정부와 기업인들의 정당성이 크게 훼손되었다. 구 정치체제가 붕괴하고 등장한 테크노크라트 정부[9]는 재정 적자의 위기 속에서 1999년 1월에 출범하는 유럽통화연합EMU의 자격 조건에 미달할 우려와 같은 국가 긴급사태에 직면해 비교적 안정적인 세력인 노동조합의 협력을 구하고 사회개혁을 시행했다(Bull and Rhodes, 1997).

1992년 아마토 정부는 처음으로 사회보장제도의 개혁을 실시했다. 민간부문 은퇴 연령은 여성의 경우 55세에서 60세로, 남성의 경우 60세에서 65세로 2002년까지 점차적으로 상향되었다. 노령연금 기여 기간은 10년에서 20년으로 점차 상향되었고, 연금 해당 표준소득은 과거 5년에서 10년으로 상향되었다. 공무원을 포함한 모든 노동자를 대상으로 한 조기 은퇴에 필요한 기여 기간을 36년으로 점차 확대했다. 그리고 연금재정의 건전화를 위해 기여율을 높였다. 아마토의 시도는 1993년 카를로 참피Carlo Ciampi 정부에서 고용 및 소득정책에 대한 합의 도출로 이어졌고, 1996년 프로디 연정하에서는 일자리를 위한 협약, 그리고 1998년 마시모 달레마Massimo D'Alema 수상하에서는 크리스마스 협약이 맺어졌다. 이러한 일련의 협약에서 노동은 임금의 물가연동제 폐지, 임금 인상 자제, 연금 개혁 등을 양보하는 대신, 개발을 통한 고용 증진이라는 중장기적 약속을 얻었다(Ferrera and Gualmini, 2000).

이와 같이 이탈리아에서 1990년대 들어 안정된 사회적 합의의 경험이

---

9 마니 풀리테에 의해 촉발된 정치적 격변 진행 과정에서 1992년, 1993년, 1995년 각각 내각 수반에 취임한 아마토, 참피, 디니는 정통 정당인이 아니라 이탈리아 중앙은행 총재를 비롯한 테크노크라트이며 내각의 주요 구성원들도 테크노크라트이므로 이들 정부는 테크노크라트 정부라고 불린다.

이루어지는데, 이 협약들을 통해 노조 총연합들은 소득정책에서부터 노동시장 유연성, 연금 개혁에 이르기까지 이탈리아 정치경제적 결정에 실질적으로 참여해 영향력을 행사할 수 있었다(정승국, 2003). 이와 같이 새로운 형태의 삼자협약이 발전한 이유는 유럽통합으로 구체화되는 경제적 환경의 변화에 있다. 경제적 환경 변화는 탈규제와 유연 생산의 방향으로 진행되었다. 국제 경쟁의 가속화는 사업장 수준에서 노사관계를 크게 바꾸어 놓았다. 임금 억제는 과거처럼 중앙 수준에서의 합의가 아니라 사업자 특성에 따라 비공식적으로 이루어졌다. 사업장에서 구체화된 구조조정 과정에서 가장 중요한 변수는 유연성이었다. 레갈리아와 레지니(Regalia and Regini, 2004)에 의하면 이탈리아에서의 삼자협약의 성공을 국가의 재등장이라고 보았으며 여기에서 국가의 역할은 과거와는 달리 복지 건설이 아니라 국가 경쟁력의 확보였다. 복지국가가 완성된 단계에서 노동은 더 이상 복지 혜택을 요구할 입장에 있지 않기 때문에 작업장 조직을 강화하고 분산화와 탈규제에 적응해야 했던 것이다.

즉, 이탈리아가 1990년대 사회협약을 통해 복지 및 노동시장 개혁을 단행할 수 있었던 요인은 내부적·외부적 조건에 있었다. 내부적으로는 정치제도의 변화로 인해 이익 전달 체계로서의 정당 체계는 그 정통성을 상실했고 이에 따라 정부의 권위는 취약해졌다. 이와 같은 정당체제의 변화는 노조와 같은 사회적 파트너가 정당을 제치고 정부와 직접 상대할 수 있는 새로운 공간을 가져다주었다고 볼 수 있다(강명세, 2001). 이러한 과정에서 사회적 합의를 주도한 노조의 현실주의적 인식도 영향을 미쳤다. 특히 최대 좌파노조인 CGIL은 1991년 계급투쟁을 강조하던 이전까지의 급진적인 노선과 전투적인 임금 인상 투쟁을 폐기하고 온건moderation, 현대화modernization, 공동 결정을 내용으로 하는 개혁주의적 강령을 채택하는 등 새로운 정체성을 확립했다. 이러한 변화는 그 무렵 지체되고 있던 노사관계 개혁에 관한 삼자교섭을 촉진시키고 이후에 진행된 사회적 합의를 뒷받침했다는 점에서 의의가 있다고 할 수 있다(정승국, 2003). 외부적 요인으로는 세계화로 인한 유럽통합 과정이다. 특히 통화 통합이 부과한 재정 및 통화 정책의 제한은 복지국가의 개혁을 압박했고 인플레 억제를 위한 소득정책의 필요성을 부각시켰다. 이러한 조건하에서 후견적 복지제도의 개혁을 위해서 노조의 참여는 불가피한 것이었다(강명세, 2001).

2001년 집권에 성공한 전문경영인 출신의 실비오 베를루스코니Silvio Berlusconi는 자신의 경영철학을 정치에 접목시키면서 국민의 기대와 우려 속에서 연정을 이끌었다. 당시 수상의 평균 재임 기간이 1년이 안 되는 정치적 환경 속에서 베를루스코니가 5년간의 장기 집권에 성공했던 배경에는 그를 대체할 만한 인물이 집권 연정 내에 없었다는 점과 정부의와 입장과 정책 방향이 베를루스코니의 주장과 동일했다는 점 등을 들 수 있다. 2002년 베를루스코니는 40여 개의 개혁 입법의 시도를 공언했다(김종법, 2006).

실제 베를루스코니가 집권한 기간(2001~2005년) 주요 사회경제 지표들은 악화일로를 보여준다(〈표 2-6〉 참조). GDP 성장률은 2004년에 간신히 1.0%를 넘겼지만, 2002년과 2003년에는 0.4%와 0.3%에 지나지 않았다. 인플레이션도 2004년에 둔화되기 시작했지만 2000년도 초반에는 2.8%까지 올라가 1990년대 초반으로까지 회귀하는 현상을 보였다. 신자유주의 정책을 통해 사회복지를 삭감함으로써 정부 부채는 지속적으로 줄어들었지만, 재정 적자는 거꾸로 증가해 2005년에는 3.5%에 달했다. 재정 적자가 유럽통화연합EMU의 상한선인 3.0%를 넘었는데, 이로 인해 1996~2001년 동안 중도-좌파 정부가 이룩한 유럽통화연합 가입을 무산시킬 수 있는 있는 위협 요인이 생겨나 이탈리아 국민들을 불안하게 했다. 실업률은 감소

표 2-6 베를루스코니 재임 당시 주요 경제사회 지표(1995~2001년)

(단위: %)

연도	GDP 성장률	인플레이션	실업률	재정 적자	정부 채무
1995	4.2	5.4	12.0	7.6	123.2
1996	0.5	3.9	12.1	7.1	122.1
1997	3.0	1.7	12.3	2.7	119.8
1998	2.2	1.8	12.2	2.8	116.4
1999	4.2	1.1	11.4	1.8	114.5
2000	2.9	2.5	10.6	1.7	110.6
2001	1.8	2.7	9.5	1.4	109.4
2002	0.4	2.6	9.0	2.6	108.0
2003	0.3	2.8	8.7	2.9	106.3
2004	1.2	2.3	8.3	3.0	105.8
2005	1.2	1.8	8.0	3.5	105.4

주: 1) GDP 성장률과 인플레이션은 전년도 대비 %.
   2) 재정 적자와 정부 채무는 GDP 대비 %.
자료: ISTAT(이탈리아 통계청), 인플레이션 및 실업률 통계(1995~2005); Banca d'Italia(이탈리아 은행), GDP 성장률,
   재정 적자, 정부 채무 통계(1995~2005); IMF(1995~2005); World Economic Outlook(2002~2005); Guido Alb
   orghetti, *Il Libro nero del governo Berlusconi* (Firenze: Nutrimenti, 2005).

추세에 있었으나 여전히 8.0%를 넘어 유권자들의 기대에는 미치지 못했
다. 더욱이 이러한 실업률 하락조차 비정규직의 증가에 힘입은 것으로 베
를루스코니 정부 시절에는 이른바 '1000유로 세대'라는 말까지 유행했다.
'1000유로 세대'란 안토니오 알레산드로Antonio Alessandro의 자전적 인터넷
소설에서 나온 개념으로, 불안정한 직업(비정규직)을 전전하며 평균 소득의
절반에도 못 미치는 1000유로로 생활하는 젊은이들을 말한다.

2006년 총선에서는 과거 공산당으로 활동했던 좌파민주당DS이 주도하
는 선거연립체인 연합L'Unione이 1996년에 이어 0.1% 차이로 우파연합인
자유의 집Casa delle Libertà을 누르고 다시 집권했다. 특히 젊은 층의 표심은
선거에 중요한 역할을 했다고 평가된다. 25세 이상 국민들에게만 선거권
을 부여하는 상원 선거에서 '연합'은 '자유의 집'에 비해 득표율이 낮았으나,
18세 이상 국민들에게 선거권을 부여하는 하원 선거에서는 근소한 차이지

만 '연합'의 득표율이 '자유의 집'보다 높았다. 전체 유권자의 약 8%에 해당하는 청년층의 지지가 '연합'의 승리에 결정적으로 작용한 것으로 평가되고 있다. 실제로 '연합'은 일자리의 유연화를 주장하는 '자유의 집'과 달리 베를루스코니 정부의 고용정책을 프랑스의 최초 고용 계약CPE보다 더 나쁜 것으로 규정하고 비정규직 차별 철폐를 공약했다(정병기, 2006).

2000년대 들어서 노정갈등도 극단적으로 표출되었다. 베를루스코니 정부는 사회협약 없이 노동시장 유연화 안을 발표하고 정부가 법안 처리를 강행하자 폭력적 사회갈등이 분출되었고 이탈리아의 3대 노조는 2002년 4월 총파업으로 대응했다. 이와 같이 2000년대에는 노정 간의 갈등으로 인해 사회협약이 거의 집행되지 못했다(박준 외, 2009). 최근 2012년 2월 마리오 몬티Mario Monti 정부하에서도 노동시장 개혁에 관한 합의를 이끌어내고자 했으나 노동계는 많은 국민들이 일자리를 잃게 될 것이라고 반대를 했으며, 이로 인해 사회갈등이 고조되었다(≪동아일보≫, 2012.3.22).

(2) 정당 체계, 정치 환경의 변화 및 개혁 정책

이탈리아 정치문화의 특징은 공산당이 중심이 되는 강력한 좌파정당의 존재, 이를 뒷받침하는 노동조합 등이다. 이외에 강력하고 제도화된 사회조직이 되어버린 마피아의 존재는 지방(주로 남부나 시칠리아와 같은 섬 지방)의 입후보자나 득표까지 통제할 수 있을 정도의 막강한 동원력을 지니게 되었다. 또한 가톨릭의 영향력이 일상생활에서 차지하는 비중이 크며, 비효율과 부패한 사회구조 역시 이탈리아 정치사회에 대한 이해에서 필수불가결한 요소이다(김종법, 2007). 앞에서 언급했듯이 이탈리아의 복지제도는 정당 간의 이념적 대립 속에서 우파 기민당이 국민들의 합의를 얻기 위해 정치적 도구로 활용된 측면이 강하기에 전후 이탈리아의 정당정치의 특성 및 변화 과정에 대해 살펴볼 필요가 있다.

전후 이탈리아 정당 체계의 특징은 다음과 같다. 먼저 기민당의 장기 집권이 이루어졌다는 점이다. 1980년 이전까지 기민당의 지지율은 약 40%를 보이다가 1980년대 이후 점진적인 지지율의 하락 현상이 나타난다. 1990년대에는 '마니 풀리테'라고 불리는 정치권 부패에 대한 대대적인 검찰수사에 의해 기민당이 와해되기에 이른다. 야당인 공산당의 경우 전후 20%의 지지를 얻었으며 1970년대를 거치면서 3%에 접근하는 등 상승세를 나타내다가 1980년대 이후에는 하락세를 보인다. 1991년 구소련의 붕괴 이후 개혁주의로 정치적인 노선을 변경하고 좌익 민주당으로 개명했다. 좌우 군소정당은 전부 합해도 지지율이 30% 이하에 지나지 않으며, 부분적인 압력만을 행사하고 있다(김시홍, 1995).

그러나 이후 정치 환경의 변화로 인해 기민당의 영향력이 약화되어갔다. 기민당의 정치적 독점으로 인해 대중의 지지를 점차 잃어갔으며 1960년대 중반까지 지지자들의 이해를 반영할 수 있었으나 새로운 사회운동(학생, 여성, 평화, 반전, 반핵 등) 등을 통해 새로운 욕구가 생겨났다. 이 시기 국민들의 요구에 비해 정책적인 충족이 이에 부응하지 못하는 악순환이 계속되었으며, 기존 정책 관련 기관들은 더욱 비효율적이 되었다. 이와 함께 복지국가의 위기(재정위기)를 경험하며 국가의 현실적 적응 능력이 감소되었다(김시홍, 1995).

이후 1990년대에 이탈리아는 새로운 정치적인 국면을 맞게 되는데, 그 특징으로 새로운 정치세력의 출현과 새로운 제도 및 구조의 변화 등이 있다. 그 전반적인 특징을 살펴보면 다음과 같다.

첫째, '마니풀리테'를 계기로 촉발된 부패한 정치자금 수사 및 정치적 지각변동으로 전후 지속적으로 유지하던 선거법 개정이 이루어졌다. 이는 기존 정치세력의 몰락과 함께 새로운 정치세력의 출현 및 제2공화국의 시작을 알리는 역사적 사건으로 이어졌다. 둘째, 베를루스코니라는 기업가 출신의 정치가가 등장했다. 셋째, 이탈리아 사회주의와 공산주의를 대표하던 이탈리아 공산당이 노선을 전환하여 자본주의 체제하에서의 개혁을 표방하게 되었다. 이와 함께 중도좌파 혹은 중도우파를 표방하는 새로운 중도 정당들이 등장했다. 분리주의 운동을 주창하거나 이탈리아의 수구 민족주의 정당의 재탄생 역시 이와 같은 환경 변화가 가져온 정치적 산물이라고 할 수 있다(김종법, 2012). 이런 정치적인 변화 속에서 신흥 자본가 세력을 대표하는 베를루스코니가 정치 무대에 등장하게 된다.

1990년대 일련의 사회협약을 통한 복지 개혁이 이루어졌지만 그동안 이탈리아 복지제도의 가장 큰 문제는 연금제도였다. 이탈리아의 1993년 GDP 대비 사회비 지출(25.8%)은 유럽연합의 평균(28.5%)보다 낮지만, 연금이 사회복지비에서 차지하는 비율은 GDP 대비 15.4%로서 유럽연합 평균 11.9% 보다 훨씬 높았다. 급증하는 연금 지출은 높은 재정 적자와 감소하는 노동력을 고려할 때, 심각한 문제로 대두되었다. 그러나 이러한 개혁에도 불구하고 재정 적자는 계속 상승했고 특히 연금 적자가 악화되고 IMF, OECD 및 EU 등 국제기구의 압력이 거세짐에 따라 이탈리아 정부는 1993~1994년에 더욱 포괄적인 개혁을 추진했다(Ferrera, 2000). 1993년에는 보충연금의 수혜 자격이 강화되었고 1994년 베를루스코니 정부는 은퇴 연령을 점차 늘리는 동시에 모든 노령연금 혜택을 동결시키려 했다. 베를루스코니 정부가 추진했던 급진적 연금 개혁은 대규모 시위와 파업에 봉착했으며 이에 따라 개혁도 좌절되었다. 1994년 베를루스코니에 대해 정치적으로 반대해 북부동맹이 연립정권에서 탈퇴함으로써 베를루스코니 내각은 무너지게 되고 후임으로 이탈리아 은행 총재 출신이자 재무장관 출신인 람베르토 디니

Lamberto Dini가 총리에 취임하게 된다. 1995년 디니 정부와 1997년 프로디 정부는 노조와 함께 온건한 연금 개혁을 모색했다. 이에 노조는 정부와 새로운 광범한 개혁을 논의하기 시작했고 1995년 디니 정부는 새로운 개혁안을 노조와 합의하는 데 성공했다.[10]

그러나 2001~2007년 기간 연평균 성장률 1.1%를 기록한 이탈리아 경제는 다른 유럽 국가들과 마찬가지로 지속적으로 잠재성장력이 하락하는 모습을 보였다. 2008년 금융위기의 여파와 채무위기로 인한 긴축재정이 불가피한 이탈리아는 향후 연평균 실질성장률이 0%대로 떨어질 가능성이 매우 높고, 이처럼 초저성장에 대한 우려가 높아지고 있는 가운데 과다한 정부 채무를 상환할 수 있을지에 대해 회의적인 시각이 지배적이다.

최근 경제위기 이후 국가 재정의 악화, 성장률의 둔화 및 실업률의 증가 등 경기 침체를 겪고 있는 상황에서 2008년 베를루스코니가 재집권하게 되고, 이탈리아 복지제도는 새로운 국면을 맞게 된다. 그는 노동시장의 유연화와 연금법 개정을 주요 골자로 하는 '국가의 효율적 운영과 세계화(변화와 개혁: 40개 법률 개혁 목표)'를 천명했다.[11] 이후 이탈리아 정부는 2012~

---

10 1995년의 새로운 합의는 다음과 같다. 2013년부터 연금제도는 소득 연계 형식에서 기여 중심 형식으로 전환한다. 2008년부터 유연한 은퇴 연령제(57~65세)를 도입한다. 공공 부문 및 민간 부문 노동자에 대한 연금규제를 통합하고 점진적으로 소득에 따른 유가족 지원제도를 도입한다. 장애연금 및 노동소득 수령액 그리고 수혜자에 대한 규제를 점진적으로 강화한다.

11 주요 내용은 다음과 같다. ① 노동시장 유연화: 노동법 개정, 노동법 18조(노동자 해고와 관련, 해고 사유 등에 대한 기본 조항), 정부와 노동단체와의 협상이 오랜 기간 계속되고 있었으며 노동계는 개정 불가 입장이었으나 2012년 타결되었다. ② 연금법 개정: 1994년 노조의 협력을 구하지 않고 일방적으로 추진하던 개혁 정책으로 실각의 직접적 원인이 되었다. 이탈리아는 국가 예산에서 연금 부문이 약 14%로 매우 높은 비중을 차지한다. 이후 베를루스코니의 2004년 완화된 연금 개정안을 제출했는데, 2008년부터 35년의 연금 납입 기간 준수, 2011년부터 연금의 수령 가능 연령을 66세로 상향 조정하는 것으로 개정했다.

2014년 동안 480억 유로 절감을 목표로 하는 긴축 예산안을 발표하고 의회의 승인을 받아 추진 중인데, 연금, 의료, 기타 사회복지 부문 개혁 및 지방정부 재정건전화에 초점을 둔 것이 특징이다(한국조세연구원, 2012). 이탈리아 현재 인구구성과 인구 증가율을 고려할 때, 2045년 65세 이상의 인구구성은 총 인구의 30%를 초과할 것으로 예상된다. 따라서 연금제도의 합리적이고 건전한 재조정, 사회적 복지 예산의 재구조화restructuring가 필요하다고 볼 수 있다.

그러나 사회적 협의 측면에서 본다면 2001년 베를루스코니 정부의 출현은 1990년대 이후 내내 '행동의 통일'이라는 슬로건하에서 협력했던 CGIL과 CISL 간의 경쟁과 분열이 본격적으로 출현하는 계기가 되었다. 노동시장 유연성, 연금 체계 개혁, 경제민주주의 문제 등에 대해 두 노조 간의 정책 차이와 이견이 표출되고 있다(정승국, 2003). 그리고 이러한 개혁 정책에 대한 국민적 합의가 분명하지 않은 상태이다. 지금까지 사회보장 정책과 노동정책이 커다란 변동 없이 노사 상생, 합의의 커다란 틀에서 작용되어 왔기 때문에 이와 같은 경로 변경적path-breaking 개혁 정책(Jessoula and Ali, 2012) 같은 이탈리아 경제구조의 토대 변화에 대해 국민들이나 노동자들은 반대하고 있는 상황이다(김종법, 2012). 따라서 경제적 이해관계에 따라 노조 간, 계층 간, 집단 간의 심각한 분열 양상을 보이고 있다고 볼 수 있다.

3) 사회갈등: 지역 격차, 노사갈등, 계층갈등

(1) 지역 격차: 정치적 분열과 남부 문제

이탈리아의 사회경제적 위기의 근원에는 재정수지를 악화시키고 성장을 저해했던 이탈리아 복지 모델과 함께 지역 격차, 노사갈등, 그리고 양극화와 같은 사회의 균열 구조가 자리 잡은 것으로 보인다. 이러한 사회적 균열은 경제위기로 인해 더욱 가시적인 분열과 갈등을 양산하게 되었다. 사회 갈등은 사회집단이 권력, 사회적 지위, 희소한 자원 등을 차지하기 위해 상대 집단을 의식하며 서로 경쟁하는 상태라고 할 수 있다(Oberschall, 1978). 갈등은 양극화 등 구조적 문제에 대한 관심을 상기시켜 제도 개선, 사회 응집력 향상 등에 기여할 수 있으나 갈등을 조장하거나 방치할 경우 사회 분열을 초래하게 된다.

이탈리아 사회는 역사적으로 장기간의 분열을 경험했다. 19세기 말 통일을 이룩한 이후에도 가톨릭교회와의 갈등, 남북부의 유기적 관계의 설정 실패로 인해 불완전한 통합을 야기하게 되었다. 가톨릭교회와의 관계 정립이 1929년 라테라노 협정으로 일단락되었으나, 남부 문제는 오랫동안 숙제로 남게 되었다.

이탈리아 경제는 1950년대 이후 유럽 경제공동체 초기 회원국으로서 대외 개방적 경제를 표방하며 비약적 고도성장을 이룩했다. 이 시기는 사기업 활동과 국영 부문의 기간산업과 사회간접자본 투자로 인해 경제의 근간이 구축되었다. 그러나 1970년대에는 높은 임금상승률, 높은 물가상승률, 국영 부문의 비효율성으로 인해 이탈리아 경제는 침체를 겪게 된다. 그러나 이후 이탈리아 경제는 1970년대를 거치면서 포스트포디즘적 생산방식으로 전환하여 비약적 성장을 이룩한다. 그러나 정치적으로는 후견주의와 정경유착으로 인해 이후 노동자들의 근로 여건 개선 및 생산성 하락 등의 문제가 발생한다.

이탈리아의 남부와 북부는 오랜 산업화의 전통, 자연적 조건, 지정학적 차이, 통일운동 과정에서의 차이 등으로 지역 간의 격차가 두드러지게 나타나고 있다. 남부 개발과 관련해서는 다음과 같은 여러 문제점들이 지적

되고 있다. 첫째, 남부 개발기금의 오용이 이루어졌다. 집권당과 지역 주민의 후견제에 기초한 부정적 관행이 창출되었는데, 공공기금이 적재적소에 사용되지 못했으며 연금과 재해보험 등은 실수요자가 아닌 사람들에게 특혜적으로 배분되었다. 둘째, 정경유착이 극심했는데, 사기업, 국영기업, 여당의 연결로 인해 부정적 정치자금의 활성화를 야기하게 되었다.

이러한 상황에서 중북부와 격차를 보이고 있는 남부 지역에 대한 문제는 중앙정부의 지속적 관심의 대상이 되었다. 남부에 대한 막대한 자금이 투자되었으나 대체적으로 남부의 발전으로 이어지지 못하고 실패했는데, 이러한 투자도 후견제와 비효율성으로 점철됨으로 인해 소기의 효과를 보지 못하고 산업화된 북부로부터 더 이상의 남부 지원이 무의미하다는 비판을 받고 있다(김시홍, 1995).

이와 같이 이탈리아 분열상의 가장 큰 원인으로는 공업지대가 밀집되어 있는 부유한 북부 지역과 저임금 농업지대로 이루어진 남부 지역 간의 격차가 줄어들지 않고 있는 점이다. 현재 이탈리아에서는 실업률 증가, 실질소득 감소 문제가 심화되고 있는데, 이와 동시에 사회적 양극화, 불안정성의 구조적 고착화가 진행되고 있다. 특히 지역에 따른 편중과 격차 등에 의해 발생하는 지역 간 복지 수준, 비용의 차별성이 상존하고 있는데, 남부에 집중되어 있는 빈곤층에 대한 정책적 배려, 지역에 따른 복지 정책에 차이가 있다. 생계나 최초 사회 안전 비용 등을 포함하는 보조적인 사회보장 정책 비용인 사회 보조 비용에서도 격차를 보이고 있다. 북부 주민 1명당 146유로의 복지비용이 사용되는 데 비해 남부는 1인당 40유로에 지나지 않는다. 그러나 남부에 더 많은 빈곤층이 존재하며, 절대 빈곤층도 남부에 집중하고 있어서 빈부 격차는 더 심화되고 있는 실정이다. 더욱 큰 문제는 이같은 남부와 북부 간 대립을 순화할 수단이 별로 없다는 데 있다. 과거 중앙정부 재정이 여유로울 때에는 낙후된 남부 지역에 대한 지원을 중앙정부가 담당하는 방식으로 사회 불만을 줄이는 작업을 했지만, 최근에는 재정 적자 위기가 심화되면서 정부의 지출에 제동이 걸린 것이다. 과거 1990년대 초반까지만 해도 각 지역에서 불만이 제기되면 국가 재정을 풀어 불만을 완화시키곤 했지만, 이제 GDP의 120%에 이르는 심각한 재정 적자 문제로 인해 과거의 해결책을 더 이상 사용할 수 없는 상황이 되었다(≪한국경제매거진≫, 2011.4.4).

(2) 노사 및 노정갈등

이탈리아 노사관계는 근대 노사관계 탄생 이후 지속적으로 불안정성을 노출해왔다. 이러한 불안정성은 여러 가지 요인이 복합적으로 작용하여 나타난 결과이다. 첫째, 역사적 요인으로 노사관계에 대한 정당들의 높은 영향력과 고도의 대립적인 이데올로기적 대결 구도를 들 수 있다. 이탈리아는 1차 세계대전 이후 사회혁명 세력과 파시즘 세력 간의 대결을 경험했으며, 이 세력들이 다른 나라에서처럼 청산되지 않고 중요한 사회정치세력으로 존속하거나(공산당), 잔존했다(파시스트). 특히 2차 세계대전 이후 정당정치에서 냉전의 영향으로 기독교민주당이 장기 집권을 하고 의회주의적 공산당 세력의 집권 기회가 차단되면서 이데올로기적 정치적 대립이 어느 나라보다도 높았다. 노동운동과 사용자 조직 모두 이러한 이데올로기적 정당정치의 강력한 영향하에 놓였으며, 이로 인해 고도로 갈등적이고 고신뢰에 기반을 둔 관계가 형성되었다.

둘째, 경제의 이중구조에 따른 극심한 사회적 불평등을 지적할 수 있다. 이탈리아 경제는 산업화된 북부와 저개발된 남부로의 분할, 지하경제와 정상경제로의 분할, 중소기업과 대기업 간의 분할 등 다양한 차원의 분할에 의해 이해 갈등이 첨예할 수밖에 없는 구조적 조건을 지니고 있었다. 그러나 노사관계나 정치적 행위자들은 이를 통합하는 데 성공하지 못했다.

셋째, 노사관계의 자율주의voluntarism 전통 또한 노사관계의 불안정성을 촉진하는 역할을 했다. 단체교섭, 파업, 노사협의를 규율하는 법률의 결여, 단체교섭 수준 간의 적합성 결여, 노조 단일 채널을 통한 작업장 대변, 노조와 사용자단체의 분열과 취약한 내부적 권위, 노사관계 당사자들과 정당 정치와의 긴밀한 관계, 정치적 조정 등이 이러한 자율주의적이고 비제도화된 특징을 나타낸다(Visser, 1996).

이러한 노사관계의 특징은 1990년대 들어서 희석되기 시작했고, 탈냉전의 환경은 이탈리아의 정치의 이데올로기적 지형을 크게 바꾸어놓았으며, 이로 인해 노조의 전략적 방향 전환이 추구된다. 이러한 경향은 경제의 지속적 위기가 가시화된 1980년대 이후부터 나타나기 시작해 1990년대에는 좀 더 독립적인 정당과의 관계, 적극적인 사회적 협의에의 참여 등으로 나타나게 된다. 이러한 조건을 계기로 1990년대에는 노사관계가 상당히 안정화되는 단계로 접어들게 되었다.

그러나 2000년대 들어서 노정갈등이 극단적으로 표출된다. 베를루스코니 정부는 사회협약 없이 노동시장 유연화안을 발표하고 노동법 개정권을 정부에 위임하는 법률안을 의회에 상정했다. 정부가 법안 처리를 강행하자 반정부집단에 의한 테러 등의 폭력적 사회갈등이 분출되었고[12] 이탈리아의 3대 노조는 정부 각료의 발언에 자극받아 정부와의 협상을 거부하고 2002년 4월 총파업으로 대응했다. 이와 같이 2000년대에는 노정 간의 갈

---

12 정부의 개혁안을 입안한 경제학자가 볼로냐에서 이탈리아 극좌 테러 조직인 '붉은 여단(Red Brigrades)'에 의해 피살되었다(박준 외, 2009).

등으로 인해 사회협약이 거의 집행되지 못했고 저성장 및 재정 적자 규모의 확대가 심화되었다(박준 외, 2009).

2012년 2월 몬티 정부하에서도 이탈리아 경제의 과도한 규제를 완화하고 청년층과 여성들의 노동시장 진입을 용이하게 하기 위한 조치들을 포함하고 있는 노동시장 개혁에 관한 합의를 이끌어내고자 했다. 이에 노동계는 노동시장 개혁안에 해고를 용이하게 하는 법률 개정이 포함되는 것을 우려해, 많은 국민들이 일자리를 잃게 될 것이라고 반대했으며, 이로 인해 사회갈등이 고조되었다(≪동아일보≫, 2012.3.22). 한편 노동시장 개혁, 연금 개혁 등을 둘러싸고 이탈리아 양대 노총인 CGIL과 CISL 간의 개혁 정책에 대한 이견이 가시화되면서(정승국, 2003) 노조운동의 분열과 경쟁으로 인해 노-노 갈등의 양상으로도 비화되고 있다.

(3) 계층갈등

최근 유럽연합 집행위원회EC가 발표한 「유럽 국가별 고용보고서European Employment Report 2013」에 의하면 유럽 경제위기의 충격이 남유럽 국가들에게 심각한 영향을 미치고 있으며 특히 이탈리아는 인구의 15%가량이 경제적 어려움을 겪을 정도로 심각한 것으로 나타나고 있다. 2012년 4분기 이탈리아의 실업률은 11.7%로 유럽 국가 중 최고였으며 대부분의 EU 회원국 경제가 저성장 또는 마이너스 성장을 보이는 추세 속에서 특히 이탈리아는 2012년 4분기 GNP 성장률은 -2.8%로 근년 들어 가장 급격한 마이너스 성장을 기록했다(EC, 2013).

이탈리아 통계청ISTAT에 따르면 2012년 노동시장 유연성 강화를 목적으로 기업이 경영상의 이유로 근로자를 해고할 수 있도록 허용한 개혁안이 시행된 이후 이탈리아의 실업률은 계속해서 상승해왔다. 2012년 11월 실

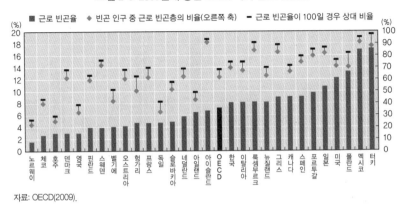

그림 2-5 **2000년대 중반 OECD 국가 근로 빈곤율**

■ 근로 빈곤율 ◆ 빈곤 인구 중 근로 빈곤층의 비율(오른쪽 축) — 근로 빈곤율이 100일 경우 상대 비율

자료: OECD(2009).

업률은 11.1%, 12월에는 11.3%, 2013년 1월에는 11.7%로 사상 최고치를
기록했다. 그리고 청년 실업률 역시 2012년 11월과 12월 37.1%, 2013년 1
월에는 38.7%로 가파르게 증가하고 있다(ISTAT, 2013).

특히 2012년 ISTAT의 「빈곤보고서 rappòrto povero」에 따르면 이탈리아 인
구 6060만 명 중 11%가 넘는 가구들이 빈곤한 삶을 살고 있는 것으로 조사
되었다. 남부의 4가구 중 1가구가 빈곤층으로 분류되었는데, 이 조사를 통
해 빈곤이 근로자들에게도 영향을 미친다는 사실을 알 수 있다(ISTAT,
2012). 이와 같이 노령, 장애, 실직 등의 전통적인 빈곤 요인 이외에 일을
하는데도 빈곤한 '근로 빈곤' 문제가 이탈리아를 포함한 남유럽에서 심각
한 문제로 대두되고 있다. 일할 능력과 의지가 있으나 잦은 실직과 낮은 소
득 때문에 일하더라도 빈곤에서 벗어나지 못하는 계층을 근로 빈곤층이라
고 정의할 수 있다(이병희, 2012). 이탈리아에서 근로 빈곤층이 약 8%로 나
타나고 빈곤 인구 중 근로 빈곤층이 차지하는 비율도 약 70%로 나타나서
일을 하는데도 빈곤에서 벗어나지 못하는 근로 빈곤 문제가 심각한 수준에
이르고 있음을 보여주고 있다.

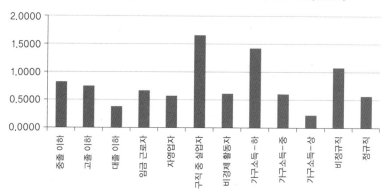

그림 2-6 **교육 수준, 고용 지위, 가구소득에 따른 경제적 박탈(평균값)**

자료: 서울대학교 사회발전연구소(2012) 중 이탈리아 데이터.

최근의 조사 결과를 통해 경제위기 이후 빈곤과 경제적 위험이 특정 사회 계층에 집중되는 것을 확인할 수 있는데, 이러한 결과를 통해 사회 양극화 경향을 살펴볼 수 있다(서울대학교 사회발전연구소, 2012). 경제적 박탈지수는 지난 1년간의 식생활이나 난방의 어려움, 의료, 집세, 공과금 및 교육비 체납 경험 등 다섯 가지 경제적 박탈 경험 여부의 평균값을 통해 측정되었다. 5개국(한국, 독일, 이탈리아, 그리스, 터키)을 비교한 결과, 이탈리아의 사회적 위험은 상당히 높은 편이며 그리스, 터키에 이어 세 번째로 높게 나타나고 있다. 특히 실업자 집단, 가구소득이 하층인 집단, 비정규직에게서 경제적 박탈이 높게 나타나고 있다. 이를 통해 취약 계층에게 경제적 위험이 집중되고 있는 것을 알 수 있다. 이에 비해 대학 재학 이상의 고학력자, 임금 근로자나 자영업자, 가구소득 중상위층 이상인 집단, 정규직 종사자들은 빈곤과 경제적 위험으로부터 안전한 생활을 누리고 있는 것으로 나타났다. 이러한 집단 간의 양극화가 잠재적인 사회적 갈등 요인으로 작용하는 것으로 보인다.

4. 결론

이 글에서는 이탈리아의 사회경제적 위기를 복지 모델과 사회갈등을 중심으로 살펴보았다. 이탈리아의 복지 모델은 남유럽 모델과 대륙 모델이 결합되어 있는 특성을 지니며 관대한 사회보험이 발달하고 연금제도의 비중이 높은 것이 특징이다. 복지 모델이 가족주의에 기초하고 있기 때문에 가장이 경제 소득원 역할을 하며 사회보장은 직업 범주에 따라 분화되어 있고 사회적 지위, 소득수준 등과 밀접히 연관된다. 연금 비중이 높은 현금 이전 성격의 복지 프로그램이 핵심적 역할을 하며 노동과 연계되지 않은 복지, 형평성과 효율성이 결여되어 있는 구조로 평가된다.

한편 복지제도는 강한 후견주의 문화와 결합되어 정치계급이 후견주의 네트워크를 형성하여 복지 자원을 오남용할 수 있는 토양을 제공하고 있다. 1970년대 후반 이후 공공재정의 적자가 누적되기 시작했으며 1994년 공공 부채는 GDP 대비 124%로 정점에 이르게 되었다. 1990년대에는 지속 불가능한 부채 규모를 감소시켜야 한다는 위기감과 EU에 가입하기 위한 목적으로 과감한 재정건전화를 단행했다. 이를 통해 1997년 재정 적자 GDP 대비 3%를 달성하고 2001년 유로존에 가입한다. 그러나 주로 정부 수입의 증가로 이루어진 재정건전화는 근로소득세 증가에 크게 의존했으며, 장기적으로 근로자에 대한 과중한 세금 부담으로 인해 근로 의욕 감퇴와 자본 지출의 감소로 이탈리아 경제의 경쟁력을 약화시키는 방향으로 작용했다. 이후 2008년 글로벌 금융위기 및 경기 침체로 인해 이탈리아 경제는 심각한 위기에 처하게 된다.

이와 같은 이탈리아 사회의 경제위기를 사회위기와 관련해 설명한다면 다음과 같다. 경제위기와 함께 부상하고 있는 사회위기의 주요 특징으로는 첫째, 고령화 등 사회 인구구조 변화로 인해 복지 지출 증대의 압박을 받게 되는데 비해, 정치적 후견주의로 인해 오히려 복지 시스템의 효율성은 저하되었다.

둘째, 노동시장은 취약해지고 산업구조의 건전성이 저하되면서 복지의 지역 격차가 심화되었다. 북부는 많은 복지 혜택을 누리는 데 비해, 남부는 매우 열악한 상태이다.

셋째, 심각한 재정 적자로 인해 복지의 삭감이 이루어지고 있는데, 세금은 오히려 인상되어 세금 인상을 통해 재정 문제를 해결하려고 하는 복지 국가의 특징을 보이고 있다. 복지 서비스의 개혁도 함께 이루어지고 있지만 이로 인해 부의 불평등이 심화되고 사회적 포용력은 약화되고 있다. 따라서 국가의 위기 대처 능력이 약화되고 있다고 할 수 있다.

이탈리아 정부는 경제위기 이후에도 복지 정책 기조와 노선을 어느 정도 일정한 방향에서 유지시키고 있다. 그러나 궁극적으로 복지비용의 절감만으로는 해결되지 않는 구조적인 문제들이 존재한다. 첫째, 사회적 양극화, 실업 문제이며 둘째 복지 예산 집행의 불투명성, 비효율성 등이다. 따라서 투명성 및 신뢰와 같은 거버넌스가 개선되지 않는다면 단지 복지 예산의 축소만으로는 문제를 해결할 수 없는 근원적인 문제가 존재하고 있다고 볼 수 있다. 이와 같이 이탈리아의 사회경제적 위기의 핵심에는 사회구조적인 특성과 함께 정부의 위기 대처 능력 부족 및 갈등 관리 실패가 자리 잡고 있다.

이탈리아의 사례를 통해 한국 사회에 대한 시사점을 다음과 같이 제시할 수 있다. 사회적 양극화의 심화를 막기 위해서 실질적 소득 보장을 위한 제도적 뒷받침, 사회안전망의 확충이 필요하다. 즉, 사회안전망의 확충을 통한 삶의 질 보장이 국가 경쟁력 강화의 핵심이라는 인식을 환기시킬 필요가 있다. 그러나 바람직한 복지 모델을 위해서는 현금 이전을 중심으로 하는 연금제도가 핵심적 역할을 하는 남유럽식의 모델보다는, 사회 서비스 제공이나 소득재분배 기능이 활성화되는 사회보장제도를 구축해야 할 것이다.

이를 위해 사회적 기업을 활성화하고, 취약 계층에 대한 '일하는 복지' 정책을 추구할 필요가 있다. 고용-복지의 연계 정책을 통해 취약 계층을 노동시장으로 통합하려는 노력이 우선되어야 한다. 또한 각 영역별 기금을 조성하고 공평하고 투명한 조세정책을 통해 국민 부담을 최소화하면서 재원을 확보할 필요가 있다. 이와 함께 복지 재정의 투명성과 복지 전달의 효율성이 담보되어야 할 것이다.

즉, 일하는 복지를 통해 사회안전망을 유지해야 한다는 것이다. 이를 위해 고용 안정화 대책 기금의 조성, 각종 사회적 기금 조성 및 활용, 지역 협약 시스템의 활성화, 사회적 기업을 통한 복지와 노동을 연계한 해결책 등이 필요하다. 고용-복지 연계 정책을 시행에서 노동시장 이중구조와 불평등을 해소하고, 저임금 노동의 발생에 적절히 대응할 수 있는 통합적이고 실효성 있는 노동시장 정책이 시급한 과제라고 할 수 있다.

다음으로는 사회보장 정책 추진에 있어 사회적 협약의 틀 안에서 노동정책과의 연계가 필요하다. 사회적 파트너로서 노조 혹은 시민사회단체와의 사회적 협의의 전통을 만들어 사회갈등을 완화하고 제도의 지속 가능성을 확대하려는 노력이 필수적이다. 앞으로 사회적 대화가 정책 결정의 주요 기제로서 작동할 수 있는 토대를 만들어나가는 것이 주요한 과제라고 할 것이다.

3

사회의 질과 사회적 합의 지향성의 효용
독일의 경제위기 극복 사례

김주현 · 박명준

1. 서론

최근 유럽 경제위기를 비롯해 미국, 일본까지 다수의 선진국들이 재정위기로 인한 경제적 취약성을 드러내고 있고 신뢰성에도 큰 타격을 입고 있는 상황이다. 반면, 독일 경제는 1990년대 이후 통일 후유증, 높은 실업률 등으로 '유럽의 병자Sick man of Europe'로 불리는 침체기를 겪었으나, 최근 글로벌 경제위기를 빠르게 극복하고 실업률이 20년 이래 최저 수준을 기록하는 등 경제 호조를 보이고 있다. 독일이 위기를 신속히 극복하고 다른 선진국들에 비해 안정된 경제 상황을 보여주는 것은 일련의 정책과 제도적 기제들이 유효하게 작용했기 때문이다.[1]

---

1   독일 경제의 활성화 요인과 관련해 한편에서는 그것을 주로 경제적 측면에서 찾기도 하고 (기획재정부, 2012; 이현진, 2011; 김난영·구민교, 2011), 다른 한편에서는 그것을 둘러싼 독일의 사회적·경제적·정치적 강점을 지적하기도 한다(이정언·김강식, 2011; 이규영,

그렇다면 독일은 어떻게 그러한 정책과 제도를 유지·실행하면서 유의미한 효과를 경험할 수 있었을까? 독일의 경제위기 극복을 가능케 한 제도적 기제들의 형성과 작동의 바탕에는 다른 사회와 구별되는 독일만의 독특한 사회적 기반이 존재하지 않았을까?

이 장에서는 이른바 사회의 질social quality의 측면에서 그에 대한 해답을 찾아보고자 한다.[2] 이론적으로 사회의 질이 높은 나라는 사회적 응집력이 높고 정책 형성에서 사회합의와 통합의 지향성이 강하게 나타나, 경제위기 등의 힘겨운 사회적 상황에서 그것을 극복해가는 원동력으로 작용할 수 있다. 근래에 글로벌 금융위기의 도래 이후에 독일이 보인 행보야말로 바로 그러한 주장을 뒷받침할 수 있는 전형적인 경험 사례로 간주될 수 있는 것이다.

이러한 문제의식하에 다음에서는 우선 사회의 질, 사회적 응집성, 그리고 사회적 합의와 관련한 개념적이고 이론적인 논의를 간략히 전개한다(제2절). 다음으로 독일이 기본적으로 높은 사회의 질을 지니고 있음을 다양한 방법으로 증명한다. 특히 이를 위해 2012년 조사 결과를 활용하면서, 사회의 질을 나타내는 다양한 측면들 중 응집성의 측면에서 독일이 특히 두드러지는 점과, 복지 지향과 복지 행정 평가, 국가의 신뢰 수준 등에서 독일이 사회적 합의의 지향성이 높음을 확인 한다(제3절). 이어서 독일이 지난 글로벌 금융위기를 극복하는 과정에서 결정적인 역할을 한 노동정책

2010; 오승구, 2005).

2   이 장은 서울대학교 사회발전연구소의 한국연구재단 중점 연구사업의 일환으로 진행된 SBS와의 공동 프로젝트인 「사회발전과 사회모델 비교연구: 한국, 독일, 그리스, 이탈리아, 터키」 연구의 결과를 바탕으로 한다. 이 연구를 진행하는 과정에서 참고했던 기존 연구 결과, 독일 현지 및 한국의 전문가 인터뷰 내용 그리고 국제 비교 조사 자료의 분석을 통해서 찾아낸 함의이다. 향후 이에 대한 실증적 검증 작업을 통해 뒷받침되어야 할 것이다.

의 내용과 그것의 형성 과정을 분석함으로써, 앞서 분석한 사회의 질이 사회경제적 위기의 상황에서 어떻게 발현되어 긍정적 효과를 끌어내는지에 관한 사례로 삼는다(제4절). 결론에서는 독일의 경험에서 얻을 수 있는 교훈을 논하고 그것이 한국 사회에 지닐 수 있는 함의를 간략하게 가늠해본다(제5절).

2. 사회의 질, 사회적 응집성, 사회적 합의

사회 발전이란 균열을 치유하고 첨예화된 갈등을 조정하기 위해 제도화를 통해 통합해가는 과정이라고 할 수 있다. 사회마다 발전 수준과 발전 과정의 특수성 및 갈등 구조 속에서 갈등 구조의 내용과 사회세력 간의 균열 구조는 상이하고, 국가의 역사적 발전 과정과 발전 수준에 따라 통합의 목적과 내용 및 주체의 문제는 달라진다(김면회, 2006: 167). 오늘날 경제적 발전과 사회적 발전의 모두를 평가하는 기준에 대한 관심이 일어나면서, 구체적으로 시민들의 일상생활, 생활세계의 수준에서 실제로 얼마나 성취되고 있는가를 파악할 수 있는 지표의 개발에 대한 필요성이 커지고 있다. 그러한 가운데 최근 유럽의 학자들로부터 '사회의 질'이라는 개념이 고안되었다.

사회의 질이란 생활세계에서 개인의 잠재력을 향상시킬 수 있는 조건이 어떻게 구성되어 있고, 그러한 조건하에서 개인이 문화적·사회적·경제적 생활에 얼마나 자율적으로 참여할 수 있는지를 지표화한 것이다(이재열, 2009a). 그것은 한 사회의 구성원들이 앞으로 당연히 누려야 할 목표를 설정하고, 그 목표에 얼마나 다가갔는가를 평가하는 잣대로 사용될 수 있는 규범적 기준이기도 하다. 사회의 질 연구는 한 사회를 평가할 때, GDP의 규모뿐 아니라 더 많은 사람들에게 더 나은 물질적 복지가 확대되는 정도, 정치적으로 국민들이 실질적으로 의사를 대변하는 창구를 갖거나 직접 참여를 통해 자신의 운명을 결정하는 정도, 사회적 갈등conflict에 휩싸이거나 해체disintegration되지 않고 폭력의 가능성을 줄이고 공통의 정체성을 제고하여 사회적 조화와 협력의 잠재력을 증대시키는 정도, 이질적인 문화가 자연스럽게 공존하며 사회 수준이나 계층 간의 조화로운 상호작용과 유대감을 증대시키는 정도 등 다양한 기준을 포괄한다(서울대학교 사회발전연구소, 2008).

대체로 사회의 질은 사회적 관계를 형성하는 토대가 되는 네 가지 구성 요소로 이루어진다. 그것은 각각 사람들이 얼마나 물질적, 환경적 자원 등에 접근 가능한가에 대한 '사회경제적 안정성socio-economic security', 사회적 관계가 얼마나 공통의 정체성과 가치규범에 기반을 두고 있는가에 대한 '사회적 응집성social cohesion', 일상생활을 구성하는 다양한 제도와 사회적 관계가 얼마나 접근 가능한가를 의미하는 '사회적 포용성social inclusion', 그리고 개인의 역량과 능력 발휘가 사회적 관계를 통해 얼마나 북돋워지는가를 가리키는 '사회적 역능성social empowerment' 등이다. 이 장에서는 사회의 질과 관련한 네 가지 요소들 가운데 응집성에 주목하려 한다. 일상적으로도 그렇고 위기의 상황이 도래했을 때도 그렇고, 한 사회에서 도입되어 작동하는 정책과 제도가 얼마나 사회적 합의를 기반으로 형성되었느냐에 따라 사회적 응집성의 정도가 달라질 수 있다.

사회적 응집성을 촉진시키기 위해 가장 중요한 것은 사회의 문제 해결을 둘러싼 이해집단 간 사회적 합의social consensus의 적극적 형성이다. 사회적 합의라고 하는 표현에 대해서는 그것이 지시하는 바가 무엇인지 좀 더 명확히 해야 하겠지만, 적어도 사회문제의 여러 차원에서 그것이 일정한 효용을 지니고 있다는 것이 폭넓게 인정되어왔다(최성수, 2000; 김용원, 2012). 사회적 합의에 대한 논의는 '코포라티즘corporatism' 개념에서 출발했다. 그와 유사한 개념으로 사회적 합의social consensus, 사회 협약social pact, 사회적 대화social dialogue, 신조합주의neo-corporatism, 협상적 조합주의negotiated corporatism 등 다양한 용어들이 사용되어왔으나(김태수, 2005: 130~131; 김용원, 2012에서 재인용), 사회적 합의에 대한 공통적 핵심은 코포라티즘 논의를 통해 포괄된다. 오늘날 코포라티즘 논의도 사회경제 상황에 따라 변화하고 있는바(김용철, 2000; 정병기, 2004), 초기의 완전고용, 공공 부문의 확대, 사회복지 확충의 수요 측면의 내용에서 점차 노동시장의 유연화, 노동자 재취업 및 직업교육, 생산성 향상, 사회보장 지출이나 세금의 조정을 통한 재정건전화 등 국가 경쟁력 강화를 주요 내용으로 하는 공급 측면의 코포라티즘으로 변화하고 있는 상황이다(김용원, 2012).

사회적 합의는 기본적으로 최근 유럽을 중심으로 자본주의 경제의 위기 국면에서 이를 해결하기 위해 계급 간 타협의 산물로 대두된 사회민주적 국가정책의 결정 방식이자, 노동과 자본, 정부 간의 긴밀한 협의를 통해 이해를 조정하고 사회경제정책을 수립·집행하는 체제를 일컫는 것으로 정리된다(김용원, 2012). 역사적으로 특정한 공동체의 위기의 상황에서 다양한 사회적 이해를 대변하는 세력들 간에 양보를 통한 합의의 적극적인 실천은 해당 위기의 극복에서 결정적인 역할을 해왔다. 이에 현대사회에서 다양한 사회적 어젠다에 대한 사회 구성원의 의견 조율이 제도, 정책의 수행에서 중요하게 부각되면서 사회적 합의에 대한 논의는 관심을 모아온 것이다. 가깝게는 1998년 한국의 경제위기 극복 과정에서 사회협약을 체결하기 위한 노력을 강하게 전개한 것이 그러했고, 멀게는 서구의 여러 민주적 자본주의 국가들에서 그러했다.

이 장에서는 사회적 합의를 정치적·경제적·사회적으로 다양한 결정의 상황에서 사회의 주요 주체들이 문제 해결을 위해 각자의 이해관계를 조율하고 조정하여 일정 수준의 의견 수렴을 달성하는 것으로 이해한다.

3. 독일의 사회의 질과 사회적 합의 지향성

이 절에서는 독일의 높은 사회의 질과 높은 사회적 합의 지향성에 대한 경험적 자료 분석과 역사적인 측면 등을 중심으로 살펴보도록 하겠다. 우선 일반적 지표를 통해 독일 사회가 여러 면에서 양호하다는 것을 확인하고, 이어서 연구진이 실시한 설문조사의 결과를 통해 다른 나라들에 비해서 독일이 사회의 질의 측면에서 앞서 있음을 증명해보도록 하겠다. 다음으로 특히 사회적 합의 지향성이 높다는 것을 같은 조사 결과를 통해 살펴보고, 끝으로 그러한 모습의 역사적 기반이라고 할 수 있는 독일의 사회적 시장경제 시스템에 대해 조망해보도록 하겠다.

1) 일반적 지표로 본 독일 사회

한 사회의 상황을 포괄적으로 나타내고 각 사회의 상황을 비교하기 위해 다양한 지표들이 개발되고 활용되어왔다. 그러한 지표들에 의존하여 살펴보았을 때, 독일은 사회적 상황에서 매우 양호한 상태를 보여준다. 먼저 2011년 OECD 국가 지표 자료를 살펴보면, 낮은 빈곤율(독일: 8.93%, OECD 평균: 11.06%, 한국: 15.2%)과 양호한 여성 고용률(독일: 66.1%, OECD 평균:

60.5%, 한국: 52.6%)을 보여주고, 지하경제 규모도 비교적 적은 편(2007년 기준 독일: 15.3%, OECD 평균: 13.0%, 한국: 25.6%)으로 나타난다(Schneider et al., 2010; OECD stat, 2011). 또한 2011년 세계거버넌스지표Worldwide Governance Indicators: WGI 평가에 의하면, 순위가 높을수록 정부 효과성이 좋은 것인데, 215개국 중 독일은 92위로 매우 높은 정부 효과성을 보여주고 있으며, 정치 안정성도 73위로 높은 편에 속하는 것으로 나타난다.

독일 사회의 상황은 국가 경쟁력을 평가한 국제 기준에서도 나타나는데, 세계경제포럼World Economic Forum: WEF 국가 경쟁력 지수[3]에 따르면 133개국 중 독일은 7위를 기록했고, 국제 투명성 기구가 발표하는 2011년 부패지수도 독일은 14위(8.0)로 영국 16위(7.8), 프랑스 25위(7.0)보다 높다. 그리고 2008년 리스본 전략 개혁 성과를 기준으로 본 평가에서는 27개국 중 6위를 차지했으며, 2009년 이코노미스트 인텔리전스 유닛Economist Intelligence Unit: EIU에서 발표한 정치 불안정성 지수도 독일은 165개국 중 150위(영국 132위, 프랑스 110위)로 정치 안정성이 매우 높은 편이다.

2) 사회의 질 분석

이러한 일반적 지표 분석의 결과는 연구진이 수행한 '사회의 질'에 관한 경험 분석의 결과와 일정하게 조응한다. 사회의 질 분석은 2012년 서울대학교 사회발전연구소와 SBS에서 공동으로 실시한 한국과 유럽 4개국 국제 비교 조사[4] 자료 결과를 토대로 이루어졌다. 이 조사에서는 사회의 질을

---

3   2011~2012년 WEF 국가 경쟁력 지수에 따르면 독일은 6위(5.41), 영국은 10위(5.39), 프랑스는 18위(5.14)로 소폭 상승했다.
4   5개 국가를 대상으로 설문조사를 실시하여 비교 대상 국가의 일반 시민들의 인식과 태도,

사회적 안정성, 응집성, 포용성 그리고 역능성 등 네 가지 측면에서 평가해 보았고, 각각의 측면에서의 사회의 질을 포착하기 위해 더욱 구체적인 지표들을 구축했다. 즉, 사회경제적 '안전성'을 측정한 하위 변수로는 소득 충분성, 경제 곤란, 주관적 계층의식, 주거 안정성, 의료비 부담, 직업 안정성이 등을 삼았다. 사회의 '응집성'을 측정한 하위 변수로는 일반 신뢰, 기관 신뢰, 복지 투명성, 이타심, 관용도, 공적 단체 회원 등을 정했다. 사회적 '포용성'을 측정한 하위 변수에는 차별 경험, 의료 접근성, 보육시설 접근성, 돌봄시설 접근성, 노동시장 접근성, 정서적 지원망 등을 배치했다. 끝으로 사회적 '역능성'을 측정한 하위 변수로는 개인 역능성, 영어 이해력, 인터넷이용, 정치 효능감, 정치 활동, 사회 개방성 등을 두었다.

분석 결과(〈그림 3-1〉), 독일은 소득 충분성은 월등히 높으나 주거 안정성이나 직업 안정성은 상대적으로 다른 영역에 비해 낮다는 것이 드러났다. 응집성 부문에서 독일은 이타심 지표(자원봉사와 기부 빈도로 구성)를 제외하고 모두 평균을 상회했다. 특히 신뢰가 높고 복지 투명성이 가장 높았다. 차별 경험이 비교 국가들 중 가장 적은 것으로 나타났고, 사회적 역능성도 매우 높은 상태로 개인 역능성뿐만 아니라 영어 이해력, 인터넷 사용, 정치 효능감 등의 모든 역능성 지표에서 비교 국가에 비해 평균을 상회하는 수준으로 나타났다. 정치 효능감은 투표에 의한 변화 가능성, 정부의 의견 청취 노력, 정치 이해의 어려움 등으로 측정되었는데 독일의 정치 효능

행위 등에 대한 미시적이고 심층적인 분석을 수행했다. ① 조사 지역: 한국, 독일, 그리스, 이탈리아, 터키, ② 조사 대상: 18세 이상 성인 남녀(한국의 경우 19세 이상), ③ 조사 방법: 구조화된 질문지를 이용한 면대면 조사, ④ 조사 시기: 2012년 5월, ⑤ 표본 크기: 각 국가별 1000명(독일 1200명), ⑥ 표본 추출 방법: 성과 연령 기준 할당 표본 추출, ⑦ 실사 기관: 한국갤럽연구소.

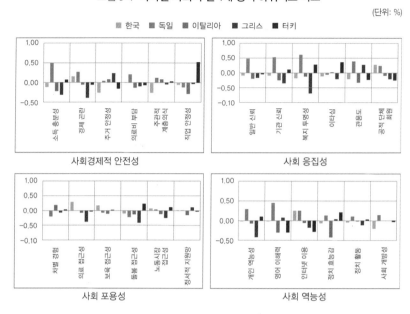

그림 3-1 **국가별 사회의 질 4개 영역 하위지표 비교**

(단위: %)

■ 한국 ■ 독일 ■ 이탈리아 ■ 그리스 ■ 터키

사회경제적 안전성

사회 응집성

사회 포용성

사회 역능성

자료: 서울대학교 사회발전연구소(2012).

감은 높은 편으로 투표를 통한 변화 가능성 기대가 높은 것으로 나타난다.

그리고 정당 등 정치적 모임 참여, 정부에 의견 개진 등으로 측정한 정치적

행위에 대한 참여도도 비교 국가 중 높게 나타났으며 특히 인터넷에 의견

제시를 많이 하는 것으로 조사되었다.

사회의 질의 4개 영역을 지수화하여 비교 국가를 중심으로 평가해보았

을 때, 독일은 포용성을 제외한 모든 영역에서 상대적으로 5개국 평균을

웃돌고 있는 것으로 나타났다(〈그림 3-2〉). 그 가운데서도 특히 응집성의

수준이 비교 국가들 중에서 매우 높게 나타난 점은 주목할 만하다. 사회적

응집성은 정체성, 가치와 규범에 기반을 둔 사회적 관계가 공유되는 정도

로, 독일 사회가 신뢰를 바탕으로 사회적 합의를 이루고 있음을 보여주는

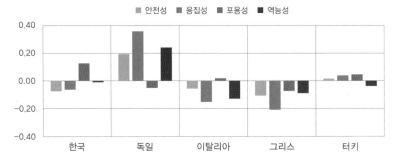

그림 3-2 **국가별 사회의 질 4개 영역 비교**

■ 안전성 ■ 응집성 ■ 포용성 ■ 역능성

주: 1) 지수화 방법 및 해석 방법: 국가 간, 지수 간 비교를 위해 각 분면의 하위 개념을 측정하는 변수는 모두 Z점수로
　　　변환한 후 Z점수의 산술평균을 구한 값으로 SQ 4분면 지수값을 계산함.
　　2) Z점수＝0(5개국 평균), Z점수〈0(5개국 평균보다 낮음), Z점수〉0(5개국 평균보다 높음).
자료: 서울대학교 사회발전연구소(2012).

지표인 것이다. 심각한 경제위기 속에서도 유난히 상황이 나쁜 것으로 평
가되고 있는 남유럽 국가와 비교했기 때문에, 독일 사회의 질의 양상이 더
욱 두드러진 것은 사실이지만, 어려운 상황에서도 일반인들이 자신이 속한
사회에 대한 포괄적인 평가가 긍정적이라고 응답하는 것은 매우 바람직하
고 고무적인 현상이다.

　다만 포용성 부분에서는 상대적으로 약한 모습을 보이는데, 이것은 비
정규직 증가로 인한 노동시장 내부의 양극화의 문제(Seifert, 2013; 김용원,
2012; 박명준, 2011; Palier, 2010)나 이민자의 증가로 인한 다문화 정책 문제
등에서 비롯된 결과인 것으로 해석된다(정창화·허영식, 2012; 김순임·민춘기,
2011).

　요컨대, 독일 사회는 다른 비교 국가들에 비해 사회의 질의 수준이 전반
적으로 높으며, 사회의 질의 네 측면 중 특히 사회적 응집성 부분이 특히
양호하다. 응집성은 독일의 사회적 합의의 기반이 되며 다른 국가들과 비
교해 국가의 주요 결정을 둘러싼 의견 수렴이 잘 이루어지는 가능성을 보

여준다. 이는 사회 구성원 간의 원활한 의견 수렴은 국가정책의 수행과 의사 결정에서 이해 당사자들 상호 간의 조율을 가능하게 하고 합의에 이르게 하는 기반이 될 수 있다.

3) 사회의 질 분석에서 파악된 독일의 사회적 합의 지향성

앞서 소개한 조사 자료에 대한 분석을 토대로 여기에서는 복지 지향과 복지 행정에 대한 평가(복지 예산 투명성과 전달 체계 효율성) 및 사회적 신뢰의 측면 등에 초점을 두고 독일의 사회적 합의로의 높은 경향성을 좀 더 자세히 분석해보겠다.

첫째, 독일의 사회적 합의의 경향을 잘 보여주는 눈에 띄는 증거로 복지 지향에 대한 독일 국민들의 의견을 들 수 있다. 앞서 언급한 조사 결과를 보면, 독일인들은 복지가 평등 사회를 견인한다는 것에 대체로 동의하고 있으며(62.9%가 동의), 특히 정부의 복지 예산 집행의 투명성을 신뢰하는 편이고 복지 전달 체계의 효율성에도 높은 점수를 주고 있다(〈그림 3-3〉). 기존의 연구들은 복지 정책 성공의 관건은 지출비의 과소가 아니라 효율적이고 투명한 복지 정책 운용의 문제임을 지적한다(김종법, 2011; 김필헌, 2010). 복지 전달 체계의 효율성이 정책의 성패를 좌우한다고 주장하는 연구들도 많다. 최근 남유럽 경제위기의 중심 국가인 그리스와 스페인에 대한 사례 연구들에서 제기되고 있는 복지 전달 체계의 효율성 문제로 인한 복지실패의 논의들이 그 증거이다(조경엽 외, 2013). 정부 등 공적기관의 의무 및 책임에 대한 기대와, 기술적으로 유능한 역할 수행에 대한 기대는 공공기관이 시민들의 이익을 위해 올바르고 유능하게 수행할 것이라는 신념에 기초한다(박종민·배정현, 2011). 이러한 점에서 볼 때, 독일의 사회 구성

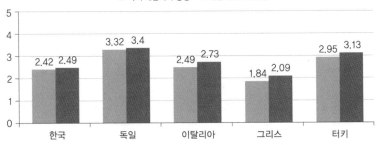

그림 3-3 **복지 행정 평가: 예산 투명성과 전달 체계의 효율성**

■ 복지 예산의 투명성   ■ 전달 체계의 효율성

자료: 서울대학교 사회발전연구소(2012).

원들이 복지 예산의 집행의 투명성과 전달 체계의 효율성에 대해 긍정적
기대를 보여준다는 것은 시스템의 공정한 관리에 대한 기본적인 믿음을 가
지고 있음을 드러내며, 그것은 독일 사회의 일련의 정책 추진이나 정책을
둘러싼 의견 수렴에 긍정적으로 작용한다고 하겠다.

둘째, 독일은 비교 국가 중 가장 높은 일반 신뢰를 보여주었다. 앞서 수
행한 조사에서 '귀하는 대부분의 사람들을 믿을 수 있다고 생각하십니까?
아니면 조심해야 한다고 생각하십니까?'라는 질문을 던졌는데, 이것에 대
해 '믿을 수 있다'라고 응답한 사람이 47.2%로 이탈리아 17.5%, 그리스
18.7%, 한국 21.9%에 비해 2배 이상 높은 것으로 나타났다. 상대방에 대한
신뢰는 자신과의 '공유된 가치shared value' 또는 '의도의 유사성similarity of inten-
tions'에 대한 판단에 기인한다고 볼 수 있다(Siegrist, Earle and GutscherSie-
grist, 2003: 최진식, 2012에서 재인용). 또한 개인들 사이의 신뢰는 서구적 계
약의 공식성과 메마름을 보완해주는 윤활제이자 계약 사회의 거래비용을
낮추는 긍정적 기능까지 하는 것으로 이해된다(이재열, 2009b). 독일 사람
들 사이에서 일반인에 대한 신뢰가 높다는 것은, 나我와 다른 이他人들의 생

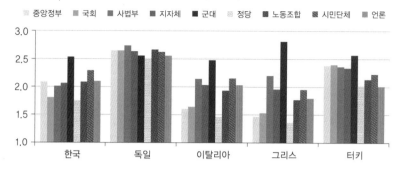

그림 3-4 **기관 신뢰도**

■ 중앙정부 ■ 국회 ■ 사법부 ■ 지자체 ■ 군대 ■ 정당 ■ 노동조합 ■ 시민단체 ■ 언론

주: 매우 신뢰 = 4, 전혀 신뢰하지 않음 = 1
자료: 서울대학교 사회발전연구소(2012).

각이나 가치, 지향이 비슷해 사회가 바람직하게 나아가야 할 방향에 대한 일치를 이룰 가능성이 크다는 것을 말한다. 사회 내의 신뢰는 최근 정치적· 사회적 갈등 해소와 안정의 구축에 중요한 의미를 갖는다는 점이 인정되면 서 관심의 대상이 되고 있다(안승국, 2012). 신뢰와 관련해서 대부분의 선행 연구들은 사회적 자본의 요소라는 측면에서 논의되어왔다(Putnam, 1995; Granovetter, 1973: 1360~1380; Coleman 1988: 95~120). 이러한 연구들에 따르 면 사회적·정치적 안정과 협력에 신뢰가 필수적인 가치로 정의된다. 그리 고 문화, 공동체, 사회제도 등과 같은 사회적 관계의 집단적 특성과 신뢰와 의 관계가 매우 밀접하다고 보았다(Bourdieu, 1983; Coleman, 1988; Giddens, 1990).

국가기관에 대한 신뢰도에서도 독일은 비교 국가 중 매우 높은 수준을 보이고 있고, 특히 국가기관에 대한 고른 신뢰를 보이는 것이 매우 흥미롭 다(〈그림 3-4〉). 정부에 대한 시민이나 사회단체의 신뢰는 단기간에 형성되 거나 지속되었다기보다는 장기간의 누적적 효과로 나타난다. 정부에 대한 시민이나 사회단체의 신뢰는 정부와의 관계를 결정하는 변인이 되며 중요한 역할을 한다(박관규, 2012). 그리고 정부에 대한 신뢰는 정부와 시민 사이의 협력 가치를 증진시키고, 정책에 대한 순응을 얻게 하며, 정책 효과를 높이는 데 매우 긍정적인 효과를 갖는다(이재열, 2009b; Evans, 1996; 박종민·배정현, 2011). 독일 사회에서 사회적인 규칙을 생산·집행·처벌하는 입법부와 사법부, 행정부에 대한 기관 신뢰는 체제나 시스템 수준에서 구현되어야 할 공정성과 정당성이 확보되었다는 것을 의미한다(이재열, 2009b).

4) 사회적 합의의 전통으로서 사회적 시장경제

그렇다면 왜 독일은 이렇게 높은 사회의 질과 사회적 합의 지향성을 갖게 되었을까? 그에 대한 분석은 매우 풍부하게 이루어져야 할 것이며, 여기에서는 핵심적으로 독일이 지니고 있는 '사회적 시장경제soziale Marktwirtschaft' 체제로부터 그 답을 찾고자 한다.

독일에는 애당초 사회적 시장경제라고 하는 매우 공고한 사회적 합의의 기초가 어젠다로서 존재했다. 처음에 뮐러 아르마크Mueller-Armack로부터 사회적 시장경제가 제안되었을 때, 자유와 평등, 개인의 경쟁력과 사회적 균형, 보충성subsidiarity, 연대성solidarity 사이의 조화와 균형이 중요하다고 강조되었다(Hasse, Schneider and Weigelt, 2002). 사회적 시장경제는 이러한 추상적 개념으로부터 국가별, 시대별 여건과 사회적 상황에 따라 구체화되었다. 그것은 자원의 배분에서 시장의 기능을 중시하는 동시에 사회정의, 사회보장 및 사회적 진보의 실현을 목표로 하는 질서로(성태규, 2002) 효율성과 사회연대, 또는 이윤 추구와 분배정의 간의 타협으로 요약될 수 있다. 자본주의 시장경제의 원칙하에 사회적 형평을 보완하기 위해 복지주의적 측면에서 정부와 노동, 시장의 협력을 통해 경제적 자유와 사회적 균형 사이의 조화를 추구하려는 것이기도 하다(김성수, 2010).

여기에는 전후 반反파시즘에 대한 광범위한 사회적 합의를 배경으로 등장한 계급들 간의 타협과 합의의 정치가 핵심이다. 그것은 사회적 연대와 합의가 잘 제도화된 자본주의 발전 모델로 평가되며 지금까지 독일 사회의 기조가 되고 있다. 사회적 시장경제 모델은 패전의 후유증 이후 독일이 눈부신 경제 부흥을 이루고 강국으로 부상하자, 이해 당사자들 사이의 합의를 이끌어내는 데 영미식 자본주의보다 유리하고 국가 경쟁력의 제고도 가능하게 한다는 점에서 관심을 모았다(박홍기, 2003). 실제로 사회적 시장경제를 통해 2차 세계대전부터 오일쇼크, 통일, 현재의 유로존 위기에 이르기까지 역사적 위기들을 이겨냈다는 평가가 있기도 하다(Matthias Schäfer 인터뷰 내용에서).[5]

독일에서 사회적 시장경제는 경제 전략을 넘어서 사회 전반에 영향을 끼쳤다. 그것은 경제적 자유와 사회적 균형을 하나의 틀에 담고자 하는 시도인바, 모든 정당, 기업가와 노동자, NGO, 교회 등 전 분야에서 사회적 시장경제를 수용했다. 그에 따라 사회의 위기 상황이 도래해도 독일에서는 다양한 이해관계가 하나의 테이블에서 협상될 수 있는 분위기가 조성되어 안정을 유지하는 것이 가능하게 되었던 것이다. 결국 독일의 사회적 시장경제의 전통은 독일 사회의 중요한 사회 원리로 작용하며 다양한 사회적

---

5   각주 2에서 밝혔듯 이 장은 서울대학교 사회발전연구소와 SBS와의 공동 프로젝트인 「사회발전과 사회모델 비교연구: 한국, 독일, 그리스, 이탈리아, 터키 연구」를 바탕으로 했다. 연구 과정 중 독일 전문가를 대상으로 일종의 질적 사례 연구(qualitative case study)로서 현장 인터뷰를 진행했다. 한국과 제도적·물질적 환경이 크게 다른 국가들에 대해서 사회문화적 맥락 측면에서 풍부한 자료(contextually rich data)를 수집하기 위한 취지이다. 인터뷰 기간은 2012년 7월 4~19일이었고 독일의 인터뷰 대상자는 Wolfgang Glatzer, Matthias Schäfer, Rabea Förstmann(Konrad-Adenauer-Stiftung), Ulrich Kohler, Günther Schmid(WZB), Karl Brenke(DIW), Tobias Kaiser(De Welt)의 7명이었다.

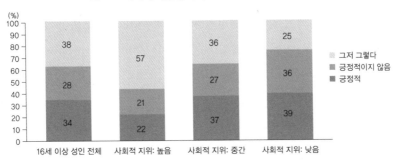

그림 3-5 **사회적 시장경제에 대한 독일 시민들의 태도**

자료: IFD(2010).

결정에 영향을 미쳤다고 할 수 있다. 나아가 최근 세계 경제위기 속에서 독일의 선전善戰에 대해 단순히 경제 전략으로서의 사회적 시장경제 모델이 아니라 사회 전체의 기조로서 재평가하는 의견들이 나타나고 있다(김면회, 2006; 성태규, 2002).

또한 독일 내부에서 현재까지 사회적 시장경제를 대체로 긍정적으로 보는 의견도 지배적이다. 사회-경제적 지위에 따라 구분해보았을 때, 상층의 경우도 사회적 시장경제에 대해 과반수가 긍정적인 응답을 나타내는 편이며(IFD, 2010), 이는 사회적 시장경제가 독일의 사회통합의 기초가 됨을 확인시켜준다.

4. 사회적 합의와 위기 극복:
독일의 경제위기 극복을 위한 노동정책 형성 사례

앞 절에서의 분석을 통해 우리는 독일은 사회 구성원들이 사회가 나아가야 할 공동의 가치를 공유하고 서로의 이해를 조율하며 사회적 합의를 잘

가꾸어왔음을 파악했다. 정책과 제도를 수행하는 주체인 기관에 대한 믿음이 높은 것은 정책이 일시 후퇴하거나 방향의 선회가 일부 있다 해도 이것을 참고 기다릴 수 있는 공감대를 형성할 가능성이 크다. 이러한 양상은 독일에서 일련의 정책과 제도가 수행되는 데 긍정적 효과를 발휘했고, 특히 독일이 경제적 위기를 극복하는 데 바탕이 되었다. 그리고 독일 경제위기 극복의 핵심적인 견인차는 무엇보다도 경제위기가 고용위기로 이어지지 않도록 한 것이었다. 그것이 가능했던 것은 독일이 경제위기를 극복하는 과정에서 독특한 노동시장 정책과 제도를 적극 활용한 것과 경제위기 이전에 사회보호 위주의 노동시장제도를 고용 친화적으로 전화시킨 점 두 가지가 핵심적이었다.

이 절에서는 근래 독일의 신속한 경제위기 극복 과정에 중요한 영향을 끼친 정책의 형성을 이 두 가지의 노동정책의 사례를 중심으로 살펴보면서, 그 과정에서 독일 사회가 지닌 사회합의 지향적 특성 내지는 높은 사회의 질의 면모가 잘 드러났는지 파악해보도록 하겠다. 그 이전에 우선 독일의 경제위기와 그것의 신속한 극복 양상에 대한 기술적 분석으로부터 시작하겠다.

1) 독일의 경제위기와 신속한 극복

독일은 1990년대 이후 통일 부담 등으로 성장률이 하락하는 등 장기 침체를 겪었으나, 2006년 이후 수출과 내수의 동반 증가로 성장세를 회복했다. 최신의 독일 경제 동향의 자료로서 2012년 기획재정부의 대외경제국 국제경제과 자료를 참고하면, 2006년 성장률 3.9%, 2007년 성장률 3.4%로 유로 지역 평균치(2006년: 3.3%, 2007년: 3.0%)를 상회했다. 물가 또한 2006

년부터는 안정세를 보여주고 있다(2006년: 1.6%, 2007년: 2.3%) 물론 2008년을 시작으로 2009년 글로벌 경제위기에 독일 또한 경제성장이 주춤했다(기획재정부, 2012). 2009년의 경제 침체는 2010년에 신속하게 회복하여 이전 수준을 뛰어넘는 상승세를 보였다. 2009년 경제성장률 −4.7%를 기록했으나, 2010년에는 연초 예상치(1.4%)를 훨씬 상회한 3.6%를 기록했는데 이것은 세계 경제위기 이후 매우 높은 성장률로 평가되었다(이현진, 2011). 2011년에도 3.0%의 높은 성장을 보였다. 물가도 이를 뒷받침했는데, 1992년에 5.1%까지 치솟았던 물가는 그 이후 1~2%대에 머무는 등 안정된 수준을 보이고 있다.

이 장에서는 특히 독일의 경제 상황의 호조를 보여주는 많은 지표 중 고용에 대한 것을 눈여겨볼 필요가 있다고 본다. 글로벌 경제위기 과정에서 많은 국가들이 성장과 고용의 두 가지 토끼를 잡는 것은 매우 어려웠다. 물론 독일도 글로벌 금융위기 시기에 최악의 경기 침체를 겪었다. 그럼에도 불구하고 노동시장은 상대적으로 매우 안정세를 보임에 따라, OECD 등에서는 이를 '고용시장의 기적'이라고 평가했다. 수치로 보면 실제 2009년 독일의 실질GDP는 5.1% 하락하여, 2차 세계대전 이후 최악의 경제 침체(G7 국가 중 GDP 최대 하락)를 보였으나, 노동 영역에서 보면 일자리는 7만여 개 감소에 그침으로써 가장 안정적인 모습을 보였다.

〈그림 3-6〉에서 보듯이 경제위기 과정에서 GDP의 급격한 하락을 경험했으나 곧 회복했고, 취업자 수에서는 다른 국가들의 하락에도 불구하고 독일은 취업자 수를 유지하고 있다. 경제위기 상황에서 독일이 고용위기의 상황까지 가지 않았음을 보여주는 것이라고 할 수 있다.

실업률 지표를 보면 독일의 상황이 더욱 잘 나타난다. 2005년 11.3%까지 상승한 실업률이 이후 지속적으로 하락, 2011년에는 20년 이래 최저 수

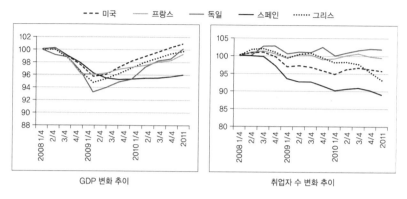

그림 3-6 **독일 및 주요국의 금융위기 전후의 GDP 및 취업자 수 변동 추이**

--- 미국 ── 프랑스 ── 독일 ── 스페인 ……… 그리스

GDP 변화 추이

취업자 수 변화 추이

주: 2008년 1/4분기 GDP, 취업자 수를 100으로 봤을 때 이후 추이.
자료: 한국은행 프랑크푸르트 사무소(2011).

준을 달성하여 5.9%로 떨어졌다. 25세 이하 청년 실업률도 2005년 15.6%에서 2011년 9.7%까지 하락하여 안정된 상황을 보여주었다(OECD, 2010). 〈그림 3-7〉을 보면 의하면 2007년부터 2012년까지 실업률이 OECD 평균은 2.3% 늘었는데 독일은 17개 유럽 국가 중 유일하게 3.4% 줄어든 것으로 나타난다. 경제위기 상황에서 대부분의 국가들이 실업률의 상승을 겪고 있는 중에 독일은 몇 안 되는 실업률 하락 국가인 것이다.

이렇게 독일이 경제위기를 신속하게 극복해낸 것은 비슷한 시기에 그리스가 경제위기로 힘겨운 상황에 처한 것이나 한국이 1998년 IMF 위기를 맞이해 심각한 고용위기에 처했던 것과 매우 대조적이다. 그것은 단순히 위기의 상황에서 국가가 신속하게 대처를 잘했다는 식의 정치 환원론적인 논리로만 설명되기 어렵다. 위기의 극복 방식 속에는 독일 노동시장의 제도와 행위자, 그리고 문화의 특성이 뒤섞여 내재해 있다. 다시 말해서 독일의 정부를 포함한 노동자, 기업 등 이해관계를 달리하는 경제주체들이 고용 친화적인 정책을 선택할 수 있었던 것에는 독일의 사회적 합의 기반이

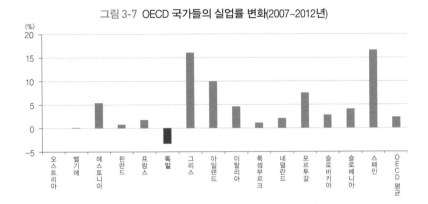

그림 3-7 OECD 국가들의 실업률 변화(2007~2012년)

자료: OECD(2015).

중요한 바탕이었다는 것이다. 다음에서는 그러한 양상을 두 가지 성격의 노동정책들의 내용과 형성 과정을 통해 살펴보겠다.

2) 고용 유지적 노동정책과 사회적 합의

경제위기의 사회적 파급을 차단하기 위해, 특히 그것이 고용의 위기로 이어지지 않도록 독일에서 취해진 방안들은 크게 정부의 정책과 기업들의 대응 측면에서 대별해볼 수 있다. 양측 모두에서 가장 중요한 것은 노동시간을 유연화시키면서 고용 조정을 회피했던 소위 '내부 수량적 유연성 internal numerical flexibility'의 증진 방안이었다.

첫째, 독일 정부의 대응 양상에서 두드러진 것은 2008년 11월과 2009년 1월 두 차례에 걸쳐 대규모 경기 부양책을 도입한 것이었다. 다양한 거시경제정책 프로그램들을 담고 있는 이 방안들에는 고용의 활성화와 고용의 유지를 위한 정책적 수단들이 포함되어 있다. 1차 경기 부양책을 통해서는 연방 고용청BA의 취업 알선 활동 강화, 근로시간 단축, 보조금 수혜 기간 연장, 고령층 및 미숙련 근로자에 대한 특별 지원 프로그램 확대 등이 추진되었고, 2차 경기 부양책을 통해서는 고용 안정 촉진 조치의 일환으로 조업 단축을 실행하는 기업들에 대한 지원을 강화하는 방안과 취업 알선 활동을 강화하는 방안을 마련했다(뮐러-쉘, 2010; 어기구, 2009: 26; 이규영, 2009).

여기에서 특히 주요한 것은 경제위기 상황에서 고용을 유지하는 기업에게 연방 고용청이 해당 근로자 급여의 60~67%를 기업을 대신 지급하는 조업 단축Kurzarbeit 제도를 적극 활용한 것이었다. 글로벌 금융위기 상황에서 독일 정부는 조업 단축 지원금의 수혜 기간을 종전의 12개월에서 18개월로 연장했고, 이후 이를 다시 24개월까지 연장했다. 또 조업 단축을 실시하는 기업의 근로자와 사용자가 부담해야 할 사회보험 납입금액의 50%를 정부가 부담하고, 조업을 단축한 상태에 처한 근로자가 직업훈련 과정을 이수하는 경우 분담금의 100%를 연방 고용청이 부담하는 조치도 더했다(어기구, 2009: 33). 정규직의 해고를 조업 단축을 통해 막았으나 비정규직이 훨씬 더 심하게 해고의 위협에 노출되었고, 그러자 독일 정부는 비정규직에 대해서도 조업 단축을 확대해 적용시켰다. 경제위기가 시작되었던 2008년 10월 약 5만 2000여 명의 근로자들이 조업 단축 상태에 들어가 있었던 것이 5개월 후인 2009년 3월에는 67만여 명으로 폭발적으로 증가한 것으로 집계되었다. 조업 단축은 주로 기계설비와 철강 및 자동차산업을 중심으로 이루어졌다. 2009년 기계 부문의 경우 약 9만 명이, 철강 부문의 경우 약 8만 명이 조업 단축을 신청한 상태였고, 자동차 업계는 전체 종사자의 약 절반에 이르는 수가 조업 단축 조치를 취한 상태였다. 2009년 5월 독일의 실업률은 이미 전달에 비해 0.4% 줄어들기 시작했는데, 전문가들은 이것을 조업 단축을 중심으로 한 독일 정부의 적극적인 일자리 연결 정책이 고용시장에 긍정적인 효과를 보이고 있는 징후라고 보았다(어기구, 2009: 40).

그밖에도 독일 정부는 연방 고용청 내에 존재하는 고용중개소Job-to-Job-Vermittlung를 추가로 1000개소 더 설치하여 실직자들의 취업 알선 정책을 대폭 강화했다. 이는 일단 2012년까지 한시적으로 운영되도록 했으며, 연방 고용청의 취업 알선 담당 직원을 5000명 추가 증원하여 취업 알선 활동을 강화시켰다. 직업훈련상의 조치도 취했는데, 그 일환으로 미숙련 및 고령 근로자 특별 교육 프로그램WeGebAU을 확대시켜, 이에 소요되는 추가 재원을 마련하기 위해 2009년과 2010년에 각각 2억 유로씩을 투입했다(어기구, 2009: 33).

둘째, 독일 기업들의 대응 양상을 살펴보면, 우선 기업들이 적극적으로 단축 조업제도를 활용한 것이 주요했다. 예컨대, 유수의 독일 자동차 대기업들은 조업 단축 내지 노동시간 단축을 통한 방식을 취하여 선도적인 대응을 해나갔고, 이는 일종의 도미노 현상Dominoeffekt을 연상시킬 만큼 전 산업으로 확산되었다(박명준, 2009).

위기의 상황에서 독일 기업들은 단체교섭 수준과 기업 수준에서 노사 간 합의를 통해 근로시간을 단축하고 고용 안정을 도모하기도 했다. 먼저 여러 기업들은 기업별 합의를 통한 근로시간 단축 조치도 활용하여 위기 상황 회복 시점까지 유연하게 실행시켰다. 사측과 종업원평의회 간의 자발적 협약 체결을 통해 임금 보전을 받지 않고 근로시간 단축을 통해 고용 유지를 적극적으로 추진한 대표적인 사례는 폭스바겐VW이었다. 이곳에서는 크리스마스 수당을 각 달로 쪼개어 임금 보충분을 메웠고, 크리스마스 휴가를 없애는 대신 월급을 유지하는 방식을 활용했다(박명준, 2010: 82).

노동조합과의 단체교섭을 통해 근로시간 단축을 합의함으로써 경영상의 해고를 가급적 피했는데, 이는 가용 노동시간의 총량volume과 급여의 축소를 초래하는 단점이 있었음에도 고용을 유지시키는 더 큰 장점을 지녔다. 기업 외부에서 체결된 단체 협약을 통해 근로시간의 단축을 모색한 대표적인 사례는 금속산업에서 찾을 수 있다. 애당초 이 부문에서 체결된 단체 협약상 기준 근로시간은 주당 35시간이었으나, 기업 내에서 근로자의 18%까지는 주당 40시간까지 근무가 가능하게 만들었는데, 위기 상황에서 이 방안을 수정해 주당 노동시간 기준을 35시간에서 30시간으로 단축했다(박명준, 2010: 81~82).

더불어 독일의 대부분 대기업들은 당시 적어도 향후 2~3년 동안은 정리해고의 방식을 통한 고용 조정을 하지 않는 것을 명시적으로 정했다. 사실 적지 않은 기업들은 이미 해당 기업 노동자 대표 단체들과 2010년 전후까지 '고용 안정 협약'을 맺은 상태였다. 독일 사회의 전반적인 분위기 속에서 정리해고를 하는 것은 기업의 이미지를 크게 훼손할 우려가 있고 장기적으로 노사관계를 악화시킬 우려가 있어 많은 기업들은 그러한 방식을 피했다. 나아가 1990년대 이후 개별 기업들에서 발전되어온 여러 가지 노동시장 제도들, 예컨대 노동시간 구좌제Arbeitszeitkonto 등의 기제들도 위기 상황에서 적극적으로 활용되었다(박명준, 2009: 28).

이러한 정책의 내용과 형성 과정 모두에서 우리는 독일 사회에 내재한 높은 사회의 질, 특히 높은 사회적 합의 지향성과 신뢰의 작동을 확인할 수 있다. 먼저 독일 정부는 경제위기에 대한 대응책을 모색하는 과정에서 노동조합과의 파트너십을 새롭게 강화하려 노력했다. 그 결과 노동조합이 정책 형성에 참가하면서 국가가 주도적인 역할을 행사하는 소위 코포라티즘이 재현될 수 있었다. 전통적인 코포라티즘에서 노동조합원들에게 사회보장의 강화와 근로조건의 향상을 제공하며 보상을 해주었다면, 글로벌 금융위기 시에는 정부와 기업이 고용을 유지, 증대시키는 방안을 취하면서 임금을 억제하고 노동력 통합을 이루는 방향으로 갔다(뮐러-옐, 2010). 기업들의 대응과 관련한 모든 의사 결정 과정에서도 그것이 업종별로 조직화된 노동조합이 주체가 된 단체교섭 수준에서든, 종업원 평의회가 주체가 된 기업 수준에서든 모든 정책들은 노사 합의적인 방식을 통해 구축되고 실행되었다.

그러한 형식적 특성은 정책의 내용에도 반영되어 노사 모두의 일정한 양보를 통한 공동선의 수호에 맞추어진 정책들이 구축되었다고 할 수 있다. 즉, 단축 조업을 비롯한 내부 수량적 유연성을 중시하는 경향은 독일의 기업과 사회 전반에서 노동과 자본이 상대방을 배려하는 태도를 심화시켜 왔던 것과 관련이 깊다. 노동은 임금을 덜 받고 자본은 해고를 피하도록 하는 조치는 서로 한발씩 양보를 한 결과이며 상대방의 이해를 고려한 성숙한 태도이다. 또 신뢰받는 국가는 이러한 선택지를 장려하고 촉진시키는 역할을 적극적으로 수행했다. 이러한 모습은 모두 응집력 있는 사회, 사회적 합의의 경향이 높은 사회의 특성을 보여준다.

3) 고용 촉진적 노동시장 개혁과 사회적 합의[6]

독일 사회는 글로벌 금융위기 이전인 1990년대부터 높은 실업률로 인해 사회적 위기 극복을 심각하게 고민하고 있었다. 급기야 2000년대 초반에 이를 위한 노동개혁 및 사회복지 개혁이 단행되었는데, 그것은 소위 '하르츠 개혁'과 '어젠다 2010'이라 불리는 일련의 제도 변화였다. 하르츠 개혁

---

6 이 부분의 내용 일부는 박명준(2013) 제2절의 내용 가운데 일부와 중복됨을 밝힌다.

은 원래 폭스바겐사의 노동이사인 페터 하르츠Peter Hartz 박사가 주도하여 구축한 하르츠 위원회에서 구상한 하르츠 보고서Hartz Bericht 를 토대로 한다. 2002년에 발간된 이 보고서에는 소위 13개 개혁 모듈이 담겨 있었고, 이는 2003년부터 하나씩 실행되어갔다.

실행 과정에서 정부는 하르츠 법안을 만들어 1장(Hartz I)부터 4장(Hartz IV)까지로 명하며 각각을 점진적으로 실행해갔다. 2003년 3월에는 어젠다 2010의 이름으로 노동시장, 사회복지 체제 및 산업을 대상으로 하는 대규모의 개혁 프로그램을 발표하면서 이를 하르츠 법안과 연계 지었다. 하르츠 법안 1장부터 4장은 앞서 간행된 하르츠 보고서의 13개 모듈의 내용을 주축으로 구축되었으며, 그 개혁안은 대부분 독일 노동시장의 구조변동에 큰 함의를 지니며 실업 타파와 고용 창출을 겨냥한 것들이었다.

당시 단행된 노동시장 개혁안들의 주된 방안들을 살펴보면, 가장 핵심은 연방 고용청을 개혁하여 일자리 중계 서비스를 신속하고 효율적으로 진행시키겠다는 것으로, 그러한 취지에서 소위 고용센터Job Center 를 고용청 안에 두어 핵심 기능을 담당하게 했다. 고용센터가 관할하는 근로자 파견 업체로 PSAPersonal Service Agency라는 이름의 기관을 설립, BA로부터 실업자를 넘겨받아 파견하거나 교육하는 방식으로 적극적으로 취업을 촉진하게 했다. 종래에 경미고용이라고 칭해졌던 소득 한도 325유로 미만의 허드렛 일자리를 미니잡Mini-Jobs으로 칭하며 그 한도를 400유로 대로 인상시키고, 주당 15시간 이내로 두었던 노동시간 제한 규정도 삭제하며 여러 혜택을 부여, 그 활성화를 유도했다. 구체적으로 민간 부문에서 사용자의 고용보험 분담금 의무를 없애며, 다른 사회보험의 비중도 대폭 줄여, 전체적인 고용 부대 비용을 최고 13.5%만 들도록 하는 등, 고용 부담을 줄이면서 저임금 파트타임 일자리의 다량 창출을 모색했던 것이다. 또한 소위 '자기 회사

Ich AG' 제도를 도입해 실업자나 실업이 우려되는 자가 생계형 창업Existenz-grundung 시 이를 지원하는 정책으로 일종의 전직 지원금제도Überbrückungsgeld 를 활성화시키려 했다. 실업 및 사회부조제도를 정비해 실업자들에 대한 '요구demanding', 즉 적합한suitable 일자리를 받아들이도록 규율을 강화하고 고령자에 대한 실업급여를 삭감하는 방안도 구축했다. 구체적으로 종래의 실업급여, 실업부조, 사회부조로 구분되었던 체계에서 후자 둘을 통합시켜 실업급여 II로 칭했고, 전자를 실업급여 I으로 칭하며 사회부조를 대폭 줄여 사회급여의 이름으로 매우 축소시켰다. 그러면서 실업급여 I의 수급 기간을 12개월로 단축시켰고(55세 이상은 18개월). 실업급여 II는 자산 조사means test를 통해 직전 순임금의 53~57%에 해당하는 금액을 기한에 제한 없이 지급되도록 했다. 이들 이외에도 하르츠 개혁은 고령자들이 재취업을 할 때에 상대적으로 임금이 낮아질 경우, 직전 수준으로 보충하는 방안 등을 마련해 고령자들의 취업을 촉진시켰고, 청년들의 취업을 활성화시키기 위해 교육 훈련 비용을 지원해주는 방안 등을 고안하기도 했다.

하르츠 개혁안의 일부는 실행 이후 더욱 더 진화해가면서 지속성을 지니기도 했고, 일부는 그 효과가 미진해 폐지되기도 했다. 중요한 것은 이러한 개혁안들이 지녔던 핵심적인 지향점이었는데, 그 핵심은 세 가지로 요약된다. 첫째는 실업자들에 대한 지원 축소와 그들을 노동시장으로 유인하는 조치 강화이다. 둘째는 그들에 대한 일자리 중계를 신속화시킨 것이다. 셋째는 그들이 취할 수 있는 일자리의 경량화, 즉 풀타임-정규직보다 좋지 않지만 여러 면에서 사용자들의 부담을 덜 수 있는 일자리들을 만든 것 등이다.

이러한 노동시장 개혁을 통해 고용을 촉진시키는 방향으로 구축된 새로운 제도적 기제들은, 경제위기의 상황에서 일정하게나마 더 많은 실업자들이 양산되지 않도록 했고, 상대적으로 일자리의 질이 떨어지더라도 위기 이후 고용이 신속히 늘어나는 데 기여한 면이 있다. 적어도 실업자들을 고용으로 이끌어내는 쪽으로, 그리고 비록 취약한 일자리일지라도, 예컨대 미니잡이나 파견노동 등이 보여주듯이, 일정하게 고용 증대를 이루어내는 쪽으로 효과를 지니고 있었다. 다만 경제위기가 고용위기로 빠지지 않도록 하는 데서, 그리고 신속한 경기회복을 이루도록 하는 데, 하르츠 개혁만이 결정적이라고 해석하는 것은 조심스럽다.[7]

하르츠 개혁의 추진 과정 및 그 내용에 대해 독일의 높은 '사회의 질' 내지는 높은 사회적 합의 지향성과 관련해 어떻게 평가를 내릴지는 매우 민감한 주제이다. 일단 그 과정은 일정하게 사회적 합의 지향성에서 벗어난 면이 있다. 이 개혁은 그 이전에 적녹연정(사민당-녹색당 연정)하에서 추진된 사회적 합의의 모델인 '고용 연대'의 실패 이후 상대적으로 정부 주도의 방식으로 이루어졌기 때문이다. 게다가 내용상으로 하르츠 개혁은 사실 사회적 응집력의 훼손을 초래하는 위험이 있었다. 특히 실업부조와 사회부조의 대폭적인 축소가 대표적인 예로, 실업자들에 대한 복지의 축소는 사회적 기본권에 대한 훼손을 초래했다. 이에 대한 반발로 심대한 사회적 갈등이 초래되었고, 사회민주당이 분당이 되는 사태까지 촉발되었다. 결국 적녹연정 2기가 4년의 임기를 다 채우지 못하고 막을 내리게 된 것에는 하르츠 개혁의 여파가 크다.

그럼에도 불구하고 하르츠 개혁이 사회적 합의와 무관한 것은 아니었다. 우선 개혁의 기본 모토는 어디까지나 독일 사회국가의 해체Abbau가 아

---

7 미니잡이나 파견노동은 표피적으로 일자리의 수를 늘리기는 했으나 한편으로는 독일 노동시장에서 전체 노동시간의 총량(Volume)을 늘리는 데 기여하지 못하고 오히려 노동시장의 취약화를 부추겼다는 비판을 받고 있기도 하다.

닌 재구축Umbau에 있었다. 개혁 이후 노동시장의 안전망이 상대적으로 얇아지고 유연성이 증진되었다고 하더라도 그것이 종래의 소위 사회적 시장경제의 질서 자체를 뿌리째 뒤흔들었다고 보기는 어렵다. 또한 하르츠 위원회에는 노동조합의 대표도 참석했고, 애초부터 정부 주도적 방식을 고집했던 것이 아니라 이미 수년간 사회적 이해 대표들이 합의 지향적으로 노력하면서 개혁 방안을 조율했던 경험을 토대로 개혁안이 구성된 것이었다. 이로 인해 정치적 혼란이 초래되었으나, 이것은 역으로 섬세한 사회적 합의에 기초하지 못한 정책적 선택은 국민들의 심판에 직면한다는 것을 보여주었다. 결과적으로 이를 중심으로 전개된 일련의 주요한 정치적 과정은 사회적 합의를 중시하는 독일 사회의 면모를 반영해 드러낸 것이라 할 수 있다.

5. 결론

독일이 경제위기를 신속하게 극복해낸 것은 그리스가 경제위기에 빠져 힘겨운 상황에 처한 것이나 한국이 1998년 IMF 위기로 인해 심각한 고용위기에 처했던 것에 비하면 매우 대조적이다. 위기의 극복 방식 속에는 독일 노동시장의 제도와 행위자, 그리고 문화의 특성이 뒤섞여 있다. 다시 말해서 독일 정부를 포함한 노동자, 기업 등 이해관계를 달리하는 경제주체들이 고용 친화적인 정책 선택을 할 수 있었던 것에는 독일의 사회적 합의 기반이 중요한 바탕이었다는 것이다.

복잡성과 다양성이 심화되는 현대사회에서 구성원들의 신뢰와 협력을 통해서 갈등을 줄이고, 에너지를 모아 더 나은 발전을 위한 동력으로 삼을 수 있는가는 국가 경쟁력의 중요한 축이다(박희봉 외, 2012). 이 장에서는 독일이 사회의 질이 높고, 사회적 합의의 기초가 두터움을 경험 분석을 통해 확인했고, 그러한 특성은 독일이 경제위기를 극복하는 과정에서 작용한 노동정책의 형성의 사례에서 확인할 수 있다는 것을 보였다. 그로써, 독일의 고용 친화적 정책 선택과 독일 사회가 보유하고 있는 높은 사회적 응집력을 핵심으로 하는 사회의 질이 서로 연계되어 있다고 주장했다.

독일의 모습에서 확인할 수 있듯이, 사회적 합의의 촉진과 응집력의 신장을 유도해내기 위해서는 사회적 투명성과 신뢰성의 증진이 필수적이며, 나아가 상이한 이해를 지닌 집단들 간의 소통과 상호이해의 증진이 필요하다. 그것을 위해 민주주의의 원칙 위에서 작동하는 조직체들의 활성화와, 연대의 원리에 기초한 시민들의 결사체들이 활성화되는 것 역시 요구된다. 또한 독일 사회의 모습은 합의의 경향이 강하고 응집력이 높은 사회가 위기의 상황에서 특히 효과적인 대응을 할 수 있음을 알려준다. 무엇보다도 의미심장한 것은 응집력 있는 사회가 하루아침에 이루어진 것이 아니며, 사회적 시장경제라고 하는 메타 수준에서의 사회적 합의와 타협의 원리를 지속적으로 그 기반으로 삼고 있다는 점이다. 특히 이는 계층 간, 지역 간, 세대 간 간극 속에서 사회가 분화를 넘어 분열해가고 있는 우리에게 큰 교훈을 안겨준다.

4

사회통합 역량으로 바라본 터키 사회의 질

최슬기

1. 서론

2009년 말 그리스에서 시작된 유럽의 재정위기 속에서도 터키는 경제성장을 지속하고 있다. 위기의 근원을 바라보는 시각은 여러 가지가 있을 수 있지만, 재정위기가 과다한 정부 지출에서 기인했다고 한다면, 사회복지 지출 비중이 아직 크지 않은 터키로서는 위기를 헤쳐 나왔다기보다는 위기 속으로 아직 들어가지 않았다고 보는 것이 정확할 것이다.

터키는 2003년 레셉 타이프 에르도간Recep Tayyip Erdogan 총리가 이끄는 정의개발당AKP이 집권하면서부터 2007년까지 연평균 6.9%라는 높은 경제성장률을 기록했다. 2009년 유럽의 위기 여파로 -4.8%라는 마이너스 성장을 보였으나 이듬해 바로 9.2% 성장을 이룩하면서 위기에 휩쓸리지 않았다.

그러나 이러한 경제성장이 곧 사회 발전을 의미하는 것은 아니다. 경제성장의 이면에는 부의 재분배에 따른 양극화 등 상대적 빈곤의 악화가 따라올 수 있다. 또한 신자유주의에 따른 경제성장에는 고용 불안정과 실업의 확대라는 음의 영역도 수반되기 쉽다.

터키는 1990년 5800달러에 지나지 않았던 1인당 국민소득이 2011년에는 1만 524달러로 증가했다(World Bank, 2013). 하지만 2011년, 불평등도를 보여주는 지니계수가 0.41로 OECD 국가 중 칠레, 멕시코에 이어 세 번째로 높으며, 실업률도 과거에 비해서 개선되고는 있지만 12%로 상당히 높은 수준이다(OECD, 2012).

그렇다면 터키 사회의 질은 어떻게 평가할 수 있을까? 한국의 1인당 국민소득이 2011년도에 2만 2424달러였으니 한국의 절반 수준이라 할 수 있을까? 하지만 이는 한 단면만을 바라보고 내린 성급한 판단일 수 있다. 한 사회를 제대로 평가하기 위해서는 경제적 측면뿐 아니라 사회적 측면도 바라볼 필요가 있기 때문이다.

이 장에서는 한 사회의 유지와 발전 능력을 의미하는 사회응집성을 사회통합을 위한 핵심 역량 중 하나로 보고, 이를 바탕으로 터키 사회의 질을 분석해보고자 한다. 히즈메트 운동Hizmet Movement의 사례에서 보듯이 터키 사회에서 민간 영역이 가진 교육, 보건, 복지 측면에서의 사회응집성은 결코 작다고 할 수 없다. 이는 이슬람 사회가 전통적으로 갖고 있는 와크프 waqf(터키어로는 vakif)라는 기부문화의 힘이라고도 볼 수 있다. 경제적 측면과는 별도로 사회적 측면에서 터키 사회를 분석하는 것은 한 사회를 평가할 때 다방면의 복합적인 시각이 필요함을 시사해줄 것이다.

이 장에서는 먼저 이론적 분석 틀을 이루는 사회응집성에 관한 논의를 시작으로, 연구 방법론에 대해 서술한 뒤, 사회응집성을 이루는 영역별로 터키 사회를 분석해볼 것이다. 분석에서는 비교사회학적 시각에서 한국 사회와 대비해 터키 사회의 특징을 살펴볼 것이다. 끝으로 결론에서는 사회 응집성이 터키 사회의 현재와 미래에서 갖는 의미에 대해 논의할 것이다.

2. 분석의 이론적 틀

1) 사회통합 역량과 사회응집성

사회통합 역량은 빈곤과 실업, 범죄와 같은 사회적 위험으로부터 구성 원들을 보호하고 해당 사회를 유지하는 능력을 의미한다. 초기에는 경제적 측면에서부터 논의가 시작되었고, 이후에 젠슨(Jenson, 1998)이나 버나드 (Bernard, 1999) 등에 의해 사회적 측면에서 사회응집성social cohesion이 기본 개념으로 연구되었다. 이후 사회통합 역량 연구는 다양한 부문의 사회의 발전 정도를 동시에 평가하는 사회의 질 이론Social Quality Theory으로 발전했 다(Van der Maesen and Walker, 2005). 즉, 한 사회의 발전 정도는 민주주의, 혹은 1인당 GDP 같은 정치나 경제의 한두 가지 지표를 활용한 단선적인 발전 경로로는 설명하기 어렵다는 전제하에, 사회학에서 발전시킨 다층적 인 개념으로 사회를 평가하는 것이다(Yee and Chang, 2011; 정해식, 2012).

사회의 질 이론은 크게 네 가지 영역으로 구성되어 있다(Abbott, 2011). 사회경제적 안전성Socio-Economic Safety, 사회응집성Social Cohesion, 사회적 포 용성Social Inclusion, 사회적 역능성Social Empowerment이 그것이다. 이러한 네 영역은 시스템 측면에서는 사회경제적 안정성과 사회적 포용성이 해당되 고, 생활세계 측면에서는 사회적 응집성과 사회적 역능성이 해당된다. 또 한 사회 수준의 발전을 다룬다는 측면에서 사회경제적 안정성과 사회적 응집성이 중요시되고, 개인 수준의 발전을 다룬다는 측면에서는 사회적 포용성과 사회적 역능성이 중요시된다.

따라서 사회응집성은 사회통합 역량의 핵심 요소 중 하나를 구성하는 것으로, 경제적 측면보다는 사회적 측면에서 한 사회의 질을 평가하는 주요 지표라고 할 수 있다.

2) 사회응집성의 의미와 구성 요소

사회응집성은 공동체의 정체성과 가치규범 속에서 사회적 관계를 유지해나갈 수 있는 한 사회의 능력을 의미한다(Berman, 2004). 이는 가치와 규범이 공유되는 상황에서 사회적 관계를 유지하는 것, 즉 사회적 관계들을 만들어내고, 유지하며, 파괴하는 거시 수준의 과정과 이런 관계들을 지탱하는 하부구조와 관련된다(Beck, Van der Maesen and Walker, 1997). 공동체의 유지·형성과 관련된다는 측면에서 사회응집성은 한 사회의 장기 지속 가능성을 보여주는 지표로 이해될 수 있다. 이는 사회응집성 반대 개념이 사회적 와해social dissolution 라는 것에서 더 쉽게 이해된다. 사회응집성이 부족한 사회는 외부에서 충격이 가해지거나 내부의 모순이 심화될 경우 쉽게 와해될 수 있다. 하지만 사회응집성이 충분히 발현되는 사회는 이러한 어려움 속에서도 사회통합을 유지해나갈 수 있다.

사회응집성은 사회적 자본의 크기에 따라 그 양과 질이 달라진다고 볼 수 있다. 따라서 사회응집성은 그 사회가 갖고 있는 사회적 자본의 양태를 보고 평가할 수 있다(Forrest, 2001). 구체적으로 사회응집성은 다음 네 가지 차원으로 나누어 평가할 수 있다.

첫 번째는 신뢰Trust 이다. 신뢰는 사회적 자본을 형성하는 핵심 역량이라고 할 수 있다. 후쿠야마(Fukuyama, 1995)는 사회자본을 '집단 내 구성원 간의 협력을 가능하게 하는 일련의 비공식적 가치나 규범으로서 집단 또는 조직의 공동 목표를 위해 구성원이 함께 일할 수 있는 능력'이라고 정의했고, 이때 신뢰를 가장 필수적인 요소로 간주했다. 신뢰는 그 대상에 따라 세분해볼 수 있다. 즉, 한 사회 일반에 대한 신뢰와, 개인에 대한 신뢰, 기관에 대한 신뢰로 구분해볼 수 있다. 또한 개인 신뢰는 평소 개인적으로 알고 있는 집단에 대한 신뢰(내집단 신뢰)와 낯선 타자에 대한 신뢰(외집단 신뢰)로 구분될 수 있다. 사회적 자본이 많은 사회가 되기 위해서는 신뢰가 쌓여 있어야 하며, 특히 외집단에 대한 신뢰 수준이 높아야 한다. 사회가 복잡해지면서 개인 차원을 넘어서서 시스템으로 작동할 필요성이 커짐에 따라 기관에 대한 신뢰도 중요시된다.

두 번째는 사회적 관계이다. 공동체 활동 자체가 사회적 자본을 형성하는 중요한 요소로 평가될 수 있다. 사회적 관계는 그 대상과 참여 양상에 따라 세분될 수 있다. 즉, 가족 간, 친구 간, 이웃 간의 접촉 양상과 단체를 통한 관계 참여 양상이 고려된다. 사회적 자본이 많은 사회가 되려면 사회적 관계가 활발해야 한다. 그중에서도 공동체에 대한 애정과 헌신을 의미한다고 볼 수 있는 사회봉사에 대한 참여 및 기부 행위도 사회적 관계의 중요한 측면이 된다.

세 번째는 통합적 규범 내지 가치관integrated norms and values이다. 여러 사회적 규범 내지 입장에 대한 사회적 합의가 이루어지고 있는지, 혹은 용인되고 있는지를 평가하는 것이다. 모두가 동일한 생각을 갖는 것은 가능하지도 필요하지도 않지만, 느슨한 형태의 통합적 규범 내지 가치관은 한 사회가 공동체를 형성하기 위해서는 필수적이다. 특히 한 사회의 발전 방향에 대한 의견이 일치하느냐는 사회통합을 이루기 위한 중요한 자산이 된다. 한국 사회에서 경제성장과 복지를 둘러싸고 세대 간 혹은 계급 간 갈등이 첨예한 논점이 되며 사회적 비용을 초래하는 것은 그 예가 될 수 있다.

마지막 네 번째는 정체성이다. 같은 공동체 구성원으로서 구성원들이 동질감을 느끼고 있는지를 평가하는 것이다. 이는 같은 소속감을 느끼고 있는지를 의미한다. 자신이 어느 집단에 소속되어 있다고 느끼는지는 사회 구성원이 스스로를 구성원으로 인식하고 있는가를 묻는 것이다. 이는 어느 범위까지를 자신이 속한 사회로 인식하는지로 바꿔 평가할 수도 있다. 정체성을 평가하기 위해서는 소속감뿐 아니라 자긍심도 살펴보아야 한다. 소속감을 넘어서 자긍심도 가져야 그 사회를 유지하고자 하는 노력이 만들어질 수 있다. 즉, 사회적 자본이 풍부해지려면 구성원들이 해당 사회 범위에 맞는 소속감뿐 아니라 자긍심을 동시에 지녀야 한다.

3. 분석 자료 및 방법론

이 장에서는 비교사회학적 시각으로 터키 사회의 응집성을 한국 사회와 비교해 분석해보고자 한다. 이를 위해 미시 수준의 설문조사 결과를 이용할 것이다. 조사 자료로는 서울대학교 사회발전연구소에서 발전시켜온 「사회의 질에 관한 표준화된 설문Standardized Questionnaire of Social Quality: SQSQ 2009」을 수정·보완해 2012년도 터키와 한국에서 실시된 「삶과 사회에 관한 조사SQSQ 2012」를 활용했다. SQSQ 2009는 한국, 대만, 중국, 홍콩, 일본, 태국, 호주 등 여러 국가를 대상으로 국가 간 비교가 가능하도록 2009년도에 실시된 설문조사이다. SQSQ 2012는 이러한 SQSQ 2009의 장점을 승계하면서도 질문의 타당성이 떨어지거나 분석 가치가 낮은 질문을 삭제 혹은 보완하고, 다중 격차 측정을 강화하는 방식으로 구성되었다.

터키에서 실시된 SQSQ 2012는 터키에 살고 있는 터키 성인을 모집단으로, 전국의 18세 이상 일반 성인 남녀 1018명을 표본으로 선정했다. 한국에서는 전국의 19세 이상 일반 성인 남녀 1000명을 표본으로 했다. 조사방식은 면대면 방식으로 조사원들이 직접 면접하여 설문의 응답을 얻었다. 표본 추출 방법으로는 지역층화 표본 추출 방식을 채택했다. 질문지 개발과 영문 번역은 서울대학교 사회발전연구소가 담당했다. 터키 현지어 번역, 실사와 자료 처리는 한국갤럽과 터키 현지의 파트너사가 담당했다. 조사는 2012년 5월 한 달간 실시되었다.

질문 내용은 사회에 대한 주관적 평가, 정치와 정부에 대한 의견, 삶의 만족도 등 일상생활에 대한 의견, 성장과 복지, 인권 등 사회문제에 대한 의견, 가족을 단위로 가계나 주거 등 경제 상황, 응답자 본인과 배우자의 일과 소득 상황과 배경 질문들로 조사 대상 국가들에게 공통적으로 구성되었다.

사회응집성 개념을 신뢰, 공동체 참여, 통합적 규범 및 가치, 정체성 이라는 네 가지 차원으로 구분하고 이를 다시 세부 영역으로 나누어 변수화했다. 구체적으로 보면, 신뢰는 일반 신뢰, 개인 내집단 신뢰, 개인 외집단 신뢰, 집단 신뢰로 변수화했다. 일반 신뢰는 대부분 사람에 대해 응답자가 주관적으로 느끼는 신뢰도 일반을 통해 측정했다. 내집단은 가족과 개인적으로 아는 사람, 외집단은 타인과 외국인으로 각각 측정했다. 기관 신뢰에서는 국가 및 정치기관 7개와 노동조합, 시민단체, 언론과 같은 민간단체 3개에 대해 신뢰도를 각각 측정했다. 응답 척도로는 일반 신뢰만 2점 척도를 사용했고, 그 외에는 4점 척도를 사용했다.

공동체 참여는 접촉 빈도, 단체 참여 및 활동, 봉사/자선 활동으로 나누

표 4-1 분석에 사용된 개념, 차원, 변수, 질문

개념	차원	세부 영역(변수)		질문
사회응집성	신뢰	일반 신뢰		귀하는 대부분의 사람들을 믿을 수 있다고 생각하십니까? 아니면 조심해야 한다고 생각하십니까? (2점 척도)
		개인 신뢰	내집단	귀하는 다음과 같은 사람에 대해 얼마나 신뢰하십니까? 혹은 신뢰하지 않으십니까? (4점 척도) △ 가족/개인적으로 아는 사람
			외집단	귀하는 다음과 같은 사람에 대해 얼마나 신뢰하십니까? 혹은 신뢰하지 않으십니까? (4점 척도) △ 낯선 사람/외국인
		기관 신뢰		귀하는 다음 기관에 대해 얼마나 신뢰하십니까? 혹은 신뢰하지 않으십니까? (4점 척도) △ 중앙정부/국회/사법부/지방자치 정부/군대/정당/노동조합/시민단체/언론
	공동체 참여	접촉 빈도		귀하와 함께 살지 않는 다음의 사람들과 직접 만나거나 또는 전화, 우편, 이메일 등으로 연락하는 빈도는 얼마나 됩니까? △ 가족/친구/이웃 (응답: 거의 매일/일주일에 한두 번/한 달에 한두 번/일 년에 6~7번/일 년에 한두 번/전혀 접촉 안 함)
		단체 참여 및 활동		지난 1년 동안 귀하가 아래 단체/모임과 관련된 활동을 하신 적이 있는지를 묻고자 합니다. 각각에 대하여 답변해주시기 바랍니다 △ 스포츠, 레저, 문화 모임/종교 모임/정치적 모임/시민단체/동문회/향우회 (응답: 있다/없다)
		봉사 / 자선 활동		귀하는 지난 1년 동안 다음과 같은 활동을 얼마나 자주 하셨습니까? △ 자원봉사/사회단체나 기관에 기부 (응답: 일주일에 한 번 이상/한 달에 한두 번/일 년에 6~7번/일 년에 한두 번 혹은 그 이하/전혀 안 함)
	통합적 규범 / 가치	통합적 규범 / 가치		다음 각각의 두 가지 의견 중에서 귀하의 생각과 가장 가까운 것은 어느 것인지 말씀해주십시오 △ 복지 vs. 성장 ① 경제성장을 위해 복지를 줄여야 한다 ② 경제성장이 정체되더라도 복지를 늘려야 한다 △ 복지 vs. 세금 ① 복지 혜택이 줄어든다 하더라도 세금을 더 적게 걷어야 한다 ② 세금을 많이 거두어서라도 복지 혜택을 늘려야 한다 △ 선별적 복지 vs. 보편적 복지 ① 복지는 가난한 사람들에게만 제공되어야 한다 ② 소득수준에 관계없이 국민 모두가 복지 혜택을 받아야 한다
	정체성	자긍심		귀하는 터키인(한국인)인 것을 얼마나 자랑스럽게 생각하십니까? 혹은 그렇지 않습니까? (4점 척도)
		소속감		귀하는 다음과 같은 사람들에 대하여 얼마나 가깝다고 느끼십니까? 혹은 멀다고 느끼십니까? (4점 척도) △ 같은 시도 거주자/자국민/아시아인/유럽인

어 변수화했다. 구체적으로 접촉 빈도에서는 동거하고 있지 않은 가족/친구/이웃을 대상으로 전화, 우편, 이메일을 포함한 만남의 빈도를 측정했다. 접촉 방식에 따라 공동체 참여의 경중이 다를 수 있다. 하지만 이 장에 사용된 설문조사에서는 이를 무시하는 대신 응답자 주관에 따라 접촉 빈도를 표기하도록 했다.

단체 참여 및 활동에서는 지난 1년 동안 여섯 가지 유형의 모임에 대해 각각 참여·활동했는지 그 경험의 유무만을 측정했다. 봉사/자선 활동에서는 지난 1년을 기준으로 자원봉사의 경험이 있는지, 사회단체나 기관에 기부 경험이 있는지를 측정했다.

통합적 규범/가치의 형성과 관련해서는 복지와 관련된 세 가지 쟁점을 질문하고 그 의견이 세대별로, 혹은 계층별로 어떻게 다르게 분포하고 있는지를 평가했다. 계층 구분에서는 주관적인 계층 인식과 소득 분위에 따른 객관적인 구분 두 가지를 모두 사용했다. 첫 번째 쟁점은 복지와 성장 중에서 어느 것을 우선시하는지이며, 두 번째 쟁점은 복지를 위해 증세를 감당할 의사가 있는지이며, 마지막 세 번째 쟁점은 선별적 복지와 보편적 복지에 대한 선호도였다. 각각에 대한 상반된 두 주장을 제시하고 응답자가 좀 더 가깝다고 느끼는 의견을 선택하도록 했다.

마지막으로 정체성은 자긍심과 소속감 두 가지 영역에서 변수화되었다. 구체적으로 자긍심은 터키인(한국인)임을 얼마나 자랑스럽게 생각하는지로 측정되었다. 소속감은 해당 지역의 사람들에 대해 느끼는 거리감을 통해 측정되었다. 지역은 같은 시도/국민/아시아로 각각 질문되었다. 터키의 경우 유럽인에 대해 느끼는 거리감이 추가되었다. 자긍심과 소속감 모두 4점 척도로 측정되었다.

분석은 무응답 등 결측치를 제외한 각각의 응답에 대한 빈도 구성비를 비교하고, 통계적 유의성을 카이제곱 검정으로 평가하는 방식을 취했다.

4. 분석 결과

1) 신뢰

터키와 한국의 일반 신뢰도는 〈표 4-2〉와 같다. 터키에서는 응답자의 24.1%가 대부분의 사람들을 '믿을 수 있다'고 대답했다. 한국에서는 '믿을 수 있다' 비중이 약간 줄어 22%가 믿을 수 있다고 답했고, 78%가 '조심해야 한다'고 대답했다. 그러나 두 국가 모두 '조심해야 한다'는 비중은 3/4를 넘어선다. 일반 신뢰도는 비슷하게 낮음을 알 수 있다. 이는 두 국가 간 차이가 통계적으로 유의하지 않다는 사실을 통해서도 확인할 수 있다.

개인 신뢰(〈표 4-3〉)에서는 두 국가 간 차이가 나타난다. 터키에서는 가족에 대해 '매우 신뢰한다'가 62.4%, '약간 신뢰한다' 30.3%를 차지했으며, 두 응답을 합치면 '신뢰한다'는 쪽이 92.7%에 달했다. 한국에서는 85.7%가 '매우 신뢰'하고, 13.3%가 '약간 신뢰한다'고 답해, 신뢰하는 쪽이 99%에 달했다. 두 국가 모두 가족에 대해서는 절대다수가 신뢰하는 편이었는데 특히 한국에서는 '매우 신뢰한다'는 비중이 압도적인 특징이 있었다.

개인적으로 아는 사람에 대해 터키는 17.6%가 '매우 신뢰한다', '약간 신뢰한다'가 54.2%를 차지했다. 두 집단을 더한 '신뢰한다'는 답변은 71.8%로 아는 이에 대한 신뢰도가 상당함을 알 수 있다. 한국은 터키보다도 신뢰도가 더 높아 '매우 신뢰한다'가 18%, '약간 신뢰한다'가 68%를 차지했고, 두 집단을 더하면 86%에 달했다.

표 4-2 **일반 신뢰**

(단위: %)

구분	믿을 수 있다	조심해야 한다	계	χ^2
터키	24.09	75.91	100.0	1.28
한국	21.95	78.05	100.0	

* p 〈 0.05, ** p 〈 0.01, ***p 〈 0.001

표 4-3 **개인 신뢰**

(단위: %)

구분	국가	매우 신뢰한다	약간 신뢰한다	별로 신뢰하지 않는다	전혀 신뢰하지 않는다	계	χ^2
가족	터키	62.39	30.31	5.53	1.78	100.0	141.24***
	한국	85.69	13.31	0.80	0.20	100.0	
개인적으로 아는 사람	터키	17.55	54.24	22.09	6.11	100.0	74.79***
	한국	17.99	68.04	12.86	1.11	100.0	
낯선 사람	터키	2.57	14.92	39.33	43.18	100.0	67.58***
	한국	0.24	8.14	54.38	37.28	100.0	
외국인	터키	1.81	13.47	37.19	47.54	100.0	34.34***
	한국	0.34	9.66	48.88	41.12	100.0	

* p 〈 0.05, **p 〈 0.01, *** p 〈 0.001

외집단에 대해서는 터키와 한국 모두 불신의 비중이 더 높았다. 터키는 낯선 사람에 대해 2.6%만이 '매우 신뢰한다', 14.9%만이 '신뢰하는 편이다'라고 응답했다. 한국은 이보다 낮아 0.2%만이 '매우 신뢰한다', 8.1%만이 '신뢰하는 편이다'라고 응답했다. 외국인에 대해서도 터키에서는 1.8%만이 '매우 신뢰한다', 13.5%가 '신뢰하는 편이다'라고 응답했다. 한국에서는 0.3%만이 '매우 신뢰한다', 9.7%가 '신뢰하는 편이다'라고 응답했다.

홍미로운 것은 내집단과 외집단 구분에 따라 신뢰도가 높은 국가가 달라진다는 점이다. 가족이나 개인적으로 아는 사람과 같은 내집단에 대해서는 한국에서 신뢰도가 통계적으로 유의하게 높았다. 낯선 사람과 외국인 같은 외집단에 대해서는 통계적으로 유의하게 터키에서 신뢰도가 더 높았다. 하지만 '전혀 신뢰하지 않는다'는 비중은 터키에서 더 높았기 때문에 그 결과의 해석에는 주의할 필요가 있다. 또한 두 국가 모두 내집단은 신뢰도가 매우 높지만 외집단은 신뢰도가 낮다는 유사점이 발견되었다.

한 사회를 유지하기 위해서는 사회적 신뢰가 중요하고, 특히 자신의 가족, 내가 아는 이를 넘어선 사회공동체 구성원 일반에 대한 신뢰가 중요하다고 본다면, 두 국가 모두 개인 신뢰 측면에서 사회자본은 그다지 크지 않다고 볼 수 있다.

기관 신뢰는 9개의 서로 다른 기관에 대해 조사되었다. 이들은 6개의 국가/정치기관과 3개의 민간기관으로 구분될 수 있다. 먼저 정부/정치기관을 보면, 중앙정부에 대해서는 한국과 터키 모두 신뢰보다는 불신의 경우가 더 많았지만, 한국보다 터키에서 통계적으로 유의하게 신뢰도가 더 높은 편이었다. 터키는 '신뢰하는 편이다'가 46%에 달했지만 한국은 27%에 지나지 않았다. 국회의 경우 터키에서는 중앙정부와 비슷한 양상을 보였는데 한국에서는 중앙정부보다 불신의 경우가 더 많은 편이었다. 터키는 '신뢰하는 편이다'가 43%에 달했지만 한국은 13%에 지나지 않았다.

터키는 1960년, 1971년, 1980년, 1997년 군사쿠데타를 경험했다. 하지만 2002년 선거에서 정의개발당이 압승하면서 군부의 힘이 크게 약화되기 시작했다. 레제프 타이이프 에르도안Recep Tayyip Erdogan 총리가 이끄는 정의개발당은 보수민주주의를 표방하며 이슬람 전통과 서구적 가치의 조화를 통한 개혁을 추구했다(김대성, 2008). 경제적으로도 정의개발당 집권 기간에 고질적이었던 인플레이션이 안정되고, 고성장률이 지속되고 있다. 2011년 선거에서도 정의개발당은 지중해 연안과 쿠르드족이 많이 사는 동쪽 끝 일부를 제외한 대부분 지역에서 고른 지지를 얻어 재집권에 성공했다. 중앙

표 4-4 기관 신뢰

(단위: %)

구분	국가	매우 신뢰한다	약간 신뢰한다	별로 신뢰하지 않는다	전혀 신뢰하지 않는다	계	x^2
중앙정부	터키	10.94	35.04	33.03	20.98	100.0	117.27***
	한국	1.74	25.56	50.72	21.98	100.0	
국회	터키	10.18	32.63	33.73	19.46	100.0	276.66***
	한국	0.71	12.73	51.22	35.34	100.0	
사법부	터키	8.64	36.28	35.58	19.50	100.0	114.94***
	한국	1.43	22.62	50.36	25.59	100.0	
지방자치 정부	터키	7.36	35.69	37.97	18.99	100.0	83.39***
	한국	1.54	24.33	52.57	21.56	100.0	
군대	터키	17.31	37.41	28.16	17.11	100.0	40.07***
	한국	10.57	42.48	35.67	11.28	100.0	
정당	터키	4.47	22.26	41.87	31.40	100.0	64.98***
	한국	0.71	12.55	47.86	38.88	100.0	
노동조합	터키	4.02	28.12	43.02	24.84	100.0	20.22***
	한국	2.08	24.40	52.44	21.08	100.0	
시민단체	터키	4.82	43.05	42.02	21.11	100.0	7.26
	한국	4.54	36.49	42.06	16.91	100.0	
언론	터키	3.15	22.79	45.57	28.48	100.0	16.67**
	한국	1.75	26.39	49.90	21.97	100.0	

* $p < 0.05$, ** $p < 0.01$, *** $p < 0.001$

정부와 국회에 대해 상대적으로 높은 지지를 보이는 것은 현 정부가 진행하고 있는 경제개혁과 민주화에 대한 지지가 반영된 것이라 볼 수 있겠다.

터키에서 사법부와 지방자치 정부는 중앙정부나 국회에 비해 신뢰도가 약간 더 낮은 편이었다. 하지만 한국에서보다는 높은 수준이었다. 군대는 한국, 터키 모두 불신보다는 신뢰받는 경우가 더 많은 유일한 기관이었다. 여전히 터키에서 군사쿠데타 음모가 발각되고 이와 관련된 군인들이 감옥에 가 있는 경우가 많은 현실을 감안하면 흥미로운 결과라 할 수 있다.

민간기관에 대한 신뢰는 터키에서 국가/정치기관에 비해 낮은 편이었다. 특히 정당과 노동조합은 터키에서 불신받는 경우가 더 많았다. 그러나

이 또한 한국보다는 신뢰 수준이 높았다. 시민단체는 절반 가까운 터키인이 신뢰하는 편이라고 응답했으나(47.9%) 한국에서는 41%에 지나지 않았다. 사설기관이나 공적인 역할이 중요한 언론에 대한 신뢰도는 두 국가 모두에서 낮은 편이었다. 터키에서 '신뢰하는 편이다'는 26%였고 한국에서는 28%였다. 하지만 한국에서 언론을 '매우 신뢰한다'로 한정하면 1.75%에 지나지 않았다.

군대를 제외한 대부분의 기관에서 신뢰보다는 불신을 받았다. 하지만 한국에서보다는 터키에서 기관에 대한 신뢰도는 대체로 더 높은 편이었다. 그 차이는 시민단체를 제외하면 모두 통계적으로도 유의했다.

2) 공동체 참여

동거하지 않는 가족/친구/이웃과의 접촉 빈도는 한국보다는 터키에서 더 잦았다. 가족의 경우 터키는 '거의 매일 접촉한다'가 64%에 달한 반면 한국은 27%에 지나지 않았다. 친구의 경우도 터키는 '거의 매일 접촉한다'가 44%였고 한국은 22%였다. 이웃 또한 터키는 '거의 매일 접촉한다'가 33%였고 한국은 19%였다. 이는 한국에 비해 터키에서 농촌 지역이 차지하는 인구 비중이 더 크기 때문이라고 생각할 수도 있다. 실제로 한국에서는 대도시에 비해 중소도시나 읍면동에 거주할수록 가족, 친구, 이웃에 대한 접촉 빈도가 더 높아졌다(표에 제시되어 있지는 않음). 하지만 터키의 경우 그 차이가 두드러지게 나타나지 않았다. 대도시 지역만을 대상으로 비교해보아도 터키 사회가 한국보다 훨씬 더 접촉 빈도가 높다는 것이 발견되었다.

지난 1년간 활동한 단체나 모임을 그 유형에 따라 분석해보면 〈표 4-6〉

표 4-5 사회적 연결망: 접촉 빈도

(단위: %)

구분	국가	거의 매일	일주일에 한두 번	한 달에 한두 번	일 년에 6~7번	일 년에 한두 번	전혀 접촉 안 함	x^2
가족	터키	63.99	22.17	8.12	1.60	3.71	0.40	290.30***
	한국	26.80	41.10	19.30	6.40	5.00	1.40	
친구	터키	43.61	39.82	11.98	2.30	1.90	0.40	159.39***
	한국	21.51	41.31	26.93	4.22	3.32	2.71	
이웃	터키	32.86	38.64	17.75	3.45	2.54	4.77	110.25***
	한국	19.28	32.58	21.75	6.39	7.42	12.58	

* $p < 0.05$, ** $p < 0.01$, *** $p < 0.001$

표 4-6 지난 1년간 단체/모임과 관련된 활동 경험 비율

(단위: %)

국가	스포츠, 레저, 문화 모임	종교 모임	정당 등 정치적 모임/단체	시민단체	동문회	향우회
터키	14.0	7.7	7.3	5.9	3.9	5.0
한국	30.4	34.0	3.4	3.4	32.1	13.3

과 같다. 흥미롭게도 한국에서 활동 참가 비율이 더 높았다. 스포츠, 레저, 문화 모임에 활동한 경험이 터키는 14%인 반면 한국은 30.4%에 달했다. 터키에서 이슬람 종교의 영향력이 강하게 남아 있긴 하지만 종교 모임에 활동한 것은 7.7%에 지나지 않았는데, 한국에서는 34%가 종교 모임 활동 경험이 있다고 응답했다. 동문회 활동 경험은 터키는 4%였으나 한국은 32%나 경험이 있다고 응답했다. OECD 자료에 의하면 2010년 기준 한국의 평균 교육 연수는 11.6년이지만 터키는 6.5년에 지나지 않는다. 터키의 낮은 동문회 참가율은 낮은 교육 연수로 설명할 수 있다. 하지만 높은 교육 연수를 감안하더라도 한국은 동문회 모임이 매우 활발한 단체 모임 활동 유형에 속한다는 것을 알 수 있다. 향우회의 경우에도 터키는 활동 경험이 5%밖에 되지 않았지만, 한국은 13.3%에 달했다.

표 4-7 **지난 1년간 사회봉사/기부와 관련된 활동 경험**

(단위: %)

구분	국가	일주일에 한 번 이상	한 달에 한두 번	일 년에 6~7번	일 년에 한두 번 혹은 그 이하	전혀 안 했다	x^2
자원봉사	터키	6.19	14.93	9.92	10.71	58.25	84.48***
	한국	2.30	7.20	4.50	13.30	72.70	
사회단체나 기관에 기부	터키	6.68	14.93	13.36	16.31	48.72	139.17***
	한국	2.00	7.60	3.50	21.00	65.90	

* p 〈 0.05, ** p 〈 0.01, *** p 〈 0.001

개인적인 오락, 친목을 목적으로 하는 단체의 경우에는, 한국에서 활동 비율이 더 높았다면, 정당 등 정치적 모임이나 시민단체 활동 경험은 터키에서 더 높았다. 정당 활동 경험은 터키에서 7.3%였지만 한국에서는 3.4%였고, 시민단체 활동 경험은 터키에서 5.9%였지만 한국에서는 3.4%였다.

공동체 일반과 관련된 단체 모임 활동 비중이 터키에서 더 높은 현상은 사회봉사나 기부 활동 경험에서도 재확인할 수 있다. 〈표 4-7〉은 지난 1년 간 사회봉사나 기부 활동 빈도를 보여주고 있다. 터키에서 자원봉사 경험이 한 달에 한두 번 이상 있었던 사람은 21%인 반면 한국에서는 단지 9.5%였다. 한두 달에 한두 번 정기적으로 활동하고 있다고 간주할 수 있다면 터키에서 정기적으로 자원봉사를 하는 사람 비중이 한국보다 2배 더 많다고 할 수 있다. 사회단체나 기관에 대한 기부 행위를 보아도 터키에서는 한 달에 한두 번 기부 경험이 있는 사람이 21.6%에 달한 반면 한국은 불과 9.6%로 집계되었다. 일 년에 한 번 이상 기부 경험이 있는 사람이 터키는 절반이 넘는 51%였지만 한국은 34%에 지나지 않았다.

퓨리서치(Pew Research Center, 2012)의 조사 결과에 의하면 터키에서 이슬람을 믿는다고 응답한 사람은 97%에 달한다. 그러나 모스크에 매주 다닌다는 사람은 단지 19%였다. 가끔씩 다닌다는 사람을 포함해도 44%에 지나지 않았다. 이 결과로 종교성이 약하다고 해석하는 것에는 주의해야 한다. 그보다 종교생활의 양상이 한국과는 다르게 나타난다고 보아야 할 것이다. 터키에서는 실제 생활에서 이슬람 교리를 따르는 것은 매우 강하게 나타나고 있다. 매일 코란을 읽는다는 사람은 72%에 달하며, 자카트zakat를 지킨다는 사람도 72%에 달했다. 자카트는 이슬람 교인으로서 기본적으로 지켜야 할 다섯 가지 의무 중 하나로 재산의 일부를 매해 기부하는 것이다. 기부금은 연소득의 5~20%가량이며 평균 10% 정도이다(Ebaugh, 2010). 이러한 기부금을 재원으로 이슬람 사회에서는 와크프라 불리는 민간재단이 활발하게 활동하고 있다. 와크프는 빈자에 대한 지원뿐 아니라 학교를 설립하고, 병원을 운영하며, 민간기업에 대한 지원까지도 시행하고 있다(이현주 외, 2012). 가장 대표적인 예로는 히즈메트 운동을 들 수 있다. 지도자의 이름을 따서 귈렌 운동이라고도 불리는 히즈메트 운동은 1960년대에 터키에서 시작해 지금은 전 세계적으로 널리 퍼져 있는 일종의 사회운동 재단이다. 이들은 터키와 중앙아시아에 1000개 이상의 학교에 재정지원을 하고 있으며, 50만 명 이상의 학생들에게 장학금을 지원하고 있다. 터키에서 가장 큰 자선단체인 킴세욕무Kimse Yok Mu와 관련을 맺고 있고, 영세상인에 지원 사업을 하고 있다(Esposito, 2010; Yilmaz 2010).

터키인은 종교 모임에서 활동하는 것은 한국의 경우보다 드물었지만, 종교적 교리를 바탕으로 공동체에 대해 헌신하는 활동은 한국에서보다 더 활발하다는 것을 SQSQ 2012 자료를 통해서도 확인할 수 있다.

3) 통합적 규범/가치

통합된 규범/가치를 지니고 있는지는 복지와 관련된 세 가지 쟁점에 대

표 4-8 **복지와 성장에 대한 의견**

(단위: %)

구분		터키			한국		
		경제성장이 우선되어야	복지를 우선해야	x^2	경제성장이 우선되어야	복지를 우선해야	x^2
전체		29.08	70.92	-	48.50	51.50	-
연령별	18~20대	28.62	71.38	1.31	41.88	58.12	12.22*
	30대	29.76	70.24		43.13	56.87	
	40대	29.50	70.50		54.42	45.58	
	50대	30.32	69.68		54.92	45.08	
	60대 이상	22.64	77.36		47.49	52.51	
주관적 계층	하위	31.05	68.95	1.59	45.21	54.79	6.21
	중위	28.43	71.57		49.60	50.40	
	상위	28.46	71.54		53.24	46.76	
소득별	1분위	24.77	75.23	6.03	42.19	57.81	8.04
	2분위	33.14	66.86		49.50	50.50	
	3분위	27.18	72.82		48.32	51.68	
	4분위	31.17	68.83		55.75	44.25	
	5분위	32.63	67.37		50.28	49.72	

* $p < 0.05$, ** $p < 0.01$, *** $p < 0.001$

한 의견이 세대와 계층 간에 어떻게 다르게 나타나고 있는지를 통해 분석되었다. 먼저 복지와 성장에 대한 의견을 보면 한국은 경제성장과 복지에 대해 비슷한 비중으로 팽팽히 의견이 대립되고 있는 반면, 터키는 복지를 우선시해야 한다는 의견이 71%에 달했고 경제성장을 우선시해야 한다는 의견은 29%에 지나지 않았다.

연령별로 보았을 때 터키에서는 60대에서 복지를 우선시하는 의견이 높았을 뿐 다른 연령대 간에는 두드러지지 않았다. 그 차이 또한 통계적으로 유의하지 않았다. 이에 반해 한국에서는 활발하게 경제활동을 영위할 연령대인 40대와 50대에서 복지보다는 경제성장을 우선시하는 의견이 두드러지게 나타났다. 이러한 결과는 유의 수준 5%에서 통계적으로 유의미하게 차이가 나는 것이 확인되었다. 흥미로운 부분은 주관적 계층의식에 따라

표 4-9 **복지와 세금에 대한 의견**

(단위: %)

구분		터키			한국		
		세금을 적게 걷어야	복지를 늘려야	x^2	세금을 적게 걷어야	복지를 늘려야	x^2
전체		37.43	62.57	-	53.20	46.80	-
연령별	18~20대	36.00	64.00		48.17	51.83	
	30대	43.65	56.35		50.24	49.76	
	40대	42.00	58.00	13.50**	56.64	43.36	4.47
	50대	28.72	71.28		55.44	44.56	
	60대 이상	30.19	69.81		55.31	44.69	
주관적 계층	하위	41.13	58.87		54.25	45.75	
	중위	33.14	66.86	8.11	53.02	46.98	3.89
	상위	42.31	57.69		51.08	48.92	
소득별	1분위	35.05	64.95		54.69	45.31	
	2분위	39.43	60.57		54.50	45.50	
	3분위	30.10	69.90	3.56	49.66	50.34	2.67
	4분위	39.61	60.39		56.32	43.68	
	5분위	37.89	62.11		49.72	50.28	

* p < 0.05, ** p < 0.01, *** p < 0.001

나누어서 살펴본 결과이다. 터키에서는 상층의 70% 이상이 전체 국민의 경우와 마찬가지로 복지를 우선시했으며, 계층별 차이가 크게 다르지 않았다. 하지만 한국에서는 하층은 55%가 복지를 우선시한 반면 상층은 53%가 경제성장을 우선시했다. 한국에서는 계층 수준에 따라 상반된 의견이 존재하는 반면, 터키에서는 계층과 관련 없이 복지를 우선시해야 한다는 의견이 다수임을 알 수 있다. 계층의 효과는 주관적인 계층의식에 의한 구분에서뿐 아니라 소득수준별 집단 간에도 재확인할 수 있다. 통계적으로 유의하지는 않았지만 한국에서는 소득이 높을수록 복지보다는 경제성장을 더 중요시하는 경우가 더 많았다.

〈표 4-9〉는 복지를 위해 증세를 감당할 의사가 있는지 묻고 있다. 터키는 세금을 많이 거두어서라도 복지를 늘려야 한다는 의견이 63%인 반면

한국은 복지 혜택이 줄어든다고 하더라도 세금을 더 적게 걷어야 한다는 의견은 53%로 더 많았다. 터키에서는 연령이나 주관적 계층, 소득수준별 어느 기준으로도 세금을 부담해서라도 복지를 늘려야 한다는 의견이 보편적으로 더 많았다. 특히 연령대에서는 50대, 계층으로는 중간층이 증세에 대한 지지 의사가 높았다. 경제활동을 통해 세금 부담을 많이 하고 있고, 그 부담감을 실감하게 될 집단에서 세금을 늘려서라도 복지를 늘려야 한다는 의견에 지지율이 높다는 것은 흥미로운 현상이다. 이에 반해 한국에서는 젊을수록, 주관적 하위 계층으로 인식한 집단일수록 증세와 복지 확대에 대한 의견이 더 많아졌다.

한국의 소득세는 소득의 6~38%로(2012년 이전은 최고세율이 35%) 매겨지는 누진세 제도를 갖고 있다. 터키 또한 비슷한 누진세 방식으로 소득 규모에 따라 15~35%의 소득세율을 부과하고 있다.

두 사회 모두 복지제도를 늘려가고 있음을 감안하면, 터키에서 복지 확대에 대한 사회적 동의가 더 쉽게 이루어질 수 있음을 알 수 있다. 이는 이슬람 종교에 기반을 둔 나눔문화의 영향으로 해석할 수 있다. 전통적으로 와크프가 지역마다 활성화되어 있고 이를 통해 자신의 부를 나누어주는 것이 당연한 것으로 인식되어왔다. 복지라는 이름으로 추진되는 국가 시스템에 의한 부조에 대한 고른 지지는 터키 사회가 갖고 있는 사회적 자산이라고 할 수 있다.

〈표 4-10〉은 복지는 가난한 사람들에게만 제공해야 한다는 선별적 복지와 소득수준에 관계없이 국민 모두에게 제공되어야 한다는 보편적 복지 사이에 선호 의견을 조사한 결과를 보여준다. 한국과 터키 양국 모두 선별적 복지와 보편적 복지가 팽팽하게 의견이 맞서고 있는데 미세하게나마 선별적 복지에 대한 의견이 더 많았다.

표 4-10 **선별 복지와 보편 복지에 대한 의견**

(단위: %)

구분		터키			한국		
		선별적 복지	보편적 복지	x^2	선별적 복지	보편적 복지	x^2
전체		50.59	49.41	-	52.20	47.80	-
연령별	18~20대	52.62	47.38	7.41	43.98	56.02	19.90***
	30대	48.81	51.19		46.92	53.08	
	40대	55.00	45.00		49.56	50.44	
	50대	43.09	56.91		60.10	39.90	
	60대 이상	56.60	43.40		62.01	37.99	
주관적 계층	하위	57.66	42.34	10.57*	58.63	41.37	12.81**
	중위	47.45	52.55		46.77	53.23	
	상위	50.00	50.00		54.68	45.32	
소득별	1분위	51.66	48.34	18.48***	63.67	36.33	19.95***
	2분위	47.43	52.57		47.50	52.50	
	3분위	33.01	66.99		51.01	48.99	
	4분위	52.60	47.40		52.87	47.13	
	5분위	58.42	41.58		44.20	55.80	

* p < 0.05, ** p < 0.01, *** p < 0.001

홍미로운 것은 터키에서는 상위 계층과 하위 계층에서 선별적 복지에 대한 선호가 높은 반면 중간 계층에서는 보편적 복지에 대한 선호가 더 많다는 점이다. 주관적 계층도를 나누어 보았을 때 하층의 58%, 상층의 50%가 선별적 복지를 지지한 반면, 중간층은 52.5%가 보편적 복지를 지지했다. 그 차이는 통계적으로도 유의했다.

터키에서는 연령별 의견 차이가 통계적으로 유의하지 않았지만 한국에서는 유의하게 다르게 나타났다. 한국에서는 젊은 층에서 보편적 복지의 지지가 조금 더 높지만, 나이가 들어갈수록 선별적 복지에 대한 지지가 늘어나 60대 이상에서는 62%가 선별적 복지를 지지하는 것으로 나타났다.

4) 정체성

〈표 4-11〉은 응답자가 사람들에 대해 느끼는 거리감을 통해 측정된 소속감을 보여주고 있다. 같은 시도 거주자에 대해 터키에서는 37.6%가 '매우 가깝다', '가깝다'가 50%로 응답자의 88%가 가깝게 느끼는 편이라고 답변했다. 하지만 한국에서는 '매우 가깝다'는 11%, '가깝다'는 70%로 81%만이 가깝게 느끼는 편이라고 답변했다. 같은 국민에 대해도 터키에서는 26.4%가 '매우 가깝다'고, 59%가 '가깝다'라고 답변해 86%가 가까운 편이라고 답변했다. 하지만 한국에서는 '매우 가깝다'가 10%였고 '가깝다'는 68%였다. 같은 시도 거주자나 같은 국민에 대한 거리감 모두에서 터키 사람들이 더 가깝게 느끼고 있음을 확인할 수 있었다.

터키의 경우에는 아시아와 유럽에 걸쳐 있는 지정학적 위치를 고려하여 아시아인과 유럽인에 대해 느끼는 거리감도 측정해보았다. 아시아인 유럽인 모두에 대해 매우 가깝다는 각각 4%에 지나지 않았다. '가깝다'라고 응답한 이도 각각 21%, 24%로 나타나 아시아 유럽 어느 쪽에도 소속감을 느

표 4-11 **소속감**

(단위: %)

구분	국가	매우 가깝다	가깝다	멀다	매우 멀다	계	x^2
같은 시도 거주자	터키	37.64	49.75	10.81	1.80	100.0	188.31***
	한국	10.99	9.66	17.65	1.69	100.0	
같은 국민	터키	26.40	59.30	11.40	2.90	100.0	101.53***
	한국	10.16	67.75	20.21	1.88	100.0	
아시아	터키	3.68	21.43	49.26	25.63	100.0	42.31***
	한국	0.97	25.59	56.99	16.45	100.0	
유럽	터키	3.96	24.29	50.10	21.65	100.0	-

* p 〈 0.05, ** p 〈 0.01, *** p 〈 0.001

표 4-12 **국가 자긍심**

(단위: %)

구분	매우 자랑스럽다	자랑스러운 편이다	자랑스럽지 않은 편이다	전혀 자랑스럽지 않다	계	x^2
터키	49.04	33.84	14.10	3.02	100.0	151.88***
한국	25.59	60.02	13.16	1.23	100.0	

* p 〈 0.05, ** p 〈 0.01, *** p 〈 0.001

낀다고 보기는 어려웠다. 한국에서도 아시아에 소속감을 느끼는 사람의 비중은 27%에 지나지 않았다.

자국민임을 얼마나 자랑스럽게 느끼는지 묻는 질문에 터키인들은 절반 가까운 49%가 '매우 자랑스럽다'라고 응답했다. '자랑스러운 편이다'까지 더하면 83%가 자랑스러움을 느끼고 있다고 볼 수 있다. 한국은 25.6%가 '매우 자랑스럽다'고 응답했으며 '자랑스러운 편이다'라고 응답한 이는 60%였다. 국가 자긍심은 터키에서 더 높게 나타나고 있음을 확인할 수 있다.

5. 결론

터키의 사회의 질이 한국보다 낮다고 말할 수 있을까? 1인당 국민소득은 한국의 절반가량에 지나지 않았지만, 사회응집성 측면에서 보면 터키는 한국보다 더 발달되어 있다고 할 수 있다. 신뢰 차원에서 볼 때, 개인 신뢰에서는 한국인은 자신이 알고 있는 집단인 내집단에 대해서 터키보다 신뢰도가 높은 편이었고, 터키는 낯선 이들인 외집단의 경우에 한국보다 신뢰도가 더 높았다. 공동체가 유지되기 위해서는 직접 아는 이들을 넘어서서 공동체 울타리 안에 있는 모든 타자들에 대해 동류의식을 느끼고 선의를 베풀며 신뢰를 갖는 것이 중요하다. 이런 측면에서 외집단 신뢰와 기관 신뢰 두 영역에서 신뢰도가 한국보다 높게 나타난 터키에서 사회응집성이 더 높다고 말할 수 있다.

이런 모습은 공동체 참여에서도 재확인되었다. 동거하지 않은 가족, 친구, 이웃과의 접촉 빈도가 터키에서 더 높게 나타났다. 스포츠, 레저, 문화 모임이나 종교 모임, 동문회 향우회 같은 자신의 직접적인 이해나 오락을 위한 관계는 한국에서 더 활발했으나, 정치적 모임이나 시민단체처럼 공공의 성격을 띠는 모임에는 터키의 경우가 더 참여 경험이 높았다. 봉사나 자선활동의 경우도 한국보다는 터키의 경우에서 더 많은 사람들이 참여하고 이루어지고 있었다.

통합된 규범/가치 차원에서도 터키에서 사회응집성이 더 높게 나타났다. 한국에서는 경제성장과 복지 증대라는 의견이 대립되었던 반면 터키는 복지 증대에 대한 지지가 71%로 다수를 이루었다. 특히 계층별로 나누어 보았을 때 한국에서는 수혜층인 하층에서 더 많은 복지에 대한 욕구가 있었던 반면, 세금 부담이 더 큰 상층일수록 복지보다는 경제성장을 요구했다. 하지만 터키에서는 상층에서도 복지 증대에 대한 요구가 동일하게 나타났다. 이슬람 전통의 나눔문화가 상층에도 영향을 미치고 있다고 해석될 수 있다. 증세와 복지에 대해서도 터키에서는 중간층이 증세에도 불구하고 복지에 대한 지지를 보였다. 터키에서는 사회적 의견에 대한 통합성, 복지에 대한 지지, 특히 중간층과 상층의 복지에 대한 지지가 사회통합에 긍정적인 역할을 하고 있을 것으로 여겨진다.

마지막으로 정체성 측면에서도 소속감, 국가 자긍심 두 영역 모두에서 터키가 한국보다 강하게 나타나고 있는 것이 확인되었다. 특히 터키에서는 절반 가까운 사람이 스스로가 터키인이라는 것을 매우 자랑스럽게 느낄 정도로 국가 자긍심이 확고했다.

터키에서 사회응집성이 한국보다 높게 나타난 것은 경제적 소득수준으로는 파악되지 않았던 사회적 측면에서 터키 사회의 통합 역량이 매우 발달되었음을 보여준다. 한국보다 가난하지만 물질보다는 공동체를 우선시하고, 신뢰가 높으며, 공통의 규범/가치관을 형성하여, 공동체로서 정체성을 확고하게 인식하고 있는 터키인의 모습은 터키 사회의 질을 단순히 1인당 국민소득과 같은 경제적 지표로만 평가해서는 안 된다는 것을 시사한다고 할 수 있다.

하지만 터키의 사회응집성에도 불안한 측면은 있다. 급격한 경제성장은 빈부 격차를 비롯해, 사회불안정을 증대시키고 있다. 지금까지는 이슬람 전통에 기반을 둔 터키 사회의 응집력이 이를 수용해왔다. 하지만 지금의 양상이 앞으로도 지속 가능할지는 의문시된다. 무엇보다 불안정성의 폭이 커져가고 있다. 경제성장은 빠르게 이루어지고 있는데, 여전히 실업률은 높고, 소득불평등도 심하다. 이에 반해 약자에 대한 도움은 비공식 부문에서 개인 차원의 자선을 기초로 해결되고 있다. 자영업 비중이 39%이고(OECD, 2012) 지하경제도 29%로(Kholodilin and Thiehen, 2011) OECD 최고 수준이다. 복지제도도, 이를 위한 재원 마련도 이제 시작 단계이다. 히즈메트 운동은 전통적 부조문화가 제도화된 성공적 예라 해당할 수 있지만 다른 수많은 와크프들이 현대적 모습으로 변모하여 살아남을 수 있을지는 미지수이다.

동시에 사회 변화를 이끌어내는 정치적 리더십도 아직은 미완성 단계이다. 2003년부터 에르도안 총리가 이끄는 정의개발당이 집권하면서 과거 엘리트 중심의 세속주의 군부 중심에서 벗어나 이슬람 가치를 보존하면서 서구식의 근대화를 추진하고 있다. 하지만 군부의 힘이 약화되었다고 쿠데타 위험이 완전히 사라졌다고 보기는 힘들다. 에르도안 총리가 이끄는 변화도 다원화된 민주주의로 나아갈지는 아직은 미지수이다.

터키 사회는 높은 사회응집력이라는 양질의 사회자본을 가지고 있다. 이러한 사회응집력을 유지 발전시킬 수 있는지가 향후 터키 사회의 질을 결정짓는 또 하나의 요소가 될 것이다.

비서구 사회에서 발전 경로를 과거로부터 단절하고 서구의 새로운 문물을 받아들이는 방식으로 이해하는 것은 잘못일 것이다. 터키의 예에서처럼 전통 사회에서 갖고 있는 장점도 한 사회의 질을 제고하는 데 도움이 될 수 있다. 식민지 경험과 급격한 산업화 과정에서 전통의 단절을 경험한 한국에서도 우리 속에 남아 있는 긍정적 유산을 발굴해내는 것은 그래서 필요한 일일 것이다.

5

한국의 사회의 질과 복지 체계
이탈리아, 그리스, 독일로부터의 함의

정병은

1. 서론

일반적으로 복지체제를 떠받치는 3개의 중요한 축으로 국가복지, 기업
(시장)복지, 가족복지를 꼽으며, 각국은 그들의 사회문화적 배경과 역사적
발전 경로에 따라서 3개의 복지 축을 서로 다르게 구성함으로써 다양한 복
지 체계를 발전시켜왔다(Esping-Andersen, 1990). 한국은 전통적으로 가족
등의 공동체가 대부분의 복지적 기능을 수행해왔으며, 산업화, 근대화 이
후에도 가족 공동체가 해체되지 않고 유지·온존되면서 비공식적인 사회보
장 기능을 수행했다. 이런 비공식적인 복지의 존재는 복지 욕구가 국가에
집중되는 것을 억제하는 역할을 해왔다. 또한 기업(시장)이 제공하는 복지
도 중요한 복지적 기능을 담당했는데 정규직의 안정된 일자리와 기업이 제
공하는 복지 혜택들로 기업에 고용된 근로자는 빈곤하지 않았다. 1980년

대 중반 이후 심화된 기업조직의 내외적 압력에 대응하는 과정에서 기업복
지는 더욱 빠르게 확대되었다.

그런데 1997년 외환위기 이후 노동시장에서 근본적인 변화의 양상들이
보이기 시작했다. 무엇보다 신자유주의 확산에 따른 노동시장의 유연화로
인해 실업이 증대하고 비정규직 고용이 확대되면서 고용 불안정성이 높아
졌다. 또한 부문 간, 산업 간, 기업 규모 간 격차가 확대되면서 대기업과 공
공 부문을 제외하고는 일을 해도 빈곤에서 벗어나기 어렵게 되었다. 고용
에서 밀려난 근로자들이 거대한 자영업층을 형성하지만 이들은 대부분 한
계적 자영업으로서 위기에 처해 있다(금재호, 2012). 이러한 경제적 어려움
이 가중되면서 가정불화와 결합되어 가족의 기능이 약화·해체되고 여성의
경제활동 진출, 사회적 참여가 늘어가면서 '돌봄의 위기', '돌봄의 결핍'이
나타났다(장혜경, 2006). 이에 따라 사회양극화의 심화, 연이은 사회갈등의
분출, 정부 불신의 팽배, 사회적 폐쇄성 등의 여러 문제점을 노정시키고 있
다. 이에 대한 대응으로 복지 확대의 목소리가 높아지고 최근 몇 번의 선거
를 거치면서 그동안 진보정당의 전유물로 여겨졌던 복지 정책과 공약을 보
수정당이 선점하여 집권함으로써 복지는 시대의 대세가 되었다.

이런 상황에서 한편으로는 글로벌 경제위기와 남유럽의 재정 파탄, 그
로 인한 사회, 정치적 위기를 목도하면서 복지 지출의 확대가 경제위기를
초래하는지 여부를 둘러싼 논란이 제기되었다. 일부에서는 남유럽의 막대
한 복지 지출과 재정위기에 주목해 경제위기와의 관련성을 설명한다. 즉,
남유럽 국가들의 경제가 구조적으로 취약한 문제를 가지고 있는데도 무분
별하게 복지를 확대한 것이 재정위기를 가중시켰고 이로 인해 경제적·사
회적 위기를 초래했다는 것이다. 그러나 이는 한 사회가 가지고 있는 사회
적, 역사적, 문화적 층위를 고려하지 않은 단편적이고 단선적인 설명일 수

있다. 막대한 복지 지출이 남유럽 국가에서는 경제위기를 초래했지만 북유럽 국가에서는 막대한 복지 지출에도 불구하고 고용 창출 및 경제성장과 선순환하는 모습을 보이고 있기 때문이다. 주지하다시피 북유럽 국가들은 행복도, 생활 만족, 사회적 합의, 포용성, 신뢰, 투명성 등 각종 사회적·정치적 지표에서 최고 위치를 차지하고 있다. 따라서 사회를 더욱 다차원적, 통합적으로 접근해 지속 가능한 복지, 복지와 성장이 선순환을 이루는 메커니즘을 설명해야 한다.

다른 한편으로는 한국이 국가복지를 확대할 경우 기존의 복지국가 체제의 한 유형을 따르는 방식이 아니라 한국형 복지 모델을 구축해야 한다는 점도 논의되어야 한다. 발전된 국가들의 복지국가 체제는 그들의 역사적·사회적·문화적 차원의 요인들이 결합된 결과이므로 한국이 그들의 복지국가 모델을 차용하는 것은 현실적으로 가능하지도 않을 뿐만 아니라 바람직하지도 않다. 발전된 복지국가들에서 공적 복지는 전반적으로 축소·쇠퇴하고 있으므로 이들의 경로를 답습하지 않고 앞선 경험으로 참고하면서 한국형 복지 모델을 발전시켜야 할 것이다. 복지 확대를 위한 재원 확보 방안, 복지의 범위와 수준, 전달 체계의 수립과 실천, 공적 복지와 시장, 가족, 공동체와의 관계, 국민의 복지의식 등과 같은 근본적인 틀과 지향성에 대한 심층적인 분석과 사회적 합의가 필요하다. 저성장 시대로 진입한 세계 경제, 압축적으로 진행되는 고령화는 한국의 당면 과제로서 국가복지 확대와 재편 과정에서 고려해야 할 사항이다.

이런 문제의식을 가지고 이 연구는 최근 유럽을 중심으로 활발하게 논의되고 있는 사회의 질social quality이라는 개념에 의거하여 한국의 사회의 질을 진단하고 지속 가능한 복지 체계를 위한 방향성을 모색하고자 한다. 사회의 질이란 '발전' 또는 '좋은 사회'를 설명하려는 일련의 시도로서, 포괄적으로 사회의 성격을 가늠하는 접근법이다(Yee and Chang, 2011; Walker, 2009; Wallace and Abbott, 2007). 좋은 사회란 무엇인가를 규정하고 방향성을 제시하는 발전 모델은 GDP 증가와 같은 양적 지표만으로는 불충분하며, 경제성장, 민주주의, 조화로운 사회, 가치, 도덕적 기반 등 다양한 요소들의 균형적인 상생 원리를 제시해야 한다. 이런 측면에서 사회의 질은 국가가 당면한 사회경제적 문제를 해결하기 위한 토대로서 유용한 논의의 출발점을 보여준다. 2012년 두 번의 선거를 거치면서 한국 사회는 취약한 사회안전망과 복지 지출 수준을 들어 복지 확대의 요구가 대세를 이루었지만 다른 한편으로는 복지 확대로 인한 재정건전성의 악화와 경제 부담에 대한 우려도 높다. 그런데 복지 확대와 재편을 위해서는 다양한 이해관계를 가진 집단 간의 조정과 합의가 필요하고 이를 제도화할 수 있는 통합의 정치가 요구된다. 사회의 질은 한 사회가 당면한 위기를 통합적 역량으로 해결하는지, 아니면 사회적 갈등과 혼란을 발생시킴으로써 위기를 증폭시키는지를 결정하는 핵심 요인이 된다. 사회의 질을 구성하는 차원들, 즉 약자를 위한 사회안전망을 구축하고, 사회적으로 개방적이고 포용적이며, 개인들과 집단들을 공동체적 규범과 가치로 응집시키고 상호 신뢰하며, 삶의 방향을 결정하는 주요한 과정에 참여하는 권한을 통해서 투명하고 효과적인 정책 결정이 가능하기 때문이다. 사회의 질이 높은 수준이라면 통합적 역량을 발휘하여 복지 확대와 재편이 사회적 합의에 기초하는 방식으로 이루어짐으로써 높은 복지 성과를 기대할 수 있다.

한국의 사회의 질을 분석·설명하는 데 이탈리아, 그리스, 독일의 사회의 질에 견주어보는 이유는, 이들 3개 국가는 모두 공적 복지 지출의 규모가 OECD 국가들 중에서 높은 집단에 속하는데, 유로존 경제위기라는 동일한 상황에 직면하여 서로 다른 경로로 갈라지기 때문이다. 즉, 독일은 경제위기에 직면해서도 일정 수준의 회복탄력성을 보이면서 그런대로 안정적인 사회를 유지하고 있는 반면, 이탈리아, 그리스는 경제위기가 증폭되면서 사회·정치적 위기로까지 확대되었다. 이들 국가는 막대한 재정 적자와 국가 채무로 인한 경제위기 상황에서 통합적 역량을 발휘하기보다 정부의 무능력과 책임 회피, 이해집단 간의 심각한 갈등, 폭력을 수반하는 사회 혼란이 두드러지게 나타나고 있다. 3개 국가의 이러한 경험은 복지 확대와 경제성장을 같이 끌고 가야 하는 한국의 발전 모델과 복지 체계에 교훈적인 메시지를 제시할 것으로 판단된다.

2. 경제위기와 사회의 질

사회의 질은 삶의 기회에 큰 영향을 미치는 체계의 차원과, 삶의 질적 향상에 영향을 미치는 생활세계의 차원, 그리고 거시적 차원과 미시적 차원을 포괄하는 다차원적 개념이다. 처음 사회의 질에 대한 개념을 규정한 백 등(Beck et al., 1997)에 의하면, 사회의 질이란 각 개인들이 자신의 복지나 개인적 잠재력을 향상시킬 수 있는 조건하에서 사회적, 경제적, 문화적 공공체의 삶에 참여할 수 있는 정도를 말한다. 이들은 성장과 분배가 개인의 삶의 질을 향상시키고 궁극적으로 사회 발전을 가져오기 위해서는 사회의 질적 수준이 밑받침이 되어야 한다고 강조한다. 사회의 질을 높이는 요소는 더 많은 사람들에게 더 나은 물질적 복지가 확대되는 정도(안전성), 정치적으로 국민들이 실질적으로 의사를 대변하는 창구를 갖거나 직접 참여를 통해 자신의 운명을 결정하는 정도(역능성), 사회적 갈등에 휩싸이거나 해체disintegration 되지 않고 폭력의 가능성을 줄이고 공통의 정체성을 제고하여 사회적 조화와 협력의 잠재력을 증대시키는 정도(응집성), 이질적인 문화가 자연스럽게 공존하며 조화로운 상호작용과 유대감이 증대되는 정도(포용성) 등을 꼽을 수 있다.

이러한 사회의 질 개념을 적용하여 OECD 국가들을 대상으로 수행된 연구에 따르면, 사회의 질 개념 틀 안에서 북유럽 국가들은 체계와 생활세계가 모두 높은 집단에 속해 있는 반면 남유럽, 동유럽 국가들은 대부분 체계와 생활세계가 모두 취약한 집단에 속해 있는 것으로 분석되었다(Yee and Chang, 2011). 특히 심각한 경제위기를 겪고 있는 그리스, 이탈리아 등은 GDP나 복지 수준은 한국보다 높지만 사회의 질 수준으로 본다면 한국과 같이 체계와 생활세계가 모든 취약한 국가군에 속해 있다. 유럽대륙 국가들과 영미 국가군에 속해 있는 독일은 취약한 체계와 높은 수준의 생활세계의 유형을 보여주는데, 객관적·거시적 차원의 안정성은 다소 미비하더라도 미시적 수준에서 공동체적 가치와 규범이 작동하고, 사회적으로 포용적이며 개인의 역량 강화 기회가 풍부하다는 특성을 보인다.

한편, 사회의 질의 요소를 측정하는 국가별 거시지표 중에서 핵심적이고 접근 가능한 지표를 분석해보면, 이 책 서론의 〈그림 1〉에서와 같이 OECD 국가들의 위치가 표시된다. 개별 국가들의 위치를 다르게 분포시키는 하나의 축은 주로 거버넌스(정부 효과성, 법의 지배), 신뢰(일반 신뢰, 국가기관 신뢰), 부패 등을 나타내고 있으며, 또 다른 축은 주로 복지 지출 규모, 재정수지 균형성, 합의민주주의 전통 등을 나타낸다. 여기서 그리스, 이탈리아의 특징은 복지 지출의 수준이 높고 재정건전성은 취약하며, 합의민주주의 전통이 미비할 뿐만 아니라 전반적으로 신뢰 수준이 낮고 부패가 심각하며 정부가 효과적이지 못한 편이다. 즉, 정부와 사회의 전반적 거버넌스가 낮은 상황에서 막대한 복지 예산을 지출하고 이것이 재정건전성의 악화를 초래하게 된 것이다. 반면 유로존 위기 상황에서도 안정된 경제 상황을 유지하고 있는 독일의 위치에서 알 수 있듯이 높은 복지 지출 수준, 재정건전성 확보, 그리고 높은 수준의 합의민주주의 전통을 가지고 있다. 또한 전반적 신뢰 수준, 정부 효과성, 법치의 수준이 높고, 반면 부패 수준은 낮다. 한국의 위치는 두 개의 축에서 모두 낮은 수준을 보이는데, 낮은 복지 지출로 인해 재정건전성을 확보하고 있지만, 전반적인 신뢰, 정부 효과성, 법의 지배, 투명성 수준이 모두 낮은 특성을 보인다.

이러한 분석 결과로부터 얻을 수 있는 함의는 유로존의 위기가 단순히 막대한 복지 지출에 의한 재정위기가 아니라 사회적·정치적 차원의 복합적 요인들의 함수이며, 사회의 질의 수준과 유형에 따라서 상이한 결과로 표출될 수 있다는 것이다. 그리스는 2010년 초부터 유럽을 덮친 유로존의 위기 상황 속에서 디폴트 직전에 긴급 구제금융을 지원받는 등 심각한 고통을 겪고 있다. 허약한 경제 체질 및 산업구조와 결합된 마이너스 경제성장과 높은 실업률 등으로 경제 회복이 어려운 상황이다. 1990년대 중반부터 2000년대 중후반까지는 높은 경제성장률을 보였지만 2008년부터 경제 침체기에 직면했는데, 그리스의 복지 정책이 경제위기를 촉발시킨 하나의 요인으로 지목되고 있다(조경엽 외, 2013).

이탈리아는 그리스처럼 디폴트, 긴급 구제금융을 요청하는 상황은 아니지만 심각한 경제위기를 겪었으며, 방만한 재정 지출로 인한 막대한 재정적자와 정부 부채, 그리고 경제성장이 점차 둔화되면서 위기해법을 모색하고 있다. 베를루스코니 정부의 연금 개혁과 몬티 정부의 경제와 금융에 관한 개혁 등이 시도되었으나, 비효율성과 부패로 특징지어지는 정부와 복지 수급에 익숙해진 국민들의 저항이 부딪히고 있는 상황이다. 이탈리아와 그리스의 경제위기는 낮은 수준의 사회 신뢰, 부패, 비효율적인 관료, 정치적 후견주의와 인기 영합주의 등의 요인으로 인해 복지 지출이 재정 적자를 초래함으로써 경제위기로 발전되고 사회위기로 전환되는 것이다.

반면 독일은 과거 '유럽의 환자'에서 지금은 '유럽의 엔진'으로 불릴 만큼 가장 견실한 경제성장과 사회통합을 과시하고 있다. 1990년대 통일 이후 동독 문제와 심각한 실업률, 이로 인한 재정 적자와 국가 채무의 확대를 해결하기 위해서 독일은 노동시장과 복지제도를 대대적으로 개혁했다. 독일 특유의 사회적 시장경제를 기반으로 하면서도 하르츠 개혁과 어젠다 2010을 통해 고용의 유연성을 증대하고 기업의 투자 여건을 개선했으며 재정 부담을 감소시키기 위해 연금제도를 개혁했다. 그 결과 2010년 초 유로존의 위기 상황 속에서도 경제위기를 빠르게 극복하고 최근 20년간 최저 수준의 실업률을 기록하는 등 경제 호조를 보이고 있다(OECD, 2011).

이처럼 동일한 유로존의 위기 상황에서도 서로 다른 결말을 결정하는 주요한 요인은 각국의 사회의 질에 관한 것이다. 이탈리아와 그리스는 사회의 질을 구성하는 네 가지 차원에서 모두 낮은 수준을 보이는데, 체계의 수준에서는 분절적이고 파편적인 사회구조, 현금 이전 중심의 복지 모델로 인해 막대한 복지 예산을 지출하는데도 사회경제적 보호가 부실하고 사회적 배제가 발생하고 있다. 생활세계의 수준에서는 부패와 불신의 만연, 정치적 후견주의, 정당정치의 파행으로 인한 인기 영합주의로 인해서 사회정치적 역능성empowerment을 찾아보기 어렵다(남은영, 2013; 구혜란, 2013). 반면 독일은 일련의 복지 개혁을 통해 노동시장의 유연성을 강화하면서도 노동에 대한 사회적 보호 장치를 계속 유지시켜왔고, 노동과 고용 창출을 지원하고 근로 동기를 유인하는 방향으로 정책을 바꾸어왔다. 또한 사회적 타협에 근거한 복지정치, 연방제와 정당명부제에 따른 갈등의 제도화는 생활세계에서 보여지는 높은 신뢰와 투명성, 활발한 정치 참여와 결합되어 높은 수준의 응집성과 역능성을 보여준다(김주현·박명준, 2013). 한국은 복지 지출이 OECD 최저 수준이어서 재정건전성의 위기로 인한 문제는 발생하지 않았다. 실제로 지속 가능한 거버넌스 지표Sustainable Governance Indicators의 국가보고서에 따르면 한국은 2008년의 글로벌 경제위기를 다른 어떤 국가들보다 신속하고 성공적으로 벗어난 사례로 평가받고 있다(SGI, 2011). 그렇다면 최근 들어 복지 확대와 변화의 요구가 높아지는 상황에서 한국의 사회의 질은 어떤 수준에 있으며 복지 체계의 확대와 재편은 사회의 질과 결합되어 어떤 지향을 가지고 어떤 방식으로 실행되어야 하는지를 살펴보아야 할 것이다.

3. 한국의 복지 체계의 발달과 특성

1) 증대하는 복지 압력

외환위기 이전의 한국 사회에서 복지국가는 실체가 없는 정치적 수사에 지나지 않았다. 서구와 비교할 때 사회경제적으로 성숙하지 않은 1960년대 초반에 박정희 정부에 의해 각종 사회복지 입법이 이루어지고 산재보험이 도입되었지만, 기본적으로 복지제도의 발전은 최대한 유보되었고, 복지가 시행될 경우에도 국가 부담을 최소화하는 방식으로 이루어졌다. 즉, 국가의 재정 정책은 경제 투자에 중점을 두었기 때문에 복지 부문에 재정이 투입될 여지는 없었으며, 기초적인 사회복지법을 정비하고 사회보험법을 제정했으나 정부의 복지 지출 규모나 주요 제도의 도입 시기와 내용을 살펴보면 사회복지에 대한 국가 부문의 기여는 매우 적다. 시행되는 복지제도와 정책들도 엄격한 기준이 적용되어 실제로 복지 수급을 받는 사람들의 비중이 매우 작았고 그나마도 필요한 재원과 예산이 확보되지 않아 형식적인 제도와 정책으로만 존재하고 제대로 운영되지 않는 경우가 많았다(양재진, 2008).

그러나 외환위기 이후 진행된 노동시장의 유연화에 따른 근본적인 변화로 인해서 복지 유보는 어려워졌다. 과거에는 적어도 기업에 고용되어 일하는 근로자는 빈곤하지 않았지만 외환위기 이후에는 일을 해도 빈곤에서 벗어나기 어려운 근로 빈곤층이 늘어났다. 고용의 불안정성 증가로 기업에서 퇴직 시기가 앞당겨졌고 실업이 증대했으며, 비정규직 고용이 늘어나면서 부문 간, 산업 간, 기업 규모 간 격차가 벌어지고 양극화가 심화되었다. 이런 상황에서 김대중 정부의 등장을 계기로 복지 정책은 커다란 변화를 경험하게 되었다. 김대중 정부는 광복 이후 최초로 복지 정책의 확대를 정부의 핵심적인 정책 어젠다로 상정하고 실행했으며(홍경준·송호근, 2003; 양재진, 2008), 복지 지출이 GDP 대비 10% 수준으로 커지고 사회보험과 공공부조의 기반이 어느 정도 갖추어지기 시작했다. 특히 국민기초생활보장법의 제정과 그에 따른 기초생활보장제도의 시행으로 관련 예산 규모와 급여 수급자가 큰 폭으로 증대하는 등 빈곤 정책이 크게 변화했다. 뒤이어 등장한 노무현 정부는 저출산 및 고령화가 초래하게 될 위험에 주목했는데, 빠른 속도의 고령화로 인해 복지에 대한 사회적 수요는 가중되었고 복지 체계의 획기적인 변화를 요구되었다. 한국의 고령화 속도가 워낙 빨라서 현행 복지 체계를 유지하더라도 연금 및 의료비 지출의 급증으로 재정 위기가 올 수 있기 때문이다.

한편 2010년 지방선거에서는 선거 사상 최초로 '3무無 복지'라는 복지 공약이 쟁점화되었고, 2011년 무상급식 전면 확대를 둘러싼 서울시장 선거,

2012년 양대 선거를 거치면서 복지는 대세가 되었다. 정작 복지 담론을 제기하고 불을 지핀 야당보다 보수정당이 적극적으로 복지 공약과 정책을 선점하여 집권에 성공했다. 이렇듯 복지가 중요한 정책 어젠다로 떠오르면서 복지 관련 예산을 늘리고 제도를 입안하는 등 복지 확대와 재편이 요구되는데, 한국의 복지국가 발달은 서구의 복지국가 발달과 몇 가지 점에서 근본적인 차이점을 보인다.

첫째, 서구의 복지국가는 2차 세계대전 이후 1970년대 초까지 자본주의의 황금기의 고도성장과 완전고용을 기반으로 풍부한 복지 자원 증가와 이에 기초한 관대한 사회보장이 가능했다. 비록 1970년대 오일쇼크와 1980년대 신자유주의의 영향으로 공적 복지가 축소되거나 민간으로 이양되기도 했지만, 사회적 연대와 공공성에 기반을 둔다는 기조는 여전히 유지되고 있다. 반면 한국은 경제성장의 둔화 및 저성장 기조, 일자리 양극화 및 고용의 불안정성 증가 등으로 인해 복지 자원을 확보하는 것이 어려운 상황이다. 둘째, 사회 균열을 반영하는 서구의 안정적인 정당체제하에서 정당은 다양한 집단의 이해관계를 조정하고 대변하면서 유권자를 동원했고, 노동계급과 중산층 간의 복지동맹을 통해 복지정치의 일상화·제도화가 가능했다. 반면 한국은 정당정치가 제대로 정착되지 못했고 지역주의와 결합된 소선거구제에 의해서 유권자의 욕구와 이해가 제대로 대표되지 못하고 왜곡되는 경향을 보여왔다(강원택, 2003; 2012). 이로 인해서 선거 과정은 정당 간 정책 경쟁이 아니라 후보 개인에 대한 선호나 이미지로 결정되며, 차별성이 없는 정당들의 정치적 구호와 선동으로 점철되어왔다. 셋째, 이와 아울러 앞서 제도화되었던 서구 복지국가가 1980년대 이후 신자유주의의 확산으로 전반적으로 공적 복지가 축소되는 경향을 보이는 추세와 달리 한국은 세계적인 흐름과는 반대의 방향으로 공적 복지를 확대해야 하는 상황이다.

2) 복지 체계의 특성: 유럽 3개국과의 비교

현행 한국의 복지 체계는 이탈리아, 그리스와 유사성을 보이고 있는데 공적 복지에서 연금과 의료비 지출이 차지하는 비중이 높고 주로 현금 급여의 형태로 복지가 제공되고 있다. 기존의 기초생활급여, 국민연금, 건강보험 이외에 2008년에 기초노령연금, 2010년에 장애인연금 등의 연금이 도입, 신설되었으며 지난 대선에서는 기초노령연금 20만 원 상향 조정을 공약으로 제시하는 등 공적 복지는 연금을 중심으로 확산되고 있다(허재준, 2012). 또한 공적 복지는 현금 급여의 형태로 제공되는데 연금 및 의료비 지원을 포함하여 2013년 0~5세 아동 보육료 및 양육수당 지원 정책도 현금을 지원하는 방식이다. 연금, 의료비 지출은 노인의 비중이 높기 때문에 빠른 속도의 고령화를 고려한다면 막대한 복지 지출로 인한 재정위기의 가능성이 높다. 또한 연금 체계에서 공무원, 군인, 교사 등 특정 직군의 연금은 별도로 분리되어 운용되고 있는데 이러한 연금의 급여 수준은 비교적 높은 편이다. 이러한 특성은 이탈리아와 그리스의 복지 체계에서도 발견된다.

이탈리아와 그리스 역시 질병, 퇴직, 실업 등과 같은 구 사회위험old social risk을 중심으로 하는 전통적인 복지 체계를 발달시켜왔다. 따라서 전체 복지 지출에서 주로 노인들에게 지출되는 의료비, 연금 지출의 비중이 상당히 높은 편이다(양재진, 2012). 특히 이탈리아는 복지 지출의 2/3가 퇴직연금과 유족연금에 할당되고 있으며, 그리스는 연금의 소득대체율이 95%나 되기 때문에(장덕진 외, 2012a) 근로자들이 일을 하기보다는 은퇴 후 연금을 받기를 원한다. 또한 이탈리아의 연금 체계는 일반국민들에게 보편적으로 적용되는 것이 아니라 특정 집단에게 유리하도록 설계되어 있다(남은영, 2013). 그리스의 복지 지출도 이탈리아와 마찬가지로 의사, 변호사와 같은 전문직과 대기업과 공공 부문 근로자에게 집중되어 있어서 정작 사회적 보호가 필요한 서민들은 사회안전망에 포함되지 못하고 있는 실정이다. 한국의 연금과 의료비 지출 체계가 이탈리아, 그리스와 확연하게 다른 점은 사회보장의 관대성 수준이 낮다는 것인데, 연금의 소득대체율이 낮아서 생활보장이 되지 못하는 수준이고, 건강보험은 비적용 항목이 많을 뿐만 아니라 적용이 되는 경우라도 자기부담률이 높은 편이다.

독일은 전후 사회적 시장경제 기치 아래 사회보험을 운영하고 사회보장 제도를 확대하는 기조를 오랫동안 유지해왔다. 고용에 기반을 둔 독일 복지는 1990년대 들어 실업률이 높아지면서 재정 부담의 문제를 야기했는데 2000년대 초 하르츠 개혁을 통해 실업 문제 해결과 고용을 창출하기 위한 정책 개발에 주력했다. 취업을 위한 재교육을 강조하고 연방 고용 서비스를 통해 구직 및 고용시장의 매칭 역할을 강화했다. 또한 여성의 사회활동을 지원하면서 저출산 문제를 완화하기 위해서 부모수당을 지급하고 육아휴직제도 도입, 보육비 지원책 등을 마련했다(조경엽 외, 2013). 미니잡 Mini-Job[1]을 제외한 대부분의 비정규직 근로자에게도 사회적 보호 장치가 적용되어 작동하는 독일과 달리(장덕진 외, 2012a) 한국은 노동시장과 고용에 대한 투자가 적어서 근로 빈곤층이나 비정규직 근로자에 대한 사회적 보호

---

1 2003년 노동시장 개혁으로 인해 등장한 미니잡은 독일 노동시장의 유연화와 탈규제를 상징하는 대표적인 제도 가운데 하나로, 독일의 독특한 비정규직 제도이다. 미니잡에 종사하는 근로자들이 세전, 세후 동일하게 최고 400유로의 급여를 받는 것으로 제한되어 있는 반면 세금과 공적 사회보험금 납부에서 면제된다. 전체 근로자 중에서 미니잡과 미니잡의 겸업 규모는 각각 2000년 12.5%, 1.6%, 2004년 14.6%, 5.0%, 2009년 14.3%, 6.5%로 증가하고 있다(≪경향신문≫, 2010.9.13).

가 미약하다. 사회보장의 근간을 이루는 4대 보험의 적용은 도입 초기에는 대기업에 한정되어 있다가 5인 이상 사업장으로 점진적으로 확대되고 2003년에서야 비로소 1인 이상 사업장으로 전면 확대되었다. 가장 커다란 문제는 사업장 규모, 고용 형태 등에 따라서 사회보장의 다양한 사각지대가 광범위하게 존재할 뿐만 아니라 모든 정규직 근로자가 사회보험을 받고 있지 않다는 점이다. 특히 불완전한 일자리에 종사하고, 고용의 단절이 빈번한 비정규직, 10인 미만 사업장, 저임금 근로자들은 빈곤화의 가능성이 높은데도 불구하고 사회보험 가입률이 크게 낮다(이병훈, 2012; 허재준, 2012).

또한 한국의 복지 체계는 아동, 가족을 지원하는 정책이 부족한데 무엇보다도 공공보육시설이 매우 부족하고 출산과 양육, 돌봄을 지원하는 정책이 형식적으로 운용되며, 교육에 대한 공적 지출보다 사적 지출에 대한 의존도가 높다(양재진, 2012). 이러한 취약점은 결국 심각한 저출산 문제를 야기시키고, 일-가정 양립이 어려워서 근로자의 고용과 노동생산성을 높이지 못하는 요인으로 작용한다.

3) 한국인의 복지의식

복지와 관련된 개인의 가치와 신념 체계는 복지국가의 형성과 전환에 매우 중요한데, 국가에 대한 복지 욕구를 제기하고 여론을 형성함으로써 복지 정책이 기능하는 데 영향을 미칠 수 있다. 국가의 복지 정책이 국민의 복지의식과 크게 괴리되어 있다면 그 복지 정책의 성과는 미약하거나 형식에 그칠 우려가 있다. 일반적으로 한국인의 복지의식과 욕구는 높지 않다고 하는데, 여기서는 한국인의 복지의식이 단순히 높은지 또는 낮은지의 문제가 아니라 다른 국가와 비교했을 때 어떻게 다른 차별성을 보이는가를 살펴볼 것이다.

첫째, 향후 10년간 주요한 국가 목표로 측정된 물질주의-탈물질주의 가치관(Inglehart, 1997)에서, 한국은 물질주의 가치관을 지닌 사람들이 탈물질주의 가치관을 지닌 사람들보다 훨씬 많은 비중을 차지한다(〈부표 5-1〉참조). 특히 경제성장과 물가 상승 억제가 중요하다고 지목한 비율이 50% 이상으로 다른 국가보다 상당히 높다. 반면 탈물질주의와 관련된 참여, 환경, 언론 자유가 중요하다는 응답은 15% 미만에 머물러 있다. 잉글하트(Inglehart, 1997)가 탈물질주의 가치관을 지닌 젊은 신세대의 등장을 진단한 바 있으나, 한국의 경우에는 젊은 층에서도 여전히 탈물질주의 가치관보다 물질주의 가치관이 상당히 우세하다.

둘째, 경제위기를 겪고 있는 이탈리아, 그리스 국민들은 공적 복지의 혜택을 누리면서도 빈곤을 제도의 문제로 인식하는 반면 한국 국민들은 공적 복지 혜택을 제대로 경험하지 못했는데도 빈곤을 개인의 문제로 돌리고 있다(〈부표 5-2〉참조). 신자유주의의 파고로 인해 자기계발의 열풍이 확산되면서 개인의 노력에 의한 경쟁 우위에 매진하는 한국인의 모습을 적나라하게 보여준다. 즉, 신자유주의의 확산은 시장, 경쟁, 효율성을 강조하는 체계로 공고화되고, 고용 불안정 및 일자리 양극화 속에서 개인의 자기계발, 개인의 능력을 통한 성취를 강요당하고 있다(전상진, 2008).

셋째, 공적·제도적 국가 복지에 대한 요구 수준이 대단히 미약하다(〈부표 5-3〉참조). 직접적인 이해 당사자들도 그들이 처한 문제를 해결하는 데 국가의 책임(의무)을 요구하지 않는다. 즉, 노인층에서도 노인에게 적정한 생활수준을 제공하는 것이 국가의 책임이라는 인식이 낮고, 젊은 층에서도 저소득층 대학생에 대한 재정 지원, 보편적 육아 서비스의 제공을 국가의 책임이라고 인식하는 비율이 높지 않다. 이러한 결과는 자기계발의 열풍,

빈곤의 책임을 개인의 문제로 인식하는 경향과 밀접하게 맞물려 있다.

넷째, 한국인은 복지의 부정적인 효과를 우려하는 의견이 상대적으로 많다(〈부표 5-4〉 참조). 복지가 평등 사회에 기여할 것이라는 인식을 보여주지만, 다른 복지의식과 비교해보면 이는 당위적·피상적 반응에 지나지 않는다. 특히 복지가 경제성장에 부정적인 영향을 미칠 것이라는 의견이 다른 국가에 비해 높아서 '복지병' 담론의 영향을 많이 받고 있다. 또한 복지로 인한 의존성 증가, 가족부양의 책임 전가 등 부정적인 효과를 우려하는 의견도 상대적으로 높다. 한국인은 복지를 경제 부담으로 인식하며, 복지에서 국가의 책임을 강하게 요구하는 그리스, 이탈리아와 커다란 인식의 차이를 보인다.

4) 복지 지향의 정치적 표출

2010년 지방선거에서 복지 쟁점이 본격적인 선거 어젠다로 등장한 이후 성장과 복지, 감세와 증세, 선별적 복지와 보편적 복지를 둘러싸고 논란이 벌어졌다. 한국인의 낮은 복지의식에도 불구하고 복지에 관한 국민여론은 두 개의 상반된 입장이 팽팽하게 맞서고 있는 상황이다(장덕진 외, 2012a). 2012년 선거에서 여당인 새누리당은 경제 활성화를 통해 성장을 지속시켜야 하고 저소득층을 지원하는 선별적 복지를 주장한 반면 야당들은 심각한 양극화를 해소하기 위해 복지를 대폭적으로 확대하는 보편적 복지를 주장했다. 그렇다면 각 정당들은 국민의 복지 지향을 정당의 강령, 정책을 통해 자신들과 유사한 지향을 가진 유권자를 잘 대변하고 있는가를 질문할 필요가 있다. 정당이 자신들의 지향과 유사한 유권자를 제대로 조직화하고 대표하지 못한다면 그들의 정책이나 공약은 정치적 기반이 없어서 실제로 현

표 5-1 복지 지향의 조직화 정도

(단위: %)

내용	새누리당	민주통합당	통합진보/ 진보신당	정당 지지 유보층	전체
경제성장을 위해 복지 축소해야	42.2	19.2	1.9	36.7	100.0
성장이 정체되어도 복지 확대해야	30.9	30.7	6.9	31.5	100.0
복지 혜택이 줄어도 세금 줄여야	40.7	21.2	2.9	35.2	100.0
복지 확대를 위해서 세금 늘려야	31.5	29.5	6.2	32.8	100.0
선별적으로 복지를 제공해야	39.6	21.7	2.7	36.0	100.0
보편적으로 복지를 제공해야	32.8	28.9	6.3	32.0	100.0

실화되기 어렵기 때문이다.

2012년 양대 선거에서 주요 정당들은 다양한 복지 공약을 쏟아냈지만 유감스럽게도 유권자의 복지 지향은 정당을 통해 제대로 조직되고 대변되지 못하는 모습을 보인다. 〈표 5-1〉의 결과를 보면 새누리당은 성장, 감세, 선별 복지를 옹호하는 사람들 중에서 약 40%의 지지를 이끌어냈고 민주통합당은 복지, 증세, 보편 복지를 옹호하는 사람들 중에서 약 30%의 지지를 이끌어냈다.[2] 2010년 지방선거에서 선거 사상 최초로 복지 어젠다를 제기하고 복지 담론의 불을 지핀 통합진보당 및 진보신당은 복지 확대를 지향하는 유권자들을 자신들의 지지 기반으로 조직화하는 데 완전히 실패했다. 민주통합당은 복지 담론을 본격적으로 확산시켰음에도 불구하고 복지를 지향하는 유권자들을 자신의 지지 기반으로 끌어내고 유권자의 복지 지향을 대변하지 못하고 있다.

이처럼 한국의 정당들은 집단들의 이해관계를 조정하고 정치적 지향을

---

2 〈표 5-1〉을 포함해 이 글에서 표로 제시된 모든 결과는 사회의 질을 미시적으로 측정하기 위해 구조화된 설문지를 이용해서 대면적인 면접조사를 통해 수집된 자료를 분석한 것이다. 설문조사는 국제 갤럽의 네트워크를 이용해, 각국의 전문 조사원들이 2012년 4~5월에 걸쳐 투표권이 있는 만 18~19세 이상 성인 1000~1200명을 대상으로 조사한 결과이다.

대변하는 데 무력했을 뿐만 아니라 소선거구제와 지역주의의 결합에 의해서 유권자의 정치적 지지 성향과 정당의 의석 수 사이에 상당한 괴리를 발생시켰다. 지역주의는 선거 과정에서 정책이나 공약에 대한 판단을 실종시켜버리고, 소선거구제는 최다 득표를 얻는 후보가 의회에 진출하고 다수의 사표를 발생시킴으로써 유권자의 대의를 왜곡시킨다. 또한 한국의 정당들은 사회 균열을 반영하지 못하고 정당 지지층의 배경과 정당의 이념, 강령, 정책 사이에 정합성을 발견하기 어렵다. 학력, 고용 지위, 고용 형태, 소득 등 사회경제적 배경에 따른 복지 지향의 차이가 크지 않는 반면 지지하는 정당에 따라서 차이가 벌어지는데, 이는 유권자의 복지 지향이 객관적·계층적 이해에 따라 형성된 것이 아니라 정치적 수사에 의해서 동원될 수 있음을 보여준다.

4. 한국의 복지 확대와 재편의 조건: 사회의 질의 측면에서

1) 복지에 대한 사회적 대합의

무엇보다도 본격적인 복지 담론을 전개하고 어떤 방식의 복지로 확대하고 재편할 것인지에 대한 사회적 대합의high social consensus를 이끌어낼 수 있는 토양을 만들어야 한다. 한국의 복지 담론 전개에서 가장 논란을 형성하고 있는 쟁점은 크게 세 가지로 집약될 수 있으며, 향후 복지국가의 틀을 형성하는 데 중요한 방향성을 제공한다. 첫째는 성장과 복지의 관계로서 '경제성장을 위해 복지를 줄여야 하는지, 아니면 경제성장이 정체되더라도 복지를 늘려야 하는지'의 문제이다. 둘째는 증세 여부의 문제로서 '복지 혜

표 5-2 **복지 정책 지향의 분포**

(단위: %)

구분		한국		독일		이탈리아		그리스	
		성장	복지	성장	복지	성장	복지	성장	복지
선별적 복지	감세	**24.9**	8.4	18.2	4.2	**43.6**	9.4	15.0	3.2
	증세	7.6	11.3	4.9	20.4	2.9	7.1	2.3	11.1
보편적 복지	감세	11.2	8.7	13.3	1.1	15.1	5.1	**27.8**	5.8
	증세	4.8	**23.1**	3.9	25.0	3.5	13.4	12.5	**22.3**

택이 줄어들어도 세금을 더 적게 걷어야 하는지, 아니면 세금을 많이 거둬서라도 복지를 늘려야 하는지'의 문제이다. 셋째는 복지 유형으로서 '가난한 사람들에게만 복지를 제공하는지, 아니면 소득수준에 관계없이 국민 모두에게 복지를 제공하는지'의 문제이다. 이와 같은 쟁점에 대한 사회적 합의에 기반을 두지 않고 복지 확대가 실행될 경우에는 증세를 통한 재원의 확보, 정책의 정책 목표 집단 등을 둘러싸고 갈등과 혼란만 일으킬 수 있다

〈표 5-2〉를 보면 성장/복지, 감세/증세, 선별적 복지/보편적 복지에 대한 사회적 합의가 어느 정도 형성되어 있는 다른 국가와 달리 한국은 복지 정책에 관한 여론이 양분되어 서로 대척점에 놓여 있음을 볼 수 있다. 즉, 성장, 감세, 선별적 복지를 해야 한다는 여론과 복지, 증세, 보편적 복지를 해야 한다는 여론이 비슷한 규모로 갈려 있다. 한국 사회에서 복지가 본격적인 담론을 형성하거나 복지 공약과 정책이 선거와 정책 어젠다로 인식되기 시작한 것은 최근의 상황이므로 사회적으로 활발한 토론과 합의가 요구된다. 독일에서는 성장보다 복지(증세)를 지지하는 기조에 대합의를 이루고 있는 가운데 복지의 범위에서만 의견이 나뉘고 있다. 그리스는 보편적 복지라는 틀에 대한 기본적인 합의가 형성되어 있는 가운데, 심각한 경제 위기를 겪으면서 경제성장(감세)을 강조하는 여론이 부상하고 있다. 이탈리아는 성장, 감세, 선별적 복지의 틀에 대한 대합의가 이루어져 있어서 복

지제도의 개혁을 위한 정당성을 확보하고 있다.

한국이 복지에 대한 사회적 합의가 이루어지지 않고 있는 것은 유럽에서와 같이 오랜 기간에 걸쳐서 작동해왔던 복지국가의 근간을 이루는 사회적 연대성, 공동체성이 결핍되어 있다는 것을 의미한다. 한국인의 복지의식에서도 나타났듯이 한국인은 개인의 치열한 노력과 계발로 빈곤에서 벗어난다는 신자유주의의 경쟁 시스템에 무방비로 노출되어 있다. 공적 복지가 확대·재편된다는 것은 자원 및 제도에 접근할 기회가 증대하고 불평등이 줄어드는 것을 의미하는데, 이는 생활세계의 사회의 질의 향상과 결합되어야 할 것이다. 생활세계의 사회의 질은 구체적으로 정체성, 가치, 규범에 바탕을 둔 사회관계의 공유(응집성), 사람의 개인적·사회적 역량이 강화되는 정도(역능성) 등의 영역에 해당된다. 이는 결국 개인 행위들 간의 관계를 통해 형성되는 사회성the social 에 관한 것인데 개인이 사회적 존재로서 자아를 실현하는 과정과, 이러한 상호작용을 통해서 집합적 정체성이 형성되는 과정이 연결되는 것을 의미한다. 이것은 실천적이고 참여적인 것을 요구하기 때문에 활발한 소통을 통해 타협, 협의, 합의가 이루어지게 된다.

생활세계의 사회의 질의 측면에서 이탈리아, 그리스는 모두 낮은 신뢰 수준, 심각한 부패, 낮은 정치 효능감, 정치 참여의 비활성화의 특성을 보이고 있다. 생활세계에서 개인들 간의 신뢰 수준이 낮기 때문에 사회문제를 해결하는 데 요구되는 규범적·가치적 토대가 부족한 상황이다(낮은 응집성). 이런 상황은 정치 참여에도 영향을 미치는데 참여와 합의의 역량을 발휘하기보다는 파편화되고 분절적인 방식으로 문제를 해결하게 된다(낮은 역능성). 이는 위기 상황에서 문제 해결보다 책임 회피의 가능성이 높으며 사회적 갈등과 혼란을 수반하고 무능력을 초래하게 된다. 이런 연유로 이탈리아와 그리스는 국가복지를 통한 자원 접근의 기회와 통로의 존재에도 불구하고 생활세계에서의 구체적인 작동 방식과 과정이 취약하여 공적 복지는 제대로 성과를 내지 못하고 경제위기가 증폭된 것이다. 그런데 한국은 경제위기 및 사회적·정치적 갈등과 혼란에 빠진 이탈리아와 그리스처럼 생활세계의 사회의 질을 구성하는 응집성, 역능성이 취약한 모습을 보인다. 즉, 신뢰 수준이 낮고 부정부패가 발생하고 사회적 폐쇄성과 배타성이 강하며, 낮은 수준의 정치 효능과 정치 참여로 삶에서 중요한 영향을 미치는 과정과 결정에 참여하지 않고 있다. 이는 제도와 정책이 완비되어 있다고 하더라도 실제로 작동하는 과정과 방식에 영향을 미침으로써 성과를 내지 못하거나 전혀 다른 결과를 초래할 수 있다. 따라서 한국은 전반적인 복지 확대 및 재편을 하는 것도 중요하지만 복지제도가 제대로 작동할 수 있도록 생활세계의 사회의 질을 높이는 일이 시급하다.

2) 투명성과 효율성, 그리고 신뢰

사회적 합의를 위해서는 사회적 포용, 정체성, 신뢰, 자원봉사와 기부, 사회관계망 형성 등의 사회응집과 통합이 요구되는데, 이는 정치적 안정의 조건으로 작용하는바(Berger-Schmitt, 2002), 갈등과 분열이 만연한 사회는 정치적 위험이 상존하고 정치 체계가 제대로 작동하지 않는다. 그뿐만 아니라 사회응집과 통합의 수준이 낮을 경우 사회적 배제의 만연, 개인의 관계망에서 사회적 유대와 연대감이 감소함으로써 이를 해결하기 위한 공공지출이 증가하게 된다. 국가가 예산을 지출하고 서비스를 제공하기 위해서는 재원을 마련해야 하고, 이때 세금이 재원의 많은 비중을 차지한다. 원활한 조세 확보를 위해서는 조세 형평성이 담보되어야 하고, 복지 예산의 투명성과 복지 전달 체계의 효율성이 전제되어야 함은 두말할 필요도 없다.

그러나 한국의 복지는 예산의 투명성과 전달 체계의 효율성 측면에서 매우 부정적으로 인식되고 있다. 이탈리아, 그리스도 마찬가지로 부정적으로 평가되는 반면 독일은 긍정적인 평가를 받고 있다는 점이 다르다(〈부표 5-5〉 참조). 복지 예산 및 전달 체계의 투명성과 효율성은 정부에 대한 신뢰와도 연결되는데, 한 국가의 투명성 수준과 경제성장, 사회 발전은 밀접한 관련성을 갖는 것으로 알려져 있다(장덕진 외, 2012a). 따라서 정부가 폐쇄성, 부패, 무능력 등의 특성을 보이면 기관과 제도에 대한 신뢰를 낮추고, 복지 지출을 늘려도 제대로 작동하지 않기 때문에 성과를 내기 어렵다.

이렇게 보았을 때 이탈리아와 그리스의 경제위기는 투명성과 효율성, 그리고 전반적으로 신뢰의 위기로 인해 사회적, 정치적 위기로까지 확산, 증폭된 것이다. 이탈리아의 경우 1992년 부패 척결 운동, '마니 풀리테mani pulite'인 '깨끗한 손Clean Hands'으로 사회당과 기독교 민주당 정권이 무너졌다. 그러나 베를루스코니 총리의 집권 17년 동안 정치인들과 뒷거래를 통해서 그들의 이익을 지켜준 뿌리 깊은 정치적 후원과 후견주의로 인해 부패가 더욱 심각해졌다(김종법, 2012a, 2012b). 그리스는 1974년 군사독재 정권이 무너진 후 정치적 후견주의가 더욱 성행되었다. 신민주당과 사회당은 연정의 형태로 거의 40년 동안 지배하면서 과도한 차입을 통해 고용과 복지 지출을 확대했지만 정치적 후견주의로 인해 특권층으로부터 세금을 거두지 못해 채무가 누적된 것이다(김종흥, 2012).

한국은 신뢰의 범위가 사적 영역에 국한되어 일반적 신뢰가 낮고, 기관/제도에 대한 공적 신뢰가 낮아 저신뢰 사회로 평가된다(Fukuyama, 1995; 이재열, 1998). 특히 사회의 질에 대한 설문조사에서 '정부', '정당', '국회' 등 정치권력과 관련된 기관에 대한 신뢰가 최저 수준인데, 정부와 국민간의 관계에서 소통의 부재, 정치 불신과 위기를 겪고 있는 이탈리아, 그리스와 상당한 유사성을 보여준다는 점에서 문제의 심각성이 있다. 즉, 이탈리아와 그리스는 가족, 또는 종교를 통한 가치와 규범은 존재하지만 그것이 공공의 영역으로까지 일반화되지 못해 개인의 상호작용의 틀과 수준을 제한한다. 이런 연유로 부패하고 무능한 관료, 정치인들에 의해서 쉽게 동원되고 조작화되어서 부패와 무능력의 악순환을 고착화시킨다. 이러한 정치 불신과 공적 신뢰의 위기는 정부의 대표성을 부정하고 정당성을 위협할 수 있는데, 이탈리아, 그리스와 마찬가지로 한국인도 정부가 '서민' 또는 '국민 대다수'를 대표하기보다 '부유층'과 '정치인/관료'를 대표한다고 인식하는 여론이 높다(〈부표 5-6〉). 이러한 인식은 정치 무관심을 초래하고 정치 효능감을 떨어뜨리며 투표율 감소 등과 같이 정치 참여 활동을 어렵게 함으로써 대의민주제의 근간을 위협할 수 있다.

3) 갈등의 제도화와 통합 정치

사회적 합의에 도달하는 과정은 서로 다른 집단 간의 이해관계를 조정하고 통합하는 메커니즘을 통해서 갈등을 제도화하는 것이다. 여기서 주요 행위자로서 정당들이 자신들의 이념과 강령에 따라서 정책을 제시하고 선거라는 정치제도를 통해 공정하게 경쟁하고 발전하게 된다. 그런데 한국은 2004년 노무현 대통령에 대한 탄핵 정국 속에서 열린우리당이 제1당이 된 선거를 제외하고 의회권력이 교체된 경험이 없다. 현재의 여당은 박정희 정부 이후 모든 정부에서 대통령을 배출한 여당이고 의회의 제1다수당이었다. 이처럼 정당 간 경쟁과 견제가 부재한 상황에서 여당이 장기간 의회 권력을 독점할 경우에는 정치부패의 문제가 야기되고 유권자의 정치 효능감을 저하시킨다. 또한 낮은 수준의 사회정치적 역능성은 유권자를 정치 과정의 주체적 행위자가 아니라 정치적 동원 대상에 머물게 한다. 한국 정당은 포괄적 정당으로 정당 간 차별성이 크지 않으며, 소선거구제는 지역주의 선거와 결합하여 다양한 집단들 간의 의견을 조율하고 이해관계를 조직화하는 데 실패해왔다. 특정 지역에 특정 정당의 후보들이 대거 선출됨으로써 다른 의견을 가진 유권자의 표가 사장되어 유권자의 대의가 왜곡되는 결과를 초래한다(강원택, 2003; 2012).

반면 독일은 전후 반反파시즘에 대한 광범위한 사회적 합의를 배경으로 등장한 계급들 간의 타협과 합의의 정치가 제도화되어 있다(서우석, 2012). 즉, 효율성과 사회연대, 이윤 추구와 분배정의 간의 타협이 모든 정당, 기업가와 노동자, NGO, 교회 등 전 분야에서 받아들여진다. 따라서 중대한 위기 상황에서도 다양한 이해관계가 하나의 테이블에서 협상될 수 있는 분위기가 조성되어 안정을 유지할 수 있다. 특히 독일의 정당명부식 비례선거제도와 연방제는 지역 간, 사회집단 간 대립을 완화하고 갈등을 제도적으로 통합하는 역할을 한다. 사회적 균열을 반영하는 정당체제가 비례선거제도에 의해서 과반 이상의 다수 의석을 차지하는 정당의 출현을 어렵게 한다. 따라서 정당 간 연합에 의한 연방 정부를 구성하는 데 높은 신뢰를 바탕으로 한 정치 리더십과 사회적 타협과 합의의 전통에 기반을 두고 안정적인 국정 운영이 가능하다(박명준, 2012).

이러한 상황에서 독일 국민은 자신의 삶에 영향을 미치는 과정과 결정에 참여하고 개입하는 능력이 높게 나타난다. 높은 신뢰를 기반으로 하는 정치제도와 과정이 역능성을 높이는 기회 구조로 담보되기 때문에 행위 주체자로서 그러한 과정에 참여할 수 있는 역량과 권한을 갖게 되기 때문이다. 이를 통해서 개인 간의 사회적 상호작용은 활성화되고 정치에 대한 관심과 효능감이 높아서 자신의 생각과 행위가 전체 사회 체계에 영향을 줄

수 있다고 여기고 적극적으로 정치 과정에 참여한다. 구체적으로 지식 등의 역량 개발, 자기결정권의 행사, 그러한 결정권을 행사하는 공공 영역, 개인의 사회적 상호작용에 대한 사회적 지원 등이 사회의 질을 높이는 데 기여한다(정진성 외, 2009).

5. 결론: 유로존 경제위기의 함의

지금까지의 논의를 종합해보면 유로존의 경제위기라는 동일한 상황에 직면한 이탈리아, 그리스, 독일에서 나타나는 상이한 결과는 막대한 복지 지출로 인한 것이 아니라 각국의 사회의 질의 함수이며, 특히 복지 모델의 유형, 그리고 투명성과 신뢰와 같은 거버넌스의 수준에 따라서 결정된다. 이런 측면에서 보면 한국의 사회의 질은 체계와 생활세계에서 모두 낮고 투명성과 신뢰 수준도 높지 않은 모습을 보인다. 이는 심각한 경제위기를 넘어서 사회정치적 위기로까지 확산된 이탈리아, 그리스와 상당히 유사한 모습이어서 한국의 복지 지출 확대가 자칫하면 남유럽의 전철을 밟을 수 있다는 우려를 낳게 한다. 이러한 결과는 향후 한국의 복지 모델을 확대하고 재편하는 데 있어서 중요한 시사점을 제시해준다.

첫째, 막대한 복지 지출이 곧바로 경제위기와 직결되는 것이 아니라 국가 재정을 어느 영역에, 어떤 방식으로 지출하는가가 매우 중요하다. 북유럽 국가들과 마찬가지로 독일은 막대한 복지 예산을 지출함에도 불구하고 그것이 경제에 부담이 되지 않고 오히려 경제성장을 견인하는 모습을 보인다. 즉, 복지가 고용을 창출하고 이것이 경제에 도움이 되는 방식으로 경제와 복지가 동반 성장하는 구조를 발전시켰다. 즉, 일하고 있는 근로자에 대한 사회적 보호 장치를 유지하고 노동·고용을 창출하도록 유인하며, 교육, 아동 및 가족 등에 대한 지원을 강화하는 방향으로 복지를 발전시켰기 때문이다. 반면 이탈리아, 그리스 등의 남유럽 국가들은 연금과 의료비 지출 중심의 전통적 복지 모델을 유지시켜 재정건전성을 위협하고, 근로 수입보다는 복지 급여에 의존하게 유인함으로써 결국 경제의 활력을 저해시켰다.

따라서 향후 한국의 복지 체계는 실업, 은퇴, 질병 등의 구 사회위험old social risk에 대비하는 한편 고용, 교육, 가족 등의 신 사회위험new social risk에도 복지 지출을 확대시켜야 한다. 복지 지출이 대폭 증가했음에도 불구하고 복지 지출은 여전히 빈약한 수준이고 사회안전망이 미비하기 때문에 실업, 빈곤 등을 해결하는 소득 보장제도의 개선과 확대가 우선 필요하다. 이와 동시에 사회투자적 지출을 병행하는 복합적인 전략이 요구되는바, 일하는 근로자에게 사회적 보호를 제공하고, 연금이나 급여에 의지하기보다 자신의 노동을 통해 생활할 수 있도록 유인하는 정책을 제공할 필요가 있다. 단순히 일자리 정보의 제공과 상담 수준에 머물러 있는 취업, 고용 지원이 아니라 직업훈련과 교육에 대한 투자를 통해서 고용을 유지하고 취업, 재취업을 확대해야 한다. 이렇게 일자리의 창출과 조세 기반을 확대함으로써 재정건전성을 유지하고 경제성장에 활력을 불어넣을 수 있다. 또한 현금 급여를 제공하는 것이 아니라 아동, 가족에 대한 적극적인 지원책으로서 교육, 보건, 돌봄 등에 대한 사회 서비스 부분의 확대를 통해서 고용 창출과 개인의 삶의 질을 높임으로써 복지 체감도를 제고시킬 수 있다.

둘째, 복지 지출은 매개 변수에 따라서 경제성장에 기여함으로써 지속 가능성을 담보할 수 있는데 이때 매개 변수로서 높은 수준의 투명성과 신뢰, 사회적 대화와 타협에 의한 통합 정치가 중요하다. 갈등을 제도화함으로써 합의와 타협에 기반을 둔 통합 정치가 가능한 독일에서는 높은 신뢰와 투명성에 기반을 두고 안정적으로 국정을 운영해왔다. 독일은 경제위기 속에서 노동시장의 유연성을 증대시키는 한편 고용을 보호하고 촉진하는 정책과 제도를 꾸준히 구축해왔다. 이는 사회적 시장경제의 기조 위에서 노사 간 상대방의 이해利害에 대한 인정과 적절한 양보를 토대로 가능한 것인데 이는 독일의 높은 사회의 질과 관련이 깊다(김주현·박명준, 2013). 반면 정치적 후견주의로 부패, 무능력, 무책임 등의 문제를 노정한 그리스, 이탈리아에서는 재정위기를 해결하지 못하는 정부와 관료에 대한 불신으로 사회적·정치적 위기로까지 확산되었다. 따라서 사회적 타협과 통합 정치를 가능하게 하는 높은 수준의 투명성과 신뢰야말로 복지국가의 성패에 결정적인 영향을 미치는 요인으로 강조되어야 한다.

셋째, 사회의 질과 관련된 각국의 거시지표를 검토할 때 경제위기의 타격을 받은 이탈리아, 그리스와 달리 경제위기에서도 회복탄력성을 보인 독일의 차이점은 국가의 경제적 체질의 문제, 산업구조의 문제이다(장덕진 외, 2012a). 이탈리아, 그리스는 지하경제의 규모가 크고 자영업 비중이 높고 제조업 기반이 약하기 때문에, 외부의 경제적 충격이나 경기 불황에 대처하는 능력이 취약하고 어려움을 겪게 된다. 한국은 지하경제의 규모, 자영업 비중이 높다는 점에서 취약성을 보이지만, 제조업 기반의 산업구조를 유지하고 있고 R&D 투자가 높다는 점에서는 긍정적이다. 또한 노동시장의 이중적 구조 역시 복지 지출의 성과를 저해하는 요인인데, 정규직, 대기업, 공공 부문과의 격차가 벌어지고 있는 주변적 노동시장에서는 사회적 보호가 미치지 못하는 다수의 근로층이 존재한다. 반면 독일은 최근 하르츠 개혁, 어젠다 2010을 통해서 노동시장을 개혁했음에도 불구하고 사회적 시장경제의 기조를 유지하면서 노동에 대한 사회적 보호를 유지하고 있다. 시장의 경쟁과 효율성을 추구하는 시장경제라 할지라도 국가가 노동의

보호를 위해 규제하고 개입하는 방식으로 시장에서 발생할 수 있는 역기능을 최소화하고 있다(서우석, 2012).

넷째, 한국의 복지 체계에서 반드시 고령화 문제를 고려해야 한다. 서구의 복지국가가 발전하는 과정은 자본주의의 황금기에 따른 풍부한 재원과 완전고용을 기반으로 한다. 이들 국가는 고령화로 인한 부담을 크게 고려하지 않아도 되는 상황에서 복지국가를 확대시켜갈 수 있었다. 그러나 한국은 복지국가가 발전하기도 전에 이미 고령 사회로 진입했을 뿐만 아니라 세계에서 가장 빠른 속도로 고령화가 진행되고 있어 현행 복지 체계를 유지하더라도 연금과 의료비 지출이 폭발적으로 증대해 재정 압박에 직면할 것이다. 또한 복지 혜택을 받는 노인층과 복지 재원을 부담하는 청장년층 간의 세대갈등의 가능성은 유럽뿐만 아니라 한국에서도 충분히 예견된다.

지금까지의 논의를 종합해볼 때 한국 사회에 여러 가지 측면에서 반면교사의 모습을 보여주는 그리스, 이중적 사회구조와 정치적 후견주의에 대한 경각심을 갖게 하는 이탈리아, 사회적 합의에 기초하는 복지정치를 보여주는 독일의 사례들은 앞으로 한국의 복지 체계를 어떻게 확대하고 재편해야 하는지를 가리키고 있다. 즉, 단순히 복지 예산 지출을 늘리고 대상 범위를 확장하는 것이 아니라 체계와 생활세계가 긴밀하게 관련되어 전반적으로 사회의 질을 높이는 방향으로 전환되어야 한다는 결론에 도달한다. 그럼에도 2012년 양대 선거에서 주요 정당과 후보들은 복지 모델에 대한 충분한 합의와 중장기적 계획 없이 인기 영합적인 복지 공약을 제시했다.

정당의 복지 공약을 살펴보면 대체로 연금과 의료비의 지출 비중이 높은, 현금 급여 중심의 전통적인 복지 모델에 기반을 둔 공약이 주를 이루었다. 기초연금 신설, 기초노령연금 인상 및 대상자 확대, 장애인연금 인상 및 대상자 확대, 4대 중증 질환 100% 진료비 지원, 의료비 100만 원 본인 부담 상한제 도입 등이 해당된다(새누리당, 2012; 민주통합당, 2012). 반면 고용, 교육, 가족, 아동 등에 대한 공약은 미비하고 '일자리 복지', '촘촘한 사회안전망 구축'과 같이 선언적인 공약들이 제시되었다. 정당 간 차별성이 드러나지 않은 상황에서 득표를 목적으로 하는 공약이었기 때문에 득표에 불리한 증세의 필요성은 언급되지 않았고 재원 마련을 위한 현실적이고 구체적인 방안도 결여되어 있다(장덕진 외, 2012b).[3] 재정은 실현 가능하고 사회적 연대의 원칙이 살아 있는 복지 정책을 수립하기 위한 핵심이므로 전체적인 복지 정책의 청사진과 조응해야 되는데, 방향성, 중장기 계획, 세부적인 수단, 지지세력 등이 간과되어 있다.

이러한 정당의 공약이 실현될 경우 한국은 남유럽 국가들의 전철을 밟게 되어 재정위기를 넘어서 사회정치적 갈등과 혼란에 빠질 가능성을 배제할 수 없다. 앞에서 살펴본 바와 같이 한국의 사회의 질의 수준과 복지 체계의 유형이 이탈리아, 그리스와 유사한 측면이 많기 때문이다. 복지 확대와 재편을 위해서는 방향성과 내용, 그리고 방식에 대한 본격적인 사회적 논의와 대화가 이루어져야 하고 이러한 과정에서 서로 다른 집단 간의 이해와 갈등을 조정하고 대변하는 타협과 통합의 정치가 필요하다.

---

3   각 정당의 산출에 따르면 새누리당과 민주통합당의 공약을 실현하려면 5년간 총 268조 원이 소요되는데, 재원 마련의 구체적이고 현실적인 방안은 미흡한 수준이다. 민주통합당의 경우 부자 증세를 들고 나왔지만 실제로 부자 증세는 재원 마련에 뚜렷한 실효성을 갖지 못하고, 새누리당의 재원 마련 방안은 주식양도차익 과세, 금융소득종합세 기준 금액 조정, 파생금융상품 증권거래세 과세 등으로 재원 마련에 충분하지 못한 것으로 평가되었다(장덕진 외, 2012a).

부표 5-1 물질주의-탈물질주의 가치관

(단위: %)

가치관 유형	한국	독일	이탈리아	그리스
물질주의 가치관	45.1	14.7	34.9	26.0
혼합형 가치관	42.5	33.4	41.8	52.3
탈물질주의 가치관	12.4	51.9	23.4	21.7

부표 5-2 빈곤의 원인 인식

(단위: %)

누군가 생계에 어려움이 있다면	한국	독일	이탈리아	그리스
정치적·사회적 제도로 인한 문제이다	32.3	48.5	77.5	81.5
개인적인 노력이나 능력의 문제이다	67.7	42.5	22.5	18.5

부표 5-3 복지에서 국가 책임

(단위: %)

복지 욕구 항목	한국	독일	이탈리아	그리스
원하는 모든 사람에게 일자리 제공	13.6	49.8	74.3	72.3
환자에게 보건의료 제공	26.0	56.5	76.9	86.1
노인에게 적정한 생활수준 제공	23.2	44.2	73.8	83.8
실업자에게 적정한 생활수준 제공	14.4	37.6	66.6	76.0
저소득층 대학생에게 재정 지원	23.1	41.5	66.9	72.7
무주택자에게 적정 주거 제공	13.2	42.8	66.0	65.1
원하는 모든 사람에게 육아 서비스 제공	18.0	38.1	72.1	79.9

주: '전적으로 정부 책임'이라는 응답률.

부표 5-4 복지의 효과성에 대한 인식

(단위: %)

사회보장과 사회복지 서비스는 ……	한국	독일	이탈리아	그리스
경제에 너무 많은 부담이 된다	65.0	35.3	52.8	19.7
좀 더 평등한 사회로 이끈다	58.5	62.9	61.0	65.4
사람들을 게으르게 만든다	45.3	30.2	37.6	19.9
자신과 가족을 돌볼 의지를 약화시킨다	45.0	28.3	37.8	20.7

주: '매우 동의한다' + '대체로 동의한다'는 응답률.

194   제1부 국가별 경제위기 대응

부표 5-5 **복지의 투명성과 효율성**

(단위: %)

복지 체계의 특성	한국	독일	이탈리아	그리스
복지 예산의 투명성	12.7	46.7	15.2	6.5
복지 전달 체계의 효율성	13.1	48.7	22.7	8.2

주: '매우 동의한다' + '대체로 동의한다'는 응답률.

부표 5-6 **정부가 대변하는 집단**

(단위: %)

집단	한국	독일	이탈리아	그리스
부유층	48.3	26.6	36.8	56.0
정치인/관료	24.7	22.0	34.8	35.9
국민대다수	14.3	39.1	8.1	3.8
서민	4.8	7.3	7.5	1.2
기타	0.0	1.2	0.4	1.3

6

신뢰 유형과 정치 참여

서형준 · 이재열 · 장덕진

1. 서론

정치 참여는 더 나은 사회를 만드는 데 필요한 요소로 간주되어 일찍부터 많은 학자들의 연구 관심을 촉발시킨 바 있다. 미국 뉴잉글랜드의 타운홀 미팅과, 사회적 문제를 이런 모임을 통해 해결하려는 미국인들의 '마음의 습관'에 주목한 알렉시 드 토크빌 Alexis de Tocqueville 이 대표적 학자이다. 아몬드와 버바(Almond and Verba, 1963)는 미국, 영국, 서독, 이탈리아, 멕시코 5개국에 대한 선구적인 연구에서 신뢰가 정치 참여에 영향을 미치고 궁극적으로 민주주의에 긍정적인 영향을 미친다는 결론을 도출한 바 있다. 퍼트넘 등(Putnam et al., 1993; Putnam, 1995, 2000)이 사회자본을 공동체 수준에서 개념화한 이후 사회자본이 정치 참여에 어떤 영향을 미치는지에 대한 연구가 활성화되었다. 사회자본을 "상호 이익에 도움이 되는 협력과 조정을 촉진시키는 신뢰, 규범, 연결망과 같은 사회조직의 특질"이라고 정의한 퍼트넘은, 이탈리아에서 각 주 정부 정책 집행의 효율성이 사회자본에 의해 촉진된다고 결론 내렸다(Putnam et al., 1993). 또한 「나 홀로 볼링(Bowling alone)」(2000)에서는 주로 결사체 참여에 초점을 맞추어 사회자본이 민주주의에 긍정적인 영향을 미친다고 주장했다. 조직 외적으로는 집단의 목소리를 정부 혹은 사회에 전달할 수 있다는 점, 조직 내적으로는 "민주주의의 학교" 기능을 한다는 것이 퍼트넘의 주된 주장이었다. 결사체 내부에서의 토론을 통해 심의 민주주의가 배양되고, 신뢰성, 호혜성 및 타협이 상승하기 때문이다. 하지만 신뢰, 규범, 연결망 등 사회자본의 다양한 하위 범주와 정치 참여의 관계에 대한 많은 선행 연구에도 불구하고 신뢰의 다차원성을 종합적으로 포착하여 정치 참여와의 관계를 살펴본 연구는 찾아보기 힘들다.

신뢰는 그 본질상 신뢰의 주체와 신뢰의 대상이 되는 타인 혹은 타 행위자를 전제한다. 따라서 개인이 갖고 있는 신뢰는 그 대상이 무엇이 되느냐에 따라 다양하게 나타날 것이다. 예를 들어 어떤 사람은 낯선 사람을 잘 믿고 정부도 잘 믿지만, 어떤 사람은 정부에 대한 신뢰는 높지만 낯선 사람을 잘 믿지는 않는다. 이 개별적인 신뢰들의 상호작용을 통해 나타나는 종합적인 신뢰 유형이 정치 참여와 같은 개인의 행동에 영향을 미칠 수 있다. 이 장에서는 일반 신뢰와 대인 신뢰, 기관 신뢰를 축으로 하여 개인의 신뢰 유형을 찾아보고 이 유형이 정치 참여에 미치는 영향에 대해 알아보기로 한다.

2. 이론적 배경 및 선행 연구 검토

1) 신뢰

신뢰에 대해서는 많은 학자들이 다음과 같이 정의를 내린 바 있다. "교환에 참여한 사람들이 공유하는 일련의 기대"(Zucker, 1986), "어떤 공동체 내에서 그 공동체의 다른 구성원들이 보편적인 규범에 기초하여 규칙적이고 정직하며 협동적인 행동을 할 것이라는 기대"(Fukuyama, 1995), "개인이 복잡한 사회 환경에 적응하도록 해주고, 이에 따라 증가된 기회로 인해 이득을 얻는, 단순화된 전략"(Earle and Cvetkovich, 1995), "'불확정적인 타인의 미래 행동'에 대한 도박"(Sztompka, 1999), "타인 혹은 타 행위자가 행위를 할 때 나의 이해 관심을 고려할 것이라는 기대"(린, 2002). 이 장에서는 프랜시스 후쿠야마Francis Fukuyama와 낸 린Nan Lin의 정의를 수정하여, 신뢰를 '타인 혹은 타 행위자가 행위를 할 때 정직하고 협동적인 행동을 할 것이라는 기대'로 정의한다.

신뢰는 다양한 형태로 분류되어왔다. 루이스와 위거트(Lewis and Weigert, 1985)는 선구적인 연구에서 신뢰의 근원에 따라 이념적·인지적·감정적 신뢰로 구분한 바 있다. 싯킨(Sitkin, 1995) 역시 신뢰의 기반에 따라 능력 기반·자비 기반·가치 기반 등으로 신뢰를 유형화했다. 또한 신뢰의 대상을 기준으로 한 분류도 다수 존재한다. 제도 혹은 기관에 대한 공적 신뢰와 사람에 대한 사적 신뢰(Pagden, 1988), 일반적인 사회 구성원에 대한 일반 신뢰와 특정한 조직 내의 구성원에 대한 특수 신뢰(Uslaner, 1999)를 비롯해 슈톰카(Sztompka, 1999)도 신뢰의 대상을 ① 타인, ② 사회적 역할, ③ 사회적 단체, ④ 기관 혹은 조직, ⑤ 체제 및 질서 등 다섯 가지로 나누어 각각의 신뢰가 존재함을 주장했다. 주커(Zucker, 1986)는 신뢰 생산의 방식을 축으로 과정 기반·속성 기반·제도 기반 신뢰로 나누었다. 신뢰의 강도를 분석 기준으로 삼은 연구도 존재한다. 호디야코프(Khodyakov, 2007)는 대인 신뢰를 신뢰 주체와의 연결 정도에 따라 약한 연결 신뢰와 강한 연결 신뢰로 구분하고 여기에 제도 신뢰를 더한 세 가지 척도로 한 사회의 신뢰 수준을 보아야 한다고 주장했다. 호디야코프의 약한 연결 신뢰는 주커의 속성 기반 신뢰, 에릭 우슬라너Eric Uslaner의 특수 신뢰와 유사한 반면, 강한 연결 신뢰는 주커의 과정 기반 신뢰, 우슬라너의 일반 신뢰와 유사하다. 또한 연고의 동질성을 기준으로 한 내집단·외집단 신뢰(이재열, 1998)와 맥이 닿는다. 한편 기관 신뢰는 제도에 대한 믿음으로 개념화할 수 있는데, 제도의 정당성, 기술적 경쟁력, 의무를 효율적으로 수행하는 능력을 반영하는 것이라고 볼 수 있다(Khodyakov, 2007).

이상의 선행 연구들을 활용하여 신뢰를 유형화한 연구로는 이재열(1998)과 이재혁(1998)을 꼽을 수 있다. 이재열(1998)은 △ 개인들 간의 사적인 신뢰의 풍부성 △ 공적인 제도화 혹은 사회적 규칙의 투명성 △ 신뢰의 비대칭성, 즉 사회적 관계의 수평성 혹은 수직성의 정도를 축으로 사회 체계를 8개로 나눈 바 있다. 또한 이재혁(1998)은 사적 신뢰와 공적 신뢰를 축으로 △ 신뢰 사회 △ 전통적인 공동체 사회 혹은 연줄 사회 △ 자유방임적 경쟁 사회, 혹은 복지형 전체주의 사회 △ 홉스적 자연 상태 혹은 전제적 감시 사회와 같이 4개의 이념형적 사회를 구분했다. 이 유형화는 신뢰 유형의 이론적인 지도를 마련했다는 점에서 의의가 있지만, 경험적 검증을 요구한다. 또한 이 논문은 경험적 자료를 분석해 개인 수준의 신뢰 유형의 분포 양상을 분석하여 각 사회의 특성을 살펴본다는 점에서 개념적 논의에 머문 기존 연구를 넘어서려고 한다.

2) 정치 참여

정치가 소수 엘리트의 전유물에서 대중의 참여에 의존하는 것으로 변화하면서 정치 참여는 학술적 관심의 대상이 되었다. 선구적인 연구를 한 버바와 나이(Verba and Nie, 1972)는 시민이 정부 관리를 선출하거나 정책 결정 과정에 영향을 미치기 위해 취하는 합법적 행동 즉 체제 내 활동만을 정치 참여로 보았다. 반면 와이너(Weiner, 1971)는 공공 정책 및 행정, 정치 지도자의 선택에 영향을 미치고자 하는 모든 자발적인 행동을 정치 참여로 개념화해 체제 외적인 활동을 포괄했다. 여기서 더 나아가 헌팅턴과 넬슨(Huntington and Nelson, 1976)은 정부 정책에 영향을 주기 위한 합법적·비합법적 행동을 포함하여 자율적 참여와 동원된 참여 모두를 정치 참여라고 보았다(장수찬, 2005: 144에서 재인용). 이 장에서는 정부 정책, 행정, 정치 지도자에게 영향력을 행사하려는 합법적·비합법적인 자율적·타율적 참여를 정치 참여로 정의한다.

정치 참여는 여러 유형으로 나뉘지만, 일차적으로는 선거와 비선거 참여로 분류된다. 버바와 그 동료들(Verba et al., 1978)은 △ 영향력의 유형 △ 갈등의 정도 △ 요구되는 노력 △ 타인과의 협동 등을 기준으로 정치 참여를 선거, 캠페인 참여, 접촉 참여, 자치단체 활동 등으로 나누었다. 돌턴(2010)은 여기에 항의 다양한 정치 논쟁, 인터넷 행동주의를 추가했다. 이 중 선거는 제도적 정치 참여로, 나머지는 비제도적 정치 참여로 분류할 수 있다. 투표는 선거라는 공식적인 절차를 거쳐 대표자를 직접 선출하는 제도이기 때문에 제도적 정치 참여로 볼 수 있고, 투표 이외의 나머지 참여는 대표자를 선출하는 것과 직접적인 관계는 없으나, 제도권 정치 밖에서 여론을 움직이는 방식을 동원한 정치 참여이기 때문이다.

한편 정치 참여를 종속 변수로 한 연구도 많이 축적되어 있다. 특히 신뢰, 연결망, 호혜 규범으로 이루어지는 사회자본이 정치 참여에 미치는 영향에 대한 실증적 연구에서는 상반된 연구 결과가 존재한다. 많은 연구자들은 일반 신뢰 혹은 정치 신뢰가 다양한 종류의 시민 참여에 양(+)의 영향을 갖는다고 보고했다(Almond and Verba, 1963; Brehm and Rahn, 1997; Uslaner, 1999; Norris, 2001; Mishler and Rose, 2005). 하지만 다양한 종류의 신뢰가 정치 참여의 유형에 영향을 미치지 않거나 음(-)의 영향을 미친다는 연구 또한 존재한다(박병진, 2006). 또한 정치 관심 및 정치 효능감(Verba et al., 1995), 결사체 참여(Putnam et al., 1993; Putnam, 2000; Anderson, 1996) 가족과의 유대(Alesina and Giuliano, 2009), 국가주의 및 집단주의(Schofer et al, 2001), 민족주의(문희옥, 2011) 등도 정치 참여에 영향을 미치는 것으로 보고되었다.

이상의 선행 연구 검토를 바탕으로 이 장에서는 다음의 연구 질문들에 대답하고자 한다.

첫째, 일반·대인·기관 신뢰를 기반으로 한 신뢰 유형에는 몇 개의 범주가 존재하며 각 범주의 특성은 무엇인가?

둘째, 각 신뢰 유형에 영향을 미치는 조건은 무엇인가?

셋째, 신뢰 유형과 정치 참여 간에는 어떠한 관계가 있는가?

3. 자료 및 연구 방법

1) 자료

이 장에서는 서울대학교 사회발전연구소가 2012년 5월에 '사회의 질' 연구를 위해 한국, 독일, 이탈리아, 그리스, 터키에서 실시한 '삶과 사회에 관한 설문조사'를 사용했다. 성과 연령을 기준으로 할당 표본 추출을 한 18세이상 성인 남녀(한국의 경우 19세 이상) 5232명(한국 1000명, 독일 1200명, 이탈리아 1001명, 그리스 1013명, 터키 1018명)이 조사 대상이며, 구조화된 설문지를 이용하여 면대면으로 조사되었다. 이 장에서는 분석에 포함된 변수에 결측값이 없는 3801명에 대해 분석을 실시했다. 분석 대상자들의 기초통계는 〈부표 6-1〉과 같다.

2) 변수 구성

• 신뢰 유형   신뢰 유형은 일반 신뢰, 대인 신뢰, 기관 신뢰 변수를 이용하여 도출되었다. 일반 신뢰는 '귀하는 대부분의 사람들을 믿을 수 있다고 생각하십니까? 아니면 조심해야 한다고 생각하십니까?'에 대한 응답으로 조작화되었다. '귀하는 아래 사람들이 귀하의 이웃으로 산다면 문제가 된다고 생각하십니까, 아니면 문제가 되지 않는다고 생각하십니까?'라는 질문에 낯선 사람/외국인을 각각 대상으로 한 응답이 대인 신뢰를 나타내는 변수로 사용되었으며, '귀하는 다음과 같은 조직이나 단체를 얼마나 신뢰하십니까? 혹은 신뢰하지 않으십니까?'라는 질문에 정부/국회에 대한 응답을 기관 신뢰의 대표 변수로 고려했다.

일반 신뢰를 제외한 네 변수는 4점 척도로 측정되었지만, 간명성을 위해서 불신과 신뢰로 2분화한 후에 잠재집단분석을 실시했다.

- 기타 독립 변수　먼저 변수 통제를 위해, 사회경제적인 요인으로는 선행 연구에서 정치 참여에 영향을 미치는 것으로 나타난 성별, 연령, 결혼 상태, 교육 수준, 취업 상태, 월 가구소득을 살펴보았다. 결혼 상태는 배우자 혹은 동거인이 있는지 여부로 판단했고, 교육 수준은 중학교 졸업 이하, 고등학교 졸업 그리고 대학 재학 이상의 세 가지 범주로 구분했다. 취업 상태는 현재 일을 하고 있는지 여부로 개념화했다. 월 가구소득은 실제 소득을 연속 변수로 활용하는 대신, 유로화로 환산한 소득을 △ 1499유로(224만 원) 이하 △ 1500~2399유로(225만~359만 원) △ 2400~3599유로(360만~539만 원) △ 3600유로(540만 원) 이상과 같이 네 개의 구간으로 바꾸어 순서형 범주로 사용했다.

다음으로 기존 연구에서 유의한 것으로 확인된 연결망('가족, 친구, 이웃 등과 연락하는 빈도'), 경제위기 경험 여부('지난 한 해 동안의 가구 경제 상황'), 공적/사적 결사 참여 여부를 모델에 산입했다. 결사체는 위계성, 개방성, 목적의 특성, 사회적 재생산의 매개체, 매개체에 대한 태도 등에 따라 여러 가지로 구분할 수 있다(Warren, 2001; 박종식·김왕식, 2006; 박통희, 2010). 그중 이 장에서는 결사체 목적의 특성에 주목해 공적/사적 결사체로 구분했다. 정당 혹은 시민단체 활동 경험 유무를 공적 결사 참여로 파악했으며, 활동 경험이 없는 응답자가 90% 이상이었기 때문에 하나라도 활동한 적이 있다고 응답했다면 1점을 부여하는 2분 변수로 구성했다. 마찬가지로 사적 결사 참여도 스포츠/레저/문화 모임 혹은 종교 모임 활동 경험 유무를 종합해 2분화했다.

• 종속 변수(정치 참여)　종속 변수로는 △ 투표 여부 △ 온라인에서의 정치적 의견 개진 △ 정부·언론에 대한 의견 제시/민원 접수 △ 서명 운동·시위·집회 등 참여 등 네 가지 변수를 사용했다. 투표를 제외한 나머지 세 개의 문항은 설문지에서는 전혀 안 함, 거의 안 함, 이따금, 자주, 매우 자주의 5점 척도로 측정되었다. 하지만 각 변수에 대한 응답률의 분포를 살펴본 결과 '전혀 안 함'이라고 답한 비율이 세 변수 모두 60%를 상회하기 때문에, 연속 변수로 간주하기보다는 참여/불참으로 2분화하여 사용했다. 이 네 가지 변수를 각각 종속 변수로 삼아 이항 로지스틱 회귀분석을 실시했다.

3) 연구 방법

이 장에서는 개인이 갖고 있는 신뢰의 다양한 차원을 포착하기 위해 일반 신뢰, 대인 신뢰, 기관 신뢰 변수들을 사용하여 잠재집단분석 Latent Class Analysis 을 실시했다. 연속 변수를 대상으로 잠재적인 변수를 찾아내는 요인분석과는 달리, 잠재집단분석은 범주형 관측 변수들에서도 잠재 변수를 도출해낼 수 있다는 장점을 갖고 있다. 또한 잠재집단분석은 기존의 자의적인 종합을 통해 만들어졌던 합성 변수들을 좀 더 경험적이고 통계적으로 엄밀하게 도출할 수 있다는 장점을 갖고 있다. 따라서 범주형 변수인 신뢰 변수들을 사용하여 유형을 도출하기 위해서는 적절한 분석 방법이라 할 수 있다.

잠재집단분석은 관측 변수들 간의 관계가 독립일 것이라는 영가설을 카이제곱 통계량을 통해 검정하는 것을 기준 모형으로 한다. 이어서 잠재 변수 X가 2개, 3개 …… n개의 범주를 가질 때, 모형의 설명력이 증가하는지

그렇지 않은지를 우도비 카이제곱Likelihood ratio chi-square, 아카이케 정보량
기준Akaike Information Criteria, 베이지안 정보량 기준Baysian Information Critera 등의
지수를 통해 나타낸다. 만약 잠재 변수가 4개의 집단으로 나누어진다면, 4
집단 모형이 기준 모형 및 잠재 변수 2집단, 3집단 모형보다 AIC, BIC가 낮
고, 우도비 검정은 유의미한 수준의 p값을 산출할 것이다(Goodman, 2002;
McCutcheon, 2002; 이윤석, 2005).

신뢰의 유형을 도출한 후에, 각 신뢰 유형에 속한 사람들이 어떤 조건을
갖고 있는지 알아보고자 신뢰 유형을 종속 변수로 한 다항 로지스틱 회귀
분석을 실시했다. 이어서 신뢰 유형의 영향력을 확인하기 위해 정치 참여
를 종속 변수로 한 이항 로지스틱 회귀분석을 실시했다.

4. 연구 결과

1) 신뢰 유형

몇 개의 신뢰 유형이 존재하는지 알아보고자 기준 모형에서 5집단 모형
까지 집단의 수를 늘려가면서 잠재집단분석을 실시했다. 〈표 6-1〉의 모형
적합도 지수 결과에 따르면 4집단 모형이 가장 적합한 것으로 나타났다. 4
집단 모형의 AIC, BIC 지수가 모형 중 가장 낮으며, L2도 3집단 모형에 비
해 급격하게 하락해 자료에 가장 적합한 것으로 나타났다(p-value=0.87). 5
집단 모형도 수용 가능하지만, AIC, BIC 지수가 4집단보다 높아서 4집단에
비해서는 낮은 적합도를 가지는 것으로 볼 수 있다.

이 장에서는 잠재집단분석을 통해 도출된 신뢰 유형을 그 특성에 따라

표 6-1 잠재집단분석 모형 적합도 지수

모형	AIC	BIC	로그우도비 카이제곱(L^2)	자유도	P-Value
1집단 모형 (기준 모형)	27618.32	27650.79	5301.388	26	$1.7e^{-1119}$
2집단 모형	24224.55	24295.98	1895.613	20	$4.1e^{-391}$
3집단 모형	22712.64	22823.03	371.707	14	$1.10e^{-70}$
4집단 모형	22356.77	22506.12	3.8378	8	0.87
5집단 모형	22367.43	22555.74	1.6969	2	0.43

불신형, 기관 신뢰형, 대인 신뢰형, 고신뢰형으로 명명했다(〈그림 6-1〉, 〈부표 6-2〉 참조). 전체 응답자의 59.4%를 차지하고 있는 불신형은 사람과 기관을 모두 믿지 않는 사람들로 구성되어 있다. 이들의 88.9%는 대부분의 사람들을 믿을 수 없다고 응답했으며, 90%가 넘는 이들이 낯선 사람이나 외국인을 믿을 수 없다고 답했다. 또한 정부에 대해서는 100%, 국회에 대해서는 93%가 믿을 수 없다고 답했다. 기관 신뢰형으로 분류된 사람은 전체 응답자의 18.2%인데, 이들은 사람에 대한 신뢰는 낮지만 정부에 대해서는 100%, 국회에 대해서는 73.9%가 신뢰하고 있다고 답했다. 대인 신뢰형으로 분류되는 사람은 전체 응답자의 12.8%를 차지하며, 이들 중 60~80%는 사람에 대해 신뢰를 표시했지만, 정부와 국회에 대해서는 높은 불신율을 보였다. 마지막으로 응답자의 9.6%를 차지하는 고신뢰형은 높은 일반/대인 신뢰를 보였으며, 특히 모두가 정부와 국회를 신뢰한다고 답했다.

〈그림 6-1〉은 각 신뢰 유형의 문항별 응답률을 방사형 그래프로 표시한 것이다. 그래프의 숫자는 해당 유형에 속하는 사람들이 평균적으로 어떻게 대답했는지를 의미한다. 따라서 해당 유형이 갖고 있는 오각형의 면적은 각 유형이 갖고 있는 평균적인 사회적·도덕적 자원을 반영한다고 볼 수 있다. 불신형이 전체 응답자 중 다수를 차지하고 있지만, 오각형의 면적은 가

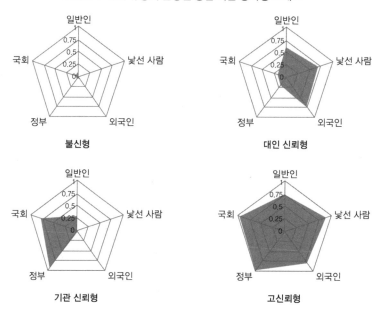

그림 6-1 **신뢰 유형의 문항별 응답 확률 방사형 그래프**

불신형

대인 신뢰형

기관 신뢰형

고신뢰형

주: 숫자는 각 유형의 응답 확률을 의미. 오각형 안의 면적은 각 유형에 속하는 사람들이 평균적으로 갖고 있는 도덕적·사회적 자원의 양을 의미.
자료: 서울대학교 사회발전연구소(2012).

장 작아서 사회 전반적인 사회적·도덕적 자원의 증대에는 기여하지 못함을 확인할 수 있다. 반면 고신뢰형은 가장 큰 면적을 보이고 있는데, 고신뢰형이 많은 사회일수록 한 사회의 사회적·도덕적 자원이 풍부해짐을 시사한다.

다음으로 국가별 신뢰 유형의 분포를 살펴보았다(〈그림 6-2〉). 각자의 신뢰 유형에 따라 개인의 행위가 달라지고, 이로 인해 사회의 모습이 달라질 수 있다. 따라서 국가별 신뢰 유형의 분포는 한 사회의 특징을 나타내는 지표가 될 수 있다. 또한 한 사회의 신뢰 수준에 대한 기존 연구들에서는 종합적인 신뢰의 수준을 기준으로 고신뢰 사회와 저신뢰 사회를 나누었는데

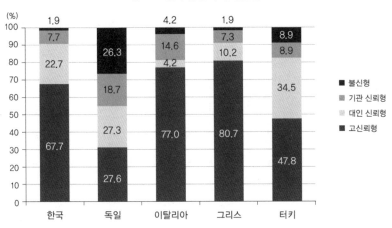

그림 6-2 **신뢰 유형의 국가별 분포**

자료: 서울대학교 사회발전연구소(2012).

(Fukuyama, 1995), 신뢰를 좀 더 분석적으로 나눠보면 사실은 종합적인 신 뢰의 고저보다 유형별 분포가 어떠한가가 더 중요하다는 것을 알 수 있다.

예를 들어 독일은 △ 불신형 27.6% △ 기관 신뢰형 27.3% △ 대인 신뢰형 18.7% △ 고신뢰형 26.3%로 모든 신뢰 유형이 고른 분포를 보인다. 독일 의 경우 제도나 사람에 대한 신뢰 모두가 높아서, 아무것도 신뢰하지 않는 집단이 다른 나라에 비해 상대적으로 적다. 이 결과 독일은 사회 전반적인 변화나 정치 엘리트들이 주도하는 정책에 대해 국민들의 동의가 쉽고, 사 회적 합의를 도출해내기 쉬운 특성을 갖게 되었다고 해석할 수 있다.

한국, 이탈리아, 그리스는 유사한 분포를 보였다. 불신형이 각각 67.7%, 77%, 80.7%로 네 유형 중 가장 많은 응답자를 차지하고, 고신뢰형은 1.9~ 4.2%에 지나지 않았다. 한국은 기관 신뢰형이 22.7%로 타 유형에 비해 상 대적으로 많았고, 이탈리아는 대인 신뢰형이 14.6%로 타 유형보다 많았다. 그리스는 기관 신뢰형 10.2%, 대인 신뢰형 7.3%로 모두 낮았다. 신뢰의 자원이라는 측면에서 이탈리아, 그리스와 비교해보면, 한국은 아직 극단적인 형태의 불신형 사회로까지는 가지 않은 것으로 보인다. 한국인들 중에 대인 신뢰형이 많지 않다는 것은 타인에 대해 배타적인 태도가 강함을 보여준다. 또한 고신뢰형의 분포율이 적어 결론적으로 한국의 도덕적인 자원은 취약한 상황임을 알 수 있다. 이탈리아와 그리스는 한국보다 더 불신형 사회이며, 특히 대인 신뢰형(14.6%)이 기관 신뢰형(4.2%)의 3배가 넘는 이탈리아의 경우 제도에 대한 신뢰보다는 타인에 대한 신뢰가 더 높은 형태의 사회인 것으로 볼 수 있다.

터키는 △ 불신형 47.8%, △ 기관 신뢰형 34.5%, △ 대인 신뢰형 8.9%, △ 고신뢰형 8.9%의 분포를 보였다. 터키는 경제·사회 발전 수준으로 보면 비교 대상 4개국보다 상대적으로 낮은 위치에 있지만, 한국, 이탈리아, 그리스보다 도덕적인 자원은 높은 것으로 나타났다. 종교적인 영향 혹은 더딘 민주화가 이 같은 신뢰 유형 분포에 영향을 미쳤을 것으로 추론된다. 아직 민주화가 되지 않은 중국과 베트남 역시 높은 수준의 기관 신뢰를 갖고 있는 것을 감안해볼 때(World Value Survey Association, 2009), 전통적이고 권위주의적인 동원이 아직 터키에서는 유효한 것으로 해석된다.

2) 신뢰 유형에 영향을 미치는 조건

다음으로 응답자의 어떤 조건이 개인의 신뢰 유형에 영향을 미치는지 확인하고자 신뢰 유형을 종속 변수로 한 다항 로지스틱 회귀분석을 실시했다(〈표 6-2〉). 포함된 독립 변수는 사회경제적 변수(성별, 연령, 결혼 상태, 학력, 취업 상태, 월 가구소득, 경제위기 경험 여부) 및 사회자본 변수(연결망, 사적/공적결사 참여)이다. 4개의 신뢰 유형 중 불신형을 준거집단으로 삼았다.

표 6-2 **신뢰 유형을 종속 변수로 한 다항 로지스틱 회귀분석 결과**

구분		신뢰 유형(준거: 불신형)		
		기관 신뢰형	대인 신뢰형	고신뢰형
		계수	계수	계수
성별(준거: 남성)		0.100	0.044	-0.008
연령		0.009**	-0.014**	0.002
결혼 상태(준거: 기혼/동거)		-0.035	0.128	0.119
교육(준거: 중졸 이하)	고졸	0.006	0.196	0.112
	대학 재학 이상	0.073	0.340*	0.219
취업 상태(준거: 취업)		-0.060	0.133	0.211
월 가구소득		0.152**	0.034	-0.131＋
연결망		-0.017	0.005	-0.055*
사적결사 참여		0.459***	0.357**	0.145
공적결사 참여		-0.077	0.274	0.098
경제위기 경험 여부 (클수록 위기 경험)		-0.099	0.125＋	-0.145＋
상수항		-0.566	-0.647	0.881
Log likelihood		-3791.0295		
LR Chi²(45)		1061.92		
사례 수		3,801		

* p 〈 0.05, ** p 〈 0.01, *** p 〈 0.001, +p〈0.1

주: 총 사례 5232개 중 변수의 결측값을 제외하고 3801(한국 799개, 독일 961개, 이탈리아 661개, 그리스 506개, 터키 874개)개의 사례만 모형이 포함되었음. 국가별 차이는 더미 변수로 통제함.

이는 불신형이 전체 응답자의 59.42%를 차지하는, 4개 신뢰 유형 중 가장 큰 유형이기 때문이다. 이에 더해 여타 유형은 기관 혹은 타인 중 적어도 한 범주를 신뢰하고 있는 사람들이기 때문에, 기관과 타인 모두를 믿지 않는 집단과의 비교를 통해 어떤 조건에서 사람들이 기관 혹은 타인을 신뢰하게 되는지 이해할 수 있게 될 것이다.

분석 결과 불신형과 여타 신뢰 유형 간에는 유의미한 차이가 있었다. 먼저 연령과 소득이 많을수록, 그리고 사적결사 참여가 많은 사람일수록 불신형 대신 기관 신뢰형이 될 확률이 높았다. 한편 연령이 낮고, 학력은 고

학력이며, 사적결사 참여가 높은 사람들은 대인 신뢰형에 속할 확률이 높았다. 그리고 경제위기를 경험한 이들이 대인 신뢰형이 될 가능성이 높은 것으로 나타났다. 마지막으로 응답자의 연결망 크기가 작고, 월 가구소득이 낮으며, 경제위기 경험이 없는 사람들이 고신뢰형이 될 가능성이 높았다. 종합해보면, 신뢰 유형에 영향을 미치는 주된 변수는 연령, 학력, 소득, 연결망, 사적결사 참여, 경제위기 경험 여부인 것이다.

경제위기를 경험한 이들이 불신형 대신 대인 신뢰형이 될 가능성이 높고, 비록 통계적으로 유의하지는 않았지만 기관 신뢰형과 경제위기 경험 여부가 음(-)의 관계를 갖는다는 사실은 중요한 함의를 갖는다. 이는 경제위기를 겪은 사람들일수록 제도나 규칙에 대한 믿음을 잃고 대인관계를 통해 비제도적 방식으로 사회문제를 해결하려는 태도를 보인다는 의미로 해석할 수 있기 때문이다. 한편 경제위기 경험 여부와 고신뢰형 여부가 음(-)의 상관관계를 보인 결과는, 고신뢰형에 속하는 사람들이 개인 혹은 가족 단위에서 경제위기를 경험하지 않았기 때문에 높은 기관·대인 신뢰를 유지하고 있을 가능성을 시사한다.

연결망은 '가족/친구/이웃과 연락하는 빈도'로, 자기 주변 인물에 대한 믿음을 반영하는 것으로 볼 수 있다. 이처럼 연결망 값이 높다는 것은 제도 혹은 낯선 타인보다 지인들을 우선시하는 태도로 볼 수 있는데, 분석 결과, 이 경우 고신뢰형이 되기는 힘든 것으로 나타났다.

마지막으로 스포츠·레저·문화단체 및 종교단체에 가입한 사람들일수록 불신형이 아닐 확률이 높았다. 이는 사적 결사체에서의 경험을 통해 사회적 신뢰가 쌓인다는 퍼트넘 등(Putnam et al., 1993; Putnam, 2000)의 연구 결과를 지지한다. 사적 결사체의 경험은 단지 지인들에 대한 신뢰를 상승시키는 데 그치지 않고 일반적인 사회 구성원이나 제도에 대한 신뢰까지도 높이는 것으로 나타났다. 단, 사적결사 참여가 두 가지 종류의 신뢰 모두에 영향을 미치기 때문에 사적 결사체의 어떤 특성이 각각 제도에 대한 신뢰와 타인에 대한 신뢰를 제고하는지에 대한 구체적인 메커니즘은 추후 연구를 통해 밝혀낼 필요가 있다.

기관 신뢰형, 대인 신뢰형에 양(+)의 영향을 보였던 사적결사 참여가 고신뢰형에는 영향을 미치지 않았다는 것은 해석의 주의를 요한다. 고신뢰형을 준거 범주로 삼은 다항 로지스틱 회귀분석(〈부표 6-3〉 참조)에서는 고소득자이고, 일자리가 없으며, 사적결사 참여가 많을수록 고신뢰형보다 기관 신뢰형이 될 가능성이 높았다. 또한 나이가 적고, 소득이 높으며, 연결망이 많고, 경제위기를 경험했을수록 고신뢰형보다 대인 신뢰형이 될 가능성이 높았다. 다시 말해 기관과 개인 중 누구를 더 신뢰하느냐에 영향을 미치는 요인은 단선적이 아니고 전혀 다른 메커니즘에 의해 설명된다는 것이다.

3) 신뢰 유형이 정치 참여에 미치는 영향 분석

다음으로 신뢰 유형 구분이 유의미한지, 그리고 그것이 정치 참여에 어떠한 영향을 미치는지 검증하기 위해, 5개국 전체 자료를 사용해 분석했다. 신뢰 유형 및 배경 변수를 독립 변수로 하고 정치 참여의 세부 변수인 △ 온라인에 의견 개진 △ 정부·언론에 의견 개진 △ 서명 운동 △ 투표를 종속 변수로 하는 이항 로지스틱 회귀분석을 실시한 것이다(〈표 6-3〉).

먼저 고신뢰형 응답자가 불신형 및 타 유형에 비해 온라인을 통한 정치적인 견해 제시를 많이 하는 것으로 나타났다. 배경 변수별로는 젊은 남성, 기혼 혹은 동거자, 그리고 고등학교 졸업 이상의 학력을 가진 취업자 중에 사적/공적결사 참여가 활발한 이들이 온라인으로 정치적인 견해를 많이

표 6-3 정치 참여를 종속 변수로 한 이항 로지스틱 회귀분석 결과

구분		온라인 의견 개진	정부·언론에 의견 개진	서명 운동· 시위·집회 참여	투표
신뢰 유형 (준거: 불신형)	기관 신뢰형	-0.014	0.213*	0.002	0.386**
	대인 신뢰형	0.113	0.641***	0.568***	0.215
	고신뢰형	0.580***	0.682***	0.631***	0.132
국가 더미 (준거: 독일)	한국	-1.221***	-0.182	0.226+	0.518***
	이탈리아	-0.896***	0.513***	0.404**	0.318*
	그리스	-1.455***	-1.125***	-0.071	1.603***
	터키	-1.696***	0.064	0.317**	1.417***
상수항		2.831***	-0.418	-0.978	-2.086***
Log likelihood		-1771.9558	-2248.6263	-2296.5653	-1699.0939
LR Chi²(18)		1420.65	468.47	443.80	325.12
사례 수		3,801			3,643

* p 〈 0.05, ** p 〈 0.01, *** p 〈 0.001, +p〈0.1

주: 총 사례 5232개 중 변수의 결측값을 제외하고 3801(한국 799개, 독일 961개, 이탈리아 661개, 그리스 506개, 터키 874개)개~3643(한국 794개, 독일 903개, 이탈리아 643개, 그리스 492개, 터키 811개)개의 사례만 모형이 포함되었음. 투표의 경우 가장 최근 선거에서 투표권이 없었던 응답자는 결측 처리함. 통제 변수를 포함한 모형은 부록 〈부표 6-4〉 참조.

제시하는 것으로 나타났다.

정부 및 언론에 의견을 제시하는 정치 행동에는 세 신뢰 유형 모두 불신형보다 유의하게 더 많이 참여하는 것으로 나타났다. 또한 젊은 남성, 고등학교 졸업 이상의 학력자 중 연결망 규모 작고 사적/공적결사 참여가 활발한 이들이 정부 및 언론에 의견을 많이 제시하는 것으로 확인되었다.

서명 운동·시위·집회 참여는 대인 신뢰형과 고신뢰형이 불신형에서보다 활발한 것으로 나타났다. 배경 변수로는 젊은 남성, 고등학교 졸업 이상의 학력자이고, 취업자이면서, 사적/공적결사에 활발히 참여할수록 서명 운동·시위·집회 등에 참석할 가능성이 높아지는 것으로 나타났다.

마지막으로 투표의 경우 기관 신뢰형만이 불신형보다 적극적으로 투표에 참여할 가능성이 높은 것으로 나타났다. 연령이 높고, 월 가구소득수준

이 높으며, 연결망 규모가 크고, 공적결사에 적극 참여하며, 경제위기를 경험하지 않은 사람일수록 투표를 많이 하는 것으로 나타났다.

이상과 같은 이항 로지스틱 회귀분석의 결과를 종합해보면, 신뢰 유형은 정치 참여에 유의미한 영향을 미친다. 기관 신뢰형 여부는 정부·언론에 의견을 제시하거나 투표하는 데 유의미한 양(+)의 영향을 미쳤다. 반면 대인 신뢰형 여부와 고신뢰형 여부는 정부·언론에 의견 개진, 서명 운동·시위·집회 참여에는 유의미한 양(+)의 영향을 미쳤으나, 투표 참여에는 영향력이 없는 것으로 나타났다. 더불어 고신뢰형은 온라인 의견 개진에도 양(+)의 영향을 미치는 것으로 관측되었다.

대인 신뢰형과 고신뢰형의 사람들이 불신형보다 투표 이외의 비제도적인 정치 참여를 많이 한다는 것은 타인에 대한 신뢰가 비제도적 정치 참여의 기반임을 시사한다. 선거일에 잠시 시간을 내기만 하면 되는 투표와는 달리 비제도적 정치 참여의 경우 참가자에게 시간, 돈과 같은 자원을 쓸 것을 요구한다. 주변 사람들도 함께 정치에 참여해 자신이 원하는 방향으로 변화가 발생하리라는 믿음이 없다면, 한 개인은 자신의 자원이 헛되이 쓰일 것을 우려하여 정치 참여에 나서지 않을 것으로 추론된다.

기관 신뢰형이 불신형보다 투표를 많이 하는 것은 이들이 정부나 국회 등 정치·행정 엘리트들이 사회문제를 해결할 것이라고 믿기 때문에, 엘리트를 선출하는 투표라는 제도적 정치 참여에 상대적으로 집중하는 것으로 해석할 수 있다. 또한 이들은 투표 이외의 정치 참여를 하더라도 정부나 언론이라는 제도를 활용한 활동에 초점을 맞추는 것으로 나타난다. 기관 신뢰형인 사람들 중에 온라인 의견 개진이나 서명 운동·시위·집회 참여가 활발하지 않고 오히려 음(-)의 방향성을 갖고 있다는 분석 결과를 감안하면, 기관을 신뢰하는 사람들은 정치 참여를 결심할 때 행위의 효용성과 위험성을 심각하게 고려하는 것으로 추론된다. 온라인을 통한 정치적 의견 개진은 정치인이나 연예인이 아닌 이상 의견 개진의 효과를 확인하기 힘들거나 혹은 소수의 사람들에게만 영향력을 미친다. 한편 서명 운동·시위·집회 참여는 많은 개인적 자원이 소모되고, 상대적으로 반체제적으로 비칠 위험성이 높다. 추후 정치 참여의 효용성과 위험성을 통제한 연구를 통해 이를 검증할 수 있을 것이다.

앞서 제시한 한국, 독일, 이탈리아, 그리스, 터키의 신뢰 유형 분포와 로지스틱 분석 결과를 종합해보면, 몇 가지의 시사점을 얻을 수 있다. 이항 로지스틱 회귀분석 결과에 따르면 기관 신뢰형에 속하는 이들이 투표를 선호하고, 대인 신뢰형·고신뢰형에서는 비제도적 정치 참여가 많다. 하지만 한국, 이탈리아, 그리스는 2/3 이상의 사람들이 불신형이기 때문에 전반적인 정치 참여가 저조할 것으로 추론되며, 특히 비제도적인 정치 참여가 낮을 것이다. 하지만 국가더미 변수의 계수를 보면 국가별로 이상의 추론과는 다른 결과를 확인할 수 있다. 투표의 경우 독일을 제외한 4개국 모두 독일보다 참여율이 높은 것으로 나타났다. 비제도적 정치 참여 가운데서도 온라인 의견 개진은 독일이 가장 높았지만, 정부·언론 의견 개진은 이탈리아가 가장 높았고, 서명 운동·시위·집회 참여는 한국, 이탈리아, 터키에서 독일보다 더 많이 일어나는 것으로 나타났다. 이 결과는 국가별로 상이한 역사적·문화적 배경, 정치 참여 방식의 경로의존성 등 이 장의 로지스틱 회귀모형에서 고려되지 않은 변수들이 각국 정치 참여의 유형과 정도에 영향을 미치기 때문으로 추정된다.

5. 결론

이 장에서는 신뢰에 상이한 유형이 존재한다는 가설에서 출발해, 일반 신뢰, 대인 신뢰, 기관 신뢰 변수를 바탕으로 잠재집단분석을 통해 신뢰 유형을 도출했다. 한국, 독일, 이탈리아, 그리스, 터키 5개국이 어떤 신뢰 유형 분포를 갖고 있는지 확인했으며, 어떤 조건으로 인해 개인이 상이한 신뢰 유형을 갖게 되는지 다항 로지스틱 회귀분석을 통해 살펴보았다.

분석 결과 △ 불신형 △ 기관 신뢰형 △ 대인 신뢰형 △ 고신뢰형의 네 가지 유형이 도출되었고, 개인은 연령과 소득, 연결망, 경제위기 경험 여부, 사적 결사 참여 여부에 따라 다른 신뢰 유형을 갖게 되는 것으로 나타났다. 나라별 신뢰 유형 분포를 보면, 독일은 네 가지 유형이 고르게 분포되어 있고, 한국, 이탈리아, 그리스는 2/3 이상이 불신형이며, 터키는 불신형이 절반가량이며 기관 신뢰형이 1/3 이상이었다. 기관 신뢰를 제도에 대한 신뢰로 보고 대인 신뢰를 타인에 대한 신뢰로 본다면, 불신형이 상대적으로 적은 독일의 경우 사회문제 해결을 위한 사회적, 규범적인 인프라가 잘 갖춰져 있다고 평가할 수 있다. 반면 불신형이 2/3를 넘는 한국, 이탈리아, 그리스는 이런 사회적 자원의 상대적 부재로 인해 사회문제 해결을 위한 해결책에 합의하기 어려워, 갈등이 유발되고, 정부의 정책 집행 효과가 낮은 것으로 추론된다. 기관 신뢰형이 상대적으로 많은 터키에서는 전통적이고 권위주의적 동원이 유효할 것으로 추정된다.

한편 상이한 신뢰 유형이 가진 효과를 살펴보기 위해 정치 참여의 네 가지 하위 변수(온라인 의견 개진, 정부·언론에 의견 개진, 서명 운동·시위·집회 참여, 투표)를 각각 종속 변수로 한 이항 로지스틱 회귀분석을 실시했다. 분석 결과 기관 신뢰형인 이들은 불신형에 비해 정부·언론에 의견을 개진하거나 투표에 참여할 가능성이 높았다. 또한 대인 신뢰형인 이들은 정부·언론에 청원 및 서명 운동·시위·집회 등에 참여할 확률이 불신형보다 높았고, 마지막으로 고신뢰형은 세 가지 형태의 정치 참여 모두에서 매우 활발했다.

이상의 연구 결과는 크게 세 가지 시사점을 제공한다. 첫째, 신뢰 유형이 정치적 영역에서 새로운 분석 기준contingency으로 기능한다는 점이다. 많은 선행 연구에서는 신뢰를 단일한 것으로 간주하거나, 일반·대인·기관 신뢰 등으로 분리하되 다른 변수와의 상관관계를 보는 데에 만족했다. 하지만 개인 수준의 신뢰가 한 개인이 타인, 기관 등 각기 다른 대상에 대한 인식의 일종이며, 이들 간의 상호작용이 개인의 행동에 영향을 미친다고 보아야 하므로 일반·대인·기관 신뢰 등으로 분리하기보다 신뢰 유형으로 종합하는 것이 더 유익하다. 따라서 신뢰를 독립 변수 혹은 종속 변수로 타 변수와의 관계를 분석한 선행 연구의 한계를 분석적으로 재검토해볼 수 있다. 하지만 정치 분야 이외 다른 영역에서도 신뢰 유형이 설명력을 갖는지는 추후 연구가 필요하다. 더불어 잠재집단분석이라는 통계학적 방법을 통해 자의적인 종합을 배제하고 더 경험적이고 엄밀하게 신뢰 유형이 도출되었기 때문에, 앞으로 경험적인 신뢰연구에의 활용도는 높다 하겠다.

둘째, 신뢰 유형의 분포가 한 사회의 사회적·도덕적 자원을 파악하는 지표로서 기능할 수 있다는 점이다. 5개국의 다양한 신뢰 유형 분포에서 알 수 있듯, 연구의 대상을 확장해 각국의 신뢰 유형의 분포를 산출해보면 불신형이 많은 국가, 기관 신뢰형이 많은 국가, 대인 신뢰형이 많은 국가 등으로 특색 있게 나뉜다. 또한 신뢰 유형의 분포가 GDP 등 거시적 사회지표에 미치는 영향, 혹은 그 역을 보는 연구도 가능하다.

셋째, 신뢰 유형이 정치 참여의 유형(제도적·비제도적 정치 참여)에 영향을 미치는 변수임을 확인했다. 기관 신뢰형일수록 제도적인 정치 참여가

많았으며, 대인 신뢰형과 고신뢰형은 비제도적 정치 참여를 많이 하는 것
으로 나타났다.

부표 6-1 변수의 기술통계표

변수(N=3801)		평균	표준편차	최소값	최대값
독립 변수	성별(준거: 남성)	0.50	0.50	0	1
	연령	46.73	16.35	18	94
	결혼 여부(준거: 기혼/동거)	0.66	0.47	0	1
	고졸	0.42	0.49	0	1
	대학 재학 이상	0.22	0.42	0	1
	취업 상태(준거: 취업)	0.54	0.50	0	1
	월 가구소득	2.39	1.12	1	4
	연결망	17.40	2.65	3	21
	사적결사 참여 여부	0.35	0.48	0	1
	공적결사 참여 여부	0.07	0.26	0	1
	경제위기 경험 여부	2.05	0.78	1	4
종속 변수 (정치 참여)	온라인 의견 개진	0.36	0.48	0	1
	정부 언론 의견 개진	0.36	0.48	0	1
	서명 운동 시위 집회 참여	0.38	0.48	0	1
	투표(N=3643)	0.79	0.41	0	1

주: 총 사례 5232개 중 회귀분석 모델에 포함된 변수의 결측값을 제외하고 3801(한국 799개, 독일 961개, 이탈리아 661개, 그리스 506개, 터키 874개)~3643(한국 794개, 독일 903개, 이탈리아 643개, 그리스 492개, 터키 811개) 개의 사례만 모형에 포함되었음. 투표의 경우 가장 최근 선거에서 투표권이 없었던 응답자는 결측 처리함.

부표 6-2 각 신뢰 유형의 문항별 응답 확률

(단위: %)

문항	구분	불신형	기관 신뢰형	대인 신뢰형	고신뢰형
전체 응답자 중 비율	-	59.42	18.18	12.76	9.63
일반 신뢰	불신 신뢰	88.91 11.09	75.66 24.34	31.94 68.06	27.06 72.94
낯선사람 신뢰	불신 신뢰	97.52 2.48	100 0	23.44 76.56	7.79 92.21
외국인 신뢰	불신 신뢰	95.5 4.5	96.11 3.89	17.36 82.64	13.64 86.36
정부 신뢰	불신 신뢰	100 0	0 100	77.26 22.74	0 100
국회 신뢰	불신 신뢰	93.16 6.84	26.07 73.93	81.42 18.58	0 100

주: N=4883(한국 842, 독일 1147, 이탈리아 951, 그리스 972, 터키 971).

부표 6-3 고신뢰형을 준거 범주로 한 다항 로지스틱 회귀분석

구분		신뢰 유형(준거: 고신뢰형)		
		기관 신뢰형	대인 신뢰형	불신형
		계수	계수	계수
성별(준거: 남성)		0.108	0.052	0.008
연령		0.007	-0.016**	-0.002
결혼 상태(준거: 기혼/동거)		-0.154	0.009	-0.119
교육(준거: 중졸 이하)	고졸	-0.105	0.084	-0.112
	대학 재학 이상	-0.146	0.121	-0.219
취업 상태(준거: 취업)		-0.270+	-0.078	-0.211
월 가구소득		0.283***	0.166*	0.131+
연결망		0.038	0.060*	0.055*
사적결사 참여		0.314*	0.212	-0.145
공적결사 참여		-0.176	0.176	-0.098
경제위기 경험 여부 (클수록 위기 경험)		0.046	0.270**	0.145+
상수항		-1.447*	-1.528*	-0.881
Log likelihood		-3791.0295		
LR Chi²(45)		1061.92		
사례 수		3801		

* p < 0.05, ** p < 0.01, *** p < 0.001, +p<0.1
주: 총 사례 5232개 중 변수의 결측값을 제외하고 3801(한국 799개, 독일 961개, 이탈리아 661개, 그리스 506개, 터키 874개)개의 사례만 모형이 포함되었음. 국가별 차이는 더미 변수로 통제함

부표 6-4 정치 참여를 종속 변수로 한 이항 로지스틱 회귀분석 결과

구분		온라인 의견 개진	정부·언론 의견 개진	서명 운동· 시위·집회 참여	투표
성별(준거: 남성)		0.201*	0.169*	0.279***	0.029
연령		-0.080***	-0.012***	-0.015***	0.024***
결혼 상태(준거: 기혼/동거)		0.176+	0.127	0.039	0.500***
교육(준거: 중졸 이하)	고졸	0.805***	0.387***	0.238**	0.052
	대학 재학 이상	1.368***	0.823***	0.478***	0.162
취업 상태(준거: 취업)		0.301**	0.073	0.177*	0.064
월 가구소득		0.024	0.005	0.038	0.136**
연결망		-0.013	-0.027+	-0.003	0.069***
사적결사 참여		0.507***	0.372***	0.537***	0.103
공적결사 참여		0.905***	1.186***	1.459***	0.735***
경제위기 경험 여부 (클수록 위기 경험)		-0.088	-0.031	0.007	-0.189**
신뢰 유형 (준거: 불신형)	기관 신뢰형	-0.014	0.213*	0.002	0.386**
	대인 신뢰형	0.113	0.641***	0.568***	0.215
	고신뢰형	0.580***	0.682***	0.631***	0.132
국가더미 (준거: 독일)	한국	-1.221***	-0.182	0.226+	0.518***
	이탈리아	-0.896***	0.513***	0.404**	0.318*
	그리스	-1.455***	-1.125***	-0.071	1.603***
	터키	-1.696***	0.064	0.317**	1.417***
상수항		2.831***	-0.418	-0.978	-2.086***
Log likelihood		-1771.9558	-2248.6263	-2296.5653	-1699.0939
LR Chi²(18)		1420.65	468.47	443.80	325.12
사례 수		3,801	3,801	3,801	3,643

* p ⟨ 0.05, ** p ⟨ 0.01, *** p ⟨ 0.001, +p ⟨ 0.1
주: 총 사례 5232개 중 변수의 결측값을 제외하고 3801(한국 799개, 독일 961개, 이탈리아 661개, 그리스 506개, 터키 874개)개~3643(한국 794개, 독일 903개, 이탈리아 643개, 그리스 492개, 터키 811개)개의 사례만 모형이 포함되었음. 투표의 경우 가장 최근 선거에서 투표권이 없었던 응답자는 결측 처리함.

7

'좋은 사회'는 삶의 만족을 높이는가

5개국 개인 삶의 만족과 사회갈등 해소 역량

우명숙 · 김길용 · 유명순 · 조병희

1. 서론

최근 개인의 주관적인 삶의 만족도에 관한 국가 간 비교연구들은 개인의 인구학적·경제적 요인들, 사회자본, 정치 인식과 같은 개인 수준의 변수들과 국가의 1인당 GDP, 사회지출 수준, 신뢰 수준 등과 같은 국가 수준의 변수들을 동시에 분석하는 경향을 보인다(Bjørnskov et al., 2008; Böhnke, 2008; Helliwell, 2003, 2008; Howard and Gilbert, 2008). 이러한 최근 연구들은 많은 심리학적 연구들이 개인의 성격이나 삶의 경험 비교연구(Bailey et al., 2007)에 집중한 것과는 다르게, 사회의 질Social Quality이 개인의 삶에 미치는 영향을 보여주고 있다.

이 글은 개인적 수준의 변수들에 초점을 맞추되, 개인들의 인식을 통해 드러나는 사회의 속성을 강조하고자 한다. 이 글에서 주목하고자 하는 것은 삶의 만족도에 미치는 영향 요인으로서 사회갈등의 영역과 이러한 갈등을 해소할 수 있는 사회의 역량이다. 비교 대상 국가의 제한으로, 국가 수준의 변수들을 고려하지 못했으나, 뵌케(Böhnke, 2008)가 개인 수준과 국가 수준 변수들과는 독자적으로 개인 삶의 만족도에 유의한 영향을 미치는 요인인 것으로 실증해낸, '사회에 대한 인식perceptions of society'에 주목해보고자 한다. 사회에 대한 인식은 거시 국가지표들과는 다른 측면에서 사회에 대한 정보를 제공해준다고 말할 수 있을 것이다. 따라서 이 글은 개인들이 사회의 갈등 해소 역량을 어떻게 인식하느냐가 삶의 만족도에 미치는 영향에 주목해보고자 한다.

갈등은 어느 사회에나 존재하는 것이며 '갈등 없는 사회'는 존재하지 않는다. 갈등론적 전통의 사회학은 갈등은 편재하며 사회 발전의 원천이기도 하다고 본다(Collins, 1994). 그러나 사회제도를 통해 적절히 통제되지 않은 갈등은 사회 발전을 저해할 수밖에 없다(Huntington, 1968; Rodrik, 1998). 갈등의 정도는 다르겠지만, 기본적으로 갈등 사회에서 살아가는 개인들은 다양한 갈등 상황에 놓이게 된다. 사회갈등은 여러 차원의 사회적 불평등으로부터 유발된다고 볼 수 있다. 고전 사회학의 전통에서 보자면, 카를 마르크스Karl Marx는 경제적 불평등을, 막스 베버Max Weber는 경제적 불평등뿐만 아니라 정치권력과 사회적 위신 등의 불평등을 강조했다. 한편 최근에서는 개인의 사회자본과 문화자본의 차이에서 빚어지는 불평등이 부각되어왔다(김왕배, 2001). 이러한 전통적인 사회학적 불평등론에 포괄되지는 않지만, 잉글하트의 탈물질주의 명제는 세대 간 갈등의 잠재적 원천을 제시해주었다(Inglehart, 1990).

이 글은 갈등을 유발할 수 있는 여러 원천 중에서 사회적인 대립을 야기시키는 소득 격차, 불신/배제, 가치갈등의 측면에 주목해보고자 한다. 각각은 사회적·정치적으로 중요한 이슈로 자주 공론화되었기 때문에 개인들이 한 사회의 갈등을 인식하게 하는 주요한 영역으로 볼 수 있다. 한편 개인은 갈등 사회에서 갈등을 당연시 여기고 산다기보다는 좀 더 안정되고 자유로운 사회를 염원하게 되며, 갈등이 어느 정도 사회적으로 조절되고 있다는 인식은 삶을 만족스럽게 살아가는 주요한 요인이 될 수 있다. 어떤 사회의 역량이 갈등 사회의 갈등을 적절히 조절하고 완화하고 이로써 개인들의 삶의 만족도를 높일 수 있는가에 대해서 이 글이 직접적으로 답하지는 않는다. 다만 이 글은 '좋은 사회'는 사회갈등으로 빚어지는 문제를 해결할 수 있는 역량을 가진 사회로 보고, 여러 차원의 사회적 역량 중에서 어떤 역량에 대한 개인 인식이 삶의 만족도를 높여주는가에 주목하고자 한다.

사회의 갈등 해소 역량에 대한 논의는 최근 관심이 높아지고 있는 '사회의 질Social Quality: SQ'의 분석 틀(정진성 외, 2010; Yee and Chang, 2011)을 참고로 한 사회의 경제적 안전성socio-economic security, 사회응집성social cohesion, 사회적 포용성social inclusion, 사회적 역능성social empowerment의 여러 차원에서 사회갈등 해소에 기여할 사회적 역량을 구분해보고자 한다. 예컨대 현재 한국 사회에서도 정치 의제의 핵심으로 떠오른 복지국가가 사회경제적 안전성의 영역이라면, 복지국가적 역량만이 아닌 다른 사회적 역량에 대한 관심도 필요하다. 개인들이 사회의 복지 역량뿐만 아니라, 여러 차원의 사회적 역량에 대한 믿음을 가질 때 개인들은 갈등 상황의 부정적 영향을 완화시킬 수 있을 것이고 삶을 좀 더 만족스럽게 여기게 될 것으로 기대한다.

이 글은 5개국의 개인 인식 조사 자료를 대상으로 한다. 우선 이탈리아와 그리스, 그리고 독일은 유로존 경제위기에 대한 대응 차이를 보여 한국이 서로 다른 교훈을 얻을 수 있는 국가로 판단되어 주요 대상국이 되었다. 한편 EU 가입을 목표로 하고 있는 터키는 경제 수준이 한국보다 뒤처져 있지만, 빠른 경제성장을 보이면서 한국과 다른 사회통합 역량을 보여주는 국가로서(이현주 외, 2012), 유럽 국가들과는 또 다른 교훈을 줄 것으로 보인다. 5개국 개인의 삶의 만족도를 비교해봄으로써 우리는 삶의 만족도에 미치는 요인들의 영향력을 더욱 일반화시켜 논의해볼 수 있으며, 동시에 5개국에 제한하여 최근 경제위기와 극복, 그리고 정치사회적 환경과 변화를 잘 숙지함으로써 삶의 만족도를 설명하는 변수들을 좀 더 맥락적으로 이해할 수 있을 것이다.

이 글은 우선 연구 대상 국가들의 배경과 현황을 간략하게 살펴보고, 이 글이 주목하고자 하는, 개인 삶의 만족도에 영향을 미치는 사회갈등과 사회갈등을 해소하는 사회의 역량이란 무엇인지를 기존의 여러 사회갈등, 사회통합, 사회의 질에 대한 논의들을 통해 규정해보고자 한다. 그다음으로 연구 방법에 대해서 기술하고, 이어서 다중회귀분석의 결과를 보여준다. 마지막으로 결론에서는 분석 결과의 함의와 이 글의 한계를 논의한다.

2. 연구의 틀

1) 연구 대상 국가들의 맥락과 현황

2008년 미국 발 금융위기로 여파로 이후 유럽을 비롯한 세계 경제는 큰 타격을 입었다. 특히 남부유럽 국가인 이탈리아와 그리스는 혹독한 경제위기를 경험했다. 실제로 2010년 그리스의 긴급 구제금융의 요청으로 시작된 남유럽 국가들의 금융위기는 마이너스 경제성장으로 이어졌다. 그리스는 전년도 대비 2008년 실질 GDP 성장률이 -0.2% 내려간 이후 최근까지

그림 7-1 공적 사회지출의 GDP 대비 비중(1980~2012년)

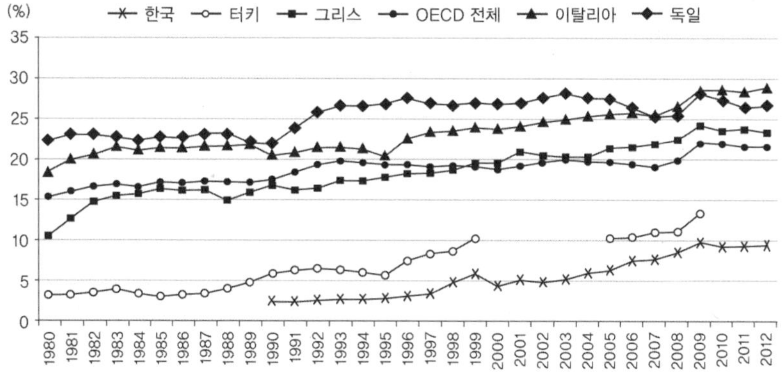

주: 터키는 2000~2004년 자료가 가용하지 않은 것으로 보고되어 있음.
자료: OECD, Social Expenditure Database.

성장률을 회복하지 못한 채 2012년에는 -6.3%로 떨어졌으며, 이탈리아는 2009년 -5.5%까지 떨어진 후 다소 회복세를 보이다가 2012년에는 -2.2% 로 떨어졌다. 반면 독일은 세계 금융위기의 영향으로 2009년에는 -5.1%의 GDP 성장률을 보였으나, 2010년에는 4.0%로 올라간 후 전반적인 성장세 로 돌아섰다(OECD stat).

장덕진 외(2012)의 국제 비교연구는 이들 유로존 국가의 위기 관리 역량 에서 나타나는 차이점을 잘 보여준다. 유로존 경제위기의 충격을 크게 받 은 그리스와 이탈리아의 경우, 공적 사회지출은 높은 편이었으나, 공적기 관 신뢰와 투명성이 낮았다. 반면 독일은 공적 사회지출이 높으면서, 동시 에 공적기관 신뢰와 투명성이 높았다(〈그림 7-1〉 참조). 이 유로존 세 국가 들에 비해서 터키와 한국은 공적 사회지출이 낮으면서, 또한 기관 신뢰와 투명성이 높지 않았다.

한국은 유로존 국가들, 그리고 터키와 어떻게 다른 상황에 놓여 있는가? 그리스나 이탈리아와 유사하게 공적기관 신뢰와 투명성이 낮지만, 이들 국가에 비해 사회지출은 낮다. 이들 국가들이 한국에서 함의하는 바는 지속 가능한 복지국가를 건설하지 못하면 높은 사회지출의 복지국가도 경제위기 시에 사회적 보호막이 되기 어렵다는 점이다. 한편, 독일은 사회적 합의의 정치와 노사 합의의 노동시장 개혁으로 높은 사회지출의 복지국가 시스템이 경제위기를 극복하는 데 긍정적 기여를 할 수 있음을 보여주었다. 한편 터키는 한국보다 1인당 GDP 수준이 낮고, 사회지출은 한국과 유사하게 OECD 국가에서 가장 낮다. 터키는 또한 과거 군사정권의 집권, 그리고 이슬람 세력과 세속주의 세력 간의 첨예한 갈등 등으로 유럽 국가들이나 한국에 비해서도 정치적 불안정성을 보여왔다. 그럼에도 불구하고 터키는 이슬람 율법에 따라 빚이 없는 사람은 소득의 5%를 기부하는 기부문화가 발달해 시민사회가 자선사업을 통해 사회위기를 완충해주는 데 나름대로 큰 역할을 하고 있다(이현주 외, 2012).

한국은 외환위기 이후 소득과 자산의 양극화가 심해졌고, 정규직과 비정규직 간의 격차는 커졌다. 한국은 2008년 기준으로 OECD 27개 회원국가들 중에서 임금불평등은 세 번째로 높으며(멕시코, 미국 다음으로), 저임금 계층(중위 임금의 2/3 미만)이 가장 많다(김유선, 2012: 38~39). 사회보험의 확대에도 불구하고 정규직과 비정규직의 사회보험 가입률의 격차는 커서, 국민연금과 고용보험에 대한 비정규직의 가입률은 정규직 가입률의 절반 남짓 수준이라고 할 수 있다(고용노동부, 2011). 임금노동자에 대한 사회적 보호의 사각지대가 여전히 크게 남아 있는 상황에서 한국은 또한 세대, 이념, 지역 등의 사회갈등의 소지들을 많이 안고 있다.

이렇게 5개 국가들은 사회갈등을 관리할 수 있는 역량 차이를 보여주고 있다. 이러한 연구 대상 국가들에 대한 배경지식은 개인 인식 수준에서 나타날 변이들variations을 이해하는 데 맥락을 제공할 것이다. 그리고 이는 사회갈등을 관리하는 역량이 높은 국가와 낮은 국가의 개인들이 보여줄 인식의 차이를 해석하는 데 도움을 줄 것으로 보인다.

2) 이론적 논의

(1) 사회통합에 대한 선행 연구

유럽연합EU에서는 사회통합을 하나의 '개념'으로 인식하기보다는 사회갈등을 예방하고 사회 전체의 민주적인 안정성을 보장한다는 정치적 목표를 공유하기 위해 그 사회가 선택한 '준거틀reference framework'로 인식할 것을 제안하고 있다(Council of Europe, 2005). 즉, 사회통합은 무엇으로 정의할 수 있는 것이라기보다는 헌팅턴(Huntington, 1968)이 말한 한 나라의 "갈등 수용 능력carrying capacity", 로드릭(Rodrik, 1998)이 강조한 경제성장을 위한 "갈등 해소 능력", 그리고 애쓰모글루 등(Acemoglu et al., 2006)이 중요하다고 본 "사회갈등을 풀어갈 정치권력" 등을 통해 갈등을 관리하는 사회적 역량으로 얻어지는 무엇으로 볼 수 있을 것이다. 이러한 논의들은 사회통합에 대한 갈등론적이고 제도주의적 관점을 제공한다.

이재열(2011)은 이러한 근대화 과정과 사회통합의 과정에 대한 기존 연구들을 검토하면서 사회통합이란 결국 "사회적 갈등을 줄여나가는 제도역량"의 결과로 정리한다. 이재열은 사회통합의 역량을 말하기 위해, '갈등지수'를 산출하고 있는데, 갈등지수가 말하는 것은 갈등의 정도가 높더라도, 갈등 해소 능력이 높다면, 갈등지수가 작아져 결국 사회통합이 높게 유지될 수 있다는 점이다. 이는 한 사회의 갈등이나 통합을 이해하기 위해서는 갈등의 수준뿐만 아니라 갈등 해소 능력이 중요하다는 점을 말해준다. 사회통합 개념을 도식화하여, 이재열(2011: 57)은 다음과 같이 분자에는 잠재

적 갈등원으로서 불평등과 불신을, 분모에는 제도적 갈등 해소 능력으로
볼 수 있는 복지 지출, 민주주의, 거버넌스를 넣어보고, 국가 간 비교를 통
해 이러한 갈등지수 개념의 유용성을 검토하고 있다.

$$
\text{갈등지수} = \frac{\text{잠재적 갈등원}}{\text{제도적 갈등 해소 능력}} = \frac{\text{불평등} + \text{불신}}{\text{복지 지출} + \text{민주주의} + \text{거버넌스}}
$$

이러한 갈등지수 공식은 국가 간 비교를 위해 고안되었으나, 이 글에서
는 개인 수준에서 잠재적 갈등원과 갈등을 해결하는 사회적 역량에 대한
인식을 연구하기 위해 이 갈등지수 산출에 포함된 '잠재적 갈등원'과 '제도
적 갈등 해소 능력' 두 개념에 주목해보고자 한다. 본 글에서는 사회갈등의
원천에 대한 여러 기존 불평등 논의들과, 사회의 역량에 대한 사회의 질 이
론Social Quality Theory을 검토하여, 실증연구에 활용될 주요한 개념들을 재구
성해볼 것이다.

(2) 사회갈등의 세 영역

이 글에서는 크게 세 가지 층위에서 사회갈등의 잠재적 원천을 검토하
고, 이러한 갈등의 영역에서 개인들이 처한 위치에 따라 삶의 질의 차이가
발생할 수 있음에 주목하고자 한다. 이 세 가지 층위는 기존의 사회불평등
이나 사회적 배제의 논의들에서 많이 언급되었고, 사회의 중요한 구성 요
소이자, 개인 삶과 의식에 중요한 영역으로 제시할 수 있다는 점에서 고려
되었다.[1]

---

1   이하의 사회갈등의 세 가지 주요 원천으로서의 경제적 갈등, 관계의 갈등, 가치의 갈등이

① 경제적 갈등

노벨경제학상을 수상한 아미르티아 센Amartya Sen은 '가난'을 개인의 역량의 결핍capability deprivation 으로 보고자 했다(Sen, 1999). 이것은 가난이 단순히 경제적 자원의 결핍 상태를 의미하는 것 이상이 될 수 있음을 말하고 있다. 가난은 사람들이 자신들의 기본적인 필요needs를 만족시킬 수 없는 상태를 말한다. 그런데 여기서 기본적인 요구는 단순히 생존을 위한 최소한의 칼로리를 섭취하는 생리적인 요구에만 제한되지 않는다. 센에 의하면 기본적인 필요는 이러한 생리적 요구뿐만 아니라 "만질 수 없는 그 무엇", 즉 참여participation, 역능empowerment, 공동체 생활community life을 포함한다(Rai, 2002: 63). 따라서 가난이라는 것은 생리적인 결핍뿐만 아니라, 공동체 생활과 참여, 역능의 결핍을 의미한다. 서구 국가들에 대한 윌킨슨과 피케트(Wilkinson and Pickett, 2009)의 연구에 따르면, 부의 크기 그 자체보다는 소득불평등은 한 사회의 건강과 사회문제, 아동의 복지, 신뢰, 정신 건강, 약물 사용 등, 삶의 질에 관련된 다양한 부문에 부정적 관계를 가진다. 이 말은 한 사회의 경제적 자원이 고르게 분배되지 않을수록, 개인들의 건강과 복지가 나빠질 수 있다는 것을 의미한다. 따라서 경제적 자원을 많이 가진 사람과 그렇지 않은 사람은 건강과 복지, 그리고 사회 참여와 자기결정 등에서 서로 다른 경험을 하게 되

과연 상호배타적(mutually exclusive)이며 포괄적(exhaustive)인가에 대한 의문이 제기되었으나, 여러 불평등론이나 사회배제에 대한 논의에서 이 범주들이 구분되어 논의되었다는 점에서 개념적으로는 다른 범주로 보는 것은 타당해 보인다. 다만 이 세 가지 범주가 모든 사회적 갈등의 원천을 포괄하지는 못한다고 말할 수 있다. 여기서는 사회를 구성하는 주요한 구성 요소로서, 경제, 사회, 문화를 제시할 수 있다고 보며, 개인의 삶과 의식도 이 세 차원에서 주로 고려할 수 있다는 점에서 적어도 중요한 차원은 포괄되었다고 말할 수 있을 것이다. 이하의 개념들은 실증연구를 위해 어느 정도 '자의적'으로 구성된 것임도 미리 밝혀둔다.

고 이는 개인들의 삶의 질에 영향을 미치게 될 것이다.

② 관계의 갈등

무엇보다 신뢰는 개인 간 또는 집단 간의 관계 수준에서 상호 간의 협력을 가능하게 하는 사회자본의 핵심 역량이다(Putnam, 1993). 신뢰를, 이미 알고 있는 개인들 사이에 가용한 정보에 근거한 합리적 계산에 따른 것으로도 볼 수도 있고, 또는 좀 더 규범적인 측면에서 타인을 적대적으로 보거나 경쟁자 또는 낯선 이로 보지 않고 동류로서 바라보는 경향성으로 말하는 것일 수도 있다. 후자의 측면에서 신뢰는 사회연대 의식, 그리고 사회적 약자에 대한 동정심과 공감으로까지 확대될 수 있는 사회통합의 주요한 자원으로 볼 수 있다(Jeon, 2012: 125~126). 따라서 이러한 신뢰가 결여된다면 개인 간 물질적·비물질적 교환관계에서 협력이 어렵고, 이는 사회통합의 측면에서 볼 때, 개인의 삶의 질에 부정적인 영향을 미치게 될 과잉 경쟁과 이기심, 오해와 왜곡을 초래하게 될 것이다(이재열, 2010).

한편 관용generosity은 신뢰와 마찬가지로 사회관계의 전제가 되는 주요한 사회자본으로 볼 수 있는데, 신뢰가 일반적인 개인에 대한 동류의식이라고 한다면 관용은 사회적으로 주변화된 개인 또는 집단을 배척하지 않고 받아들이는 태도와 연결된다(장용석 외, 2012: 298). 주변화된 구성원들을 바라보는 개인의 태도는 자신과 이들 간의 이질성을 극복하고자 하는가, 이들을 사회통합의 주요 대상자로 바라보는가, 이들을 어떻게 포용할 수 있는가 등의 여러 차원에 영향을 미칠 것이다. 따라서 관용은 개인들이 좀 더 사회통합적인 삶을 지향하는 데 영향을 미칠 것이며 개인의 삶의 질에도 궁극적으로 영향을 미칠 것으로 보인다.

③ 가치의 갈등

성장이냐 복지냐 하는 가치 논쟁은 현대사회의 시장지배력의 확장의 맥락에 놓여 있다. 칼 폴라니Karl Polanyi가 19세기 유럽의 광범위한 사회운동을 "자기조정적 시장self-regulating market"이라는 극단적인 인위성에 대한 도전으로 간파한 바 있다. 즉, 근대 복지국가는 "보이지 않는 손"에 의해 조정되는 시장질서의 지배가 토지와 노동력까지 상품화시킴으로써 사회공동체를 위태롭게 만들었다는 판단에 서 있다(폴라니, 2011). 그러나 사회적 보호를 위한 다양한 복지제도들은 부의 재분배를 둘러싼 사회정치세력들의 투쟁의 산물이라는 성격을 갖는다(Esping-Andersen, 1990). 경제성장과 복지 확대는 서구복지국가의 성장과 재편 과정에서 사실상 끊임없이 대립관계에 놓여 있다고도 할 수 있다. 그동안 무수히 많이 수행된 복지의식에 대한 연구들은 개인들의 복지 태도가 여러 층위의 변수들(계급, 세대, 성, 교육, 가치관, 신뢰 등)에 의해서 균열되어 있음을 보여왔다(김신영, 2010; Blekesaune and Quadagno, 2003; Kaltenthaler and Ceccoli, 2008; Svallfors, 2004, 2007). 성장 지향적인가 복지 지향적인가 하는 개인의 태도는 개인들이 기대하는 삶의 기회들, 그래서 삶의 만족에 서로 다른 방향에서 영향을 미칠 것이다.

탈물질주의냐 물질주의냐 하는 가치 대립은 성장이냐 복지냐 하는 가치 지향성의 대립과는 다소 다른 차원에서의 가치 대립을 보여주는 주요한 지표이다. 성장이냐 복지냐 하는 차원의 가치가 물질주의적 패러다임 내에서의 대립적 가치관이라고 할 수 있다면, 탈물질주의는 이러한 물질주의적 패러다임을 벗어나는 가치 지향성이라고 할 수 있다. 잉글하트의 탈물질주의 명제(Inglehart, 2008)는 궁극적으로 세대 간 가치관의 차이를 보여주고자 하는 것으로서, 청년 시기의 삶의 경험의 차이가 물질주의적 지향과 탈물질주의 지향과 연결되는 경향이 있음을 보여준다. 서구 사회에서 2차 세계대전 이후 물질적 궁핍함을 경험한 세대는 경제적 안정과 질서 확립에 높은 가치를 부여하지만 서구의 경제성장과 복지 확대의 황금기 시기와 그 이후에 태어난 세대는 사회질서와 물질적 번영이 아닌 표현의 자유, 다양성의 존중, 정치적 의사 결정의 참여 등의 개인 가치에 근거한 삶의 질을 추구하는 탈물질주의적 가치를 지향한다(박재흥·강수택, 2012: 70). 개인 차원에서의 이러한 가치 지향성 차이는 타인과 공동체에 대한 개인의 태도와 기대에 영향을 미칠 것이다. 그런 점에서 탈물질주의 가치관은 개인의 삶의 만족도에 유의한 영향을 미칠 것으로 기대할 수 있다.

복지 지향적 가치관과 탈물질주의 가치관은 그 자체로 사회통합에 기여할 수 있다. 한 가지 주의할 점은 이러한 사회통합적 가치관을 가진 개인들은 타인과 사회공동체에 대해서 높은 기대감을 가질 수 있어, 그러한 높은 기대감으로 인해 이들이 다른 가치관과 충돌을 경험하면 삶의 만족도는 낮아질 수 있다는 것이다.

(3) 사회갈등 해소 역량

사회갈등 해소 역량은 사회갈등을 해소할 수 있는 공동체의 역량으로 볼 수 있고, 이는 다차원적인 사회갈등을 적절하게 관리하여 사회갈등이 사회위기로 이어지지 않도록 하는 제어장치가 되어줄 것이다. 이러한 사회의 역량에 대한 기대가 높을수록 개인들은 덜 불안해하며 더 안정된 삶을 누리는 것으로 인식할 가능성이 높아질 것이다.

사회의 질 이론에서는 사회경제적 안전성뿐만 아니라 사회포용성, 사회역능성, 사회응집성의 네 가지 부문으로 사회의 발전 정도를 평가하고 있는데(정진성 외 2010; Yee and Chang, 2011), 사회갈등을 해소하는 능력은 사회 발전과 사회통합에서 매우 중요하기 때문에, 사회갈등을 해결하는 사회의 역량을 이 사회의 질 이론으로부터 개념화하는 것은 의미 있는 시도가될 것이다. 사회경제적 안전성과 사회포용성은 공적 제도에 해당되고, 사회적 응집성과 사회적 역능성은 비공식적 생활세계에 해당된다(Yee and Chang, 2011: 161).

이러한 사회의 질 이론을 참고하여 사회갈등을 해소하는 사회의 역량을 다음과 같이 구분하여 개념화하고자 한다. 사회갈등 해소 역량을 우선 공식적 부문과 비공식적 부문으로 나눠볼 수 있다. 공식적인 부문은 사회갈등을 관리할 수 있는 메커니즘이 얼마나 제도적으로 갖추어져 있는지를 보여주는 것으로서, 이는 주로 사회의 질 이론에서 말하는 사회경제적 안전성의 영역이며, 실업이나 빈곤, 혹은 다양한 생애주기에 걸쳐 발생할 수 있는 사회적 위험으로부터 개인들을 보호할 수 있는 '복지 역량'으로 개념화할 수 있다.[2]

한편 비공식적 사회갈등 해소 역량은 사회의 질에서의 사회적 역능성과 사회응집성의 영역에서 개념화할 수 있다. 비공식적인 생활세계의 영역은 공동체 구성원들의 상호관계 속에서 집합적으로 형성되는 것으로서, 하나는 사회적 역능성을 보여주는 '정치 역량'이다. 이는 각 개인이 다양한 경로로 그 사회의 의사 결정 과정에 참여하고, 또한 이를 통해 자신의 운명에 영향을 미치는 다양한 정치 과정에 영향력을 행사할 수 있는 공동체의 역

---

2 공식적인 사회갈등 해소 역량에는 사회의 질의 사회포용성을 고려하지 못했다. 국가 간 비교에는 적합한 개념이나 개인 인식 차원에서의 개념 구성에 어려움이 있어 사회갈등 해소 역량 개념구성에 포함되지 못했음을 밝혀둔다. 사회포용성은 사회의 기회 구조가 사회 구성원 모두에게 동등하게 열려 있는 정도를 나타내는 개념이다(정진성 외, 2010: 7).

량을 말한다. 다른 하나는 사회응집성을 보여주는 '사회 역량'으로 개념화할 수 있는데, 이는 각 개인이 다양한 개인들과 평등한 관계에서 자유롭게자신의 의사를 표현하며, 전문적 지식과 정보가 공개되고, 사회제도의 투명성이 높으며, 시민들의 사회적 참여가 활발하게 이루어지는가 등을 종합하는 공동체의 역량이라 볼 수 있다.

따라서 크게 세 차원에서의 사회갈등 해소 역량을 구분해볼 수 있으며, 이러한 사회갈등 해소 역량의 각 층위는 개인들의 일상생활에 영향을 미쳐개인들은 자신들이 살고 있는 사회가 자신들의 갈등 상황을 얼마나 해결해줄 수 있을지를 직간접적으로 인식할 것으로 기대할 수 있다. 개인들은 사회갈등을 해소할 수 있는 사회의 역량에 대해 긍정적으로 인식할수록, 자신들의 삶의 기회를 더욱 긍정적으로 보며, 따라서 그들의 삶의 만족도는높아질 것으로 기대할 수 있다. 정리하면, 이 글은 사회갈등 영역에서의 위치와 사회갈등 해소 역량에 대한 인식이 어떤 방향으로, 또 어떤 강도로 개인 삶의 만족도에 영향을 미치는가를 탐색해보고자 한다.

3. 연구 방법

1) 자료

이 연구는 2012년 서울대학교 사회발전연구소에서 한국, 독일, 이탈리아, 그리스, 터키의 5개국을 대상으로 한국갤럽을 통해 수집한 「삶과 사회에 관한 조사」 자료를 활용했다. 설문 문항의 선택과 전반적 구성은 2009년 서울대학교 사회발전연구소에서 개발한 사회의 질을 측정하는 표준화된 설문도구Standard Questionnaire for Social Quality: SQSQ를 원용했다. 연구자들은 사회의 다차원적이고 잠재적인 갈등 영역과 사회의 제도역량을 측정하기 위해 사회의 질 4분면에는 사회경제적 안전성, 사회포용성, 사회역능성, 사회응집성의 네 가지 부문의 영역별로 지표를 재구성하고 복지 정책, 정치 참여, 인권 등의 일부 문항을 추가해 이 연구를 위한 통합 설문지를 재개발하는 데 참여했다.[3] 특히 이 자료 수집은 한국과 터키를 유럽 국가들과 비교 가능한 형태로 설문조사가 이루어졌다는 점에서 큰 의의가 있다.

비교 대상 국가들의 모집단은 그 국가에 거주하는 만 18세 이상(한국은 만 19세)의 성인 남녀이며, 각 국가별로 참정권이 부여되는 나이를 성인의 기준으로 삼았다. 표본의 규모는 주어진 예산과 시간 내에서 최대한 효율적으로 자료를 모을 수 있는 정도로 결정하고자 했으며, 확률 표집에 의한 표본 추출일 때 95% 신뢰 수준에 ±3% 정도의 표준오차를 얻을 수 있는 크기가 될 수 있도록 국가별로 1000개의 사례를 목표로 했으며, 이 조사의 최종 응답자 수는 한국 1000명, 독일 1200명, 이탈리아 1001명, 그리스 1013명, 터키 1018명으로 총 5232명이었다.[4] 표본의 추출에는 제한된 예산과 시간을 고려하여 공통적으로 비확률 표집 방법인 지역별 할당 표집 방법을 활용했다. 지역 할당 표집 후 국가별 상황에 맞게 독일, 이탈리아, 터키에서는 무작위 표본 추출로, 한국과 그리스에서는 성과 연령 분포에 따른 할당 표본 추출이 사용되었다. 이 조사의 경우 무응답을 줄이고 응답 성공률

---

3 조사 내용의 국가 간 비교를 위해 일차적으로 한국어 설문지를 영어로 번역했으며, 영어로 작성된 통합 설문지를 해당 국가별 언어로 번역한 후 이를 다시 영어로 번역하여 검토하는 과정(back-translation)을 거쳐, 서로 다른 언어로 조사하는 과정에서 발생할 수 있는 오류를 최소화했다.

4 독일의 경우 동독과 서독의 지역 간 분배 및 비교를 위해 다른 국가에 비해 과표집했다.

을 높이기 위해 훈련된 현지 조사원의 가구 방문을 통한 면대면face to face 면접조사 방법을 사용했다. 이 연구에서는 5개국 총 5232명의 조사 결과 자료가 최종 분석 대상이다. 그러나 결측 치가 있는 일부 문항의 경우 분석 시 결측 사례를 제외하고 분석했다.

2) 변수의 구성 및 조작화

(1) 종속 변수

이 연구의 종속 변수는 개인의 삶에 대한 주관적 만족도이다. 삶의 만족도는 개인이 스스로 자기 삶에 대한 만족의 정도를 측정하는 것으로서, 어느 상황에서 개인이 가지는 느낌이나 감정과는 다르게 전체적인 삶이 주는 느낌을 총괄하여 평가하는 것을 말한다. 변수로서의 삶의 만족도는 응답자의 자기 기입 방식으로 1점부터 10점까지의 척도로 측정하는 것이 일반적인데, 이 분석에서도 '귀하는 전반적으로 귀하의 삶에 얼마나 만족하십니까? 혹은 만족하지 않습니까?'에 대한 응답을 1점(전혀 만족하지 않는다)부터 10점(매우 만족한다)까지의 리커트 척도Likert scale를 통해 측정한다.

(2) 독립 변수

개인의 주관적인 삶의 만족도에 관한 국가 간 비교연구들은 개인의 인구학적, 심리적, 경제적 요인들, 사회자본, 정치 인식과 같은 개인 수준의 변수들과, 국가의 1인당 GDP, GDP 대비 사회지출 수준, 신뢰 수준 등과 같은 국가 수준의 변수들을 동시에 고려하고 있다(Bjørnskov et al., 2008; Böhnke, 2008; Helliwell, 2003, 2006; Howard and Gilbert, 2008). 흥미롭게 뵌케(Böhnke, 2008)는 개인들의 '사회에 대한 인식perceptions of society'을 개인의 사회인구학적 요인, 그리고 국가 수준의 집합적 지표들과는 다른 차원으로 제시한다. 이는 집합적 지표들로 측정되는 객관적인 사회의 질과 별도로 개인들이 사회를 어떻게 인식하는가가 삶의 만족도를 설명하는 데 중요하다는 점을 보여주기 위한 것이다.

이 글은 이러한 기존 삶의 만족도의 영향 요인에 대한 국가 간 비교연구들에서 다뤘던 개인 수준의 변수들에 초점을 맞춰, 한국, 터키, 그리고 유럽 3개 국가들 간의 차이를 탐색적으로 비교하고자 한다. 개인 수준의 변수들은 앞서 살펴본, 사회갈등과 사회통합에 관한 이론적 논의들을 토대로 하여 기존 삶의 만족 연구에서 많이 활용된 변수들 중 갈등 및 통합 변수들로 재해석할 수 있는 변수들을 활용하고, 또한 '사회에 대한 인식' 변수들을 구성한다. 따라서 우선 사회갈등의 관점에서 개인들의 삶의 조건들을 측정하고, 사회갈등 해소 역량이라는 사회에 대한 인식을 측정하여, 이러한 요인들이 개인의 삶의 만족도에 어떠한 영향을 미치는가를 보고자 한다.

① 사회갈등의 영역

사회갈등은 주로 경제적 자원, 관계, 가치라는 세 가지 영역에서 비롯된다고 보고, 개인들이 각 영역에서 차지하고 있는 위치를 '경제적 갈등', '관계의 갈등', '가치의 갈등'로 개념화하고, 각 개념은 두 가지 이상의 변수들로 구성했다.

경제적 갈등의 경우 4분위수로 나타낸 월평균 가구소득과 경제적 위기 경험에 대한 응답을 이용하여 측정했다. 4분위에 속하는 개인이 월평균 가구소득이 가장 높도록 측정했다.

경제적 위기의 경험에 대한 설문 문항은 '귀하의 가구는 지난 1년 동안 경제적인 어려움으로 인해 다음과 같은 경험을 하신 적이 있으십니까?'이다. 이 문항에서는 경제적 빈곤으로 인해 식비, 세금 및 공공 요금, 난방비, 의료비, 교육비, 주거비를 내지 못한 경험을 각각 묻고, 각 항목의 경험 여부를 0과 1의 이분변수로 코딩하여 전체 6항목의 응답을 합산하여 하나의 지표로 사용했다(cronbach's alpha=0.779).

관계의 갈등의 경우 종합사회조사General Social Survey: GSS 에서 사용되고 있는 일반인에 대한 신뢰 여부와 세계가치관조사World Values Survey: WVS 에서 사용되고 있는 정부의 신뢰 여부로 측정했다. 일반인에 대한 신뢰 설문 문항은 '귀하는 대부분의 사람들을 믿을 수 있다고 생각하십니까, 아니면 조심해야 한다고 생각하십니까?'이다. 이에 대한 응답은 '믿을 수 있다'와 '조심해야 한다'의 이분변수를 통해 측정했다. 정부에 대한 신뢰는 중앙정부와 국회에 대한 신뢰를 의미하며 설문 문항은 '귀하는 다음과 같은 조직이나 단체를 얼마나 신뢰하십니까, 혹은 신뢰하지 않으십니까?'이다. 이에 대한 응답은 4점 척도(1: 전혀 신뢰하지 않는다~4: 매우 신뢰 한다)로 측정했으며, 중앙정부와 국회에 관한 각각의 응답 점수를 합산하여 지표로 활용했다(cronbach's alpha=0.871).

관용도의 경우 WVS에서 사용되고 있는 외국인 노동자, 빈곤층, 장애인, 동성애자, 정신질환자, 전과자 등의 특정 집단에 대한 문제 인식 여부를 이분변수로 측정했다. 설문 문항은 '귀하는 아래 사람들이 귀하의 이웃으로 산다면 문제가 된다고 생각하십니까, 아니면 문제가 되지 않는다고 생각하십니까?'이다. 이 연구에서는 특정 집단에 대한 문제 인식 여부에 관한 측정 항목을 요인 분석하여 산출된 요인별 집단(요인 1: 외국인 노동자, 빈곤층, 장애인/ 요인 2: 동성애자, 정신질환자, 전과자)의 합산 점수를 각각 산출했으나, 삶의 만족도와 유의한 관련성이 없는 것으로 나타난 요인 2는 분석에서 제외하고 요인 1을 최종적으로 분석에 포함시켰다(cronbach's alpha=0.767).

　가치의 갈등을 나타내는 변수는 WVS에서 사용되고 있는 탈물질주의 가치관에 관한 문항과 복지 지향 가치관에 관한 문항을 통해 측정했다. 물질주의의 경우 향후 10년 동안 이루어야 할 국가의 과제로 '국방 강화, 경제성장, 국가 질서 유지, 물가상승 억제'를 선택한 경우이고, 탈물질주의의 경우 '사회 참여 증대, 환경보호, 국민 참여 확대, 언론 자유 확대'를 선택한 경우에 해당한다. 물질-탈물질주의의 가치가 혼재하는 경우는 혼합주의적 가치관에 해당한다. 복지 지향성 변수의 경우 '경제성장이 정체되더라도 복지를 늘려야 한다'와 "경제성장을 위해 복지를 줄여야 한다"의 상반된 가치에 대한 선택을 이분변수로 측정하여 활용했다.

② 사회갈등 해소 역량 인식

개인이 인식하는 잠재적 갈등 소지에 관한 완충 요인으로 사회갈등 해소 역량 인식을 정치 역량, 사회 역량, 복지 역량의 세 하위 범주를 통해 개념화 및 지표화시켜 측정했다. 여기서는 사회갈등 해소 역량의 세 차원 모두 개인의 사회의 질에 대한 인식으로 측정되었으며, 이를 사회갈등 해소 역량 인식의 변수로 활용했다.

　첫 번째로 정치 역량은 정치에 대한 관심도와 정치 활동 수준을 측정했다. 정치에 대한 관심도는 WVS에서 사용되고 있는 문항을 사용했다. 응답은 4점 척도(1: 전혀 관심이 없다~4: 매우 관심이 있다)로 측정했으며 설문 문항은 "귀하는 정치에 얼마나 관심이 있으십니까, 혹은 없으십니까?"이다. 정치 활동 수준의 경우 '정치, 사회문제에 대해 주변 사람과 이야기하기', '블로그/트위터/페이스북/온라인 게시판 등에 의견 올리기', '정부나 언론에 의견 제시, 또는 민원 접수하기', '서명 운동, 시위, 집회 등에 참여하기'로 분류된 각각의 정치·사회 현안에 대한 활동 수준을 5점 척도(1: 전혀 안 한다~5: 거의 매일)를 통해 측정했다. 정치 역량은 두 변수를 각각 표준화한 후 합산하여 지표로 활용했다(cronbach's alpha=0.712). 점수가 높을수록 정치에 대한 관심 및 활동성이 높은 것을 의미한다.

두 번째로 사회 역량은 5점 척도로 측정된 투명성, 개방성, 사회 참여 (봉사 및 기부 참여) 경험 변수를 각각 표준화하고 합산하여 산출했다(cronbach's alpha=0.544). 점수가 높을수록 사회 역량이 높음을 의미한다. 투명성은 복지 예산 사용의 투명성을 의미하며 5점 척도(1: 매우 투명하지 않게 사용~5: 매우 투명하게 사용)를 통해 측정했다. 설문 문항은 '귀하는 복지를 담당하는 공공기관의 종사자들이 복지 예산을 얼마나 투명하게 사용하고 있다고 생각하십니까?'이다. 개방성은 사회에 관한 개인의 의견을 5점 척도(1: 매우 반대~5: 매우 동의)로 측정했다. 설문 문항은 '언어나 문화가 달라도 외국인들이 불편 없이 생활할 수 있다', '의료, 과학, 경제, 법률 등 전문 분야의 정보 공개가 잘 되어 있다', '누구나 자유롭게 자신의 의사를 표현할 수 있다'이다. 사회 참여는 자원봉사 활동과 사회단체나 기관의 기부 여부를 5점 척도(1: 전혀 안 했다~5: 일주일에 한 번 이상)를 통해 측정했다.

세 번째로 복지 역량은 사회복지 서비스의 제공에 대한 평가와 복지 정책에 대한 인식을 나타내는 변수로, 복지제도 효율성과 증세 의향 유무 문항을 통해 측정했다. 복지제도 효율성('귀하는 한국에서 사회보장과 복지 서비스가 어느 정도 효율적으로 제공되고 있다고 생각하시는지 말씀해주십시오')은 5점 척도(1: 매우 비효율적으로 제공됨~5: 매우 효율적으로 제공된다)를 통해 측정했고, 증세 의향 유무('귀하가 내는 세금이 가난한 사람들의 복지를 위해 쓰인다면, 이를 위해 세금을 더 낼 생각이 있습니까?', '귀하가

표 7-1 **변수의 구성 및 측정**

범주	개념		변수 명	조작적 정의	측정
종속 변수	삶의 만족도			전반적인 삶에 대한 만족의 정도	10점 척도
설명 변수	사회 갈등 영역	경제적 갈등	월 가구소득	월평균 가구소득	4분위수
			경제적 위기 경험	필수적 생활비용(식비, 세금 및 공공요금, 난방 비, 의료비, 교육비, 주거비)이 없었던 경험	있다/없다(합산)
		관계의 갈등	일반 신뢰	일반인에 대한 신뢰	신뢰/불신
			정부 신뢰	중앙정부 및 국회에 대한 신뢰	4점 척도(합산)
			관용도	특정 집단(외국인 노동자, 빈곤층, 장애인)과 이 웃으로 살게 될 경우의 수용 여부	문제가 된다/ 문제가 되지 않는다 (합산)
		가치의 갈등	탈물질주의 가치관	향후 중요한 국가 목표에 대한 인식 ① 물질주의적 가치관: 국방 강화, 경제성장, 국 가질서유지, 물가상승 억제 ② 탈물질주의적 가치관: 사회 참여 증대, 환경보 호, 국민 참여 확대, 언론 자유 확대 ③ 혼합주의적 가치관: 상기 목표들의 혼재	우선순위 목표(1순위, 2순위) 선택 항목에 따라 물질주의, 혼합주의, 탈물질주의로 재분류
			복지 지향 가치관	복지 확대와 경제성장 중 더 중요한 가치를 선택	경제성장/복지 확대
	사회 갈등 해소 역량 인식	정치 역량 인식	정치 역량 — 정치 관심도	정치에 대한 관심도	4점 척도(표준화)
			정치 참여 경험	정치 활동 참여 수준(토론, SNS 활용, 정부 및 언 론에 제안 또는 민원 접수, 서명 운동·시위·집회 등에 참여)	4점 척도(표준화)
		사회 역량 인식	사회 역량 — 투명성	복지 예산의 집행 투명성	5점 척도(표준화)
			개방성	사회적 개방성(외국인 생활 편이성, 전문적 지식 및 정보 공개, 의사표현의 자유)	5점 척도(표준화)
			사회 참여	자원봉사 및 사회단체 기부 경험	5점 척도(표준화)
		복지 역량 인식	복지 역량 — 복지 제도 효율성	사회보장 및 복지 서비스에 대한 효율적 제공 여부	5점 척도(표준화)
			증세 의향 유무	복지를 위한 증세 부담 여부	10점 척도(표준화)

내는 세금이 소득수준에 상관없이 모든 국민들의 복지를 위해 쓰인다면, 이를

위해 세금을 더 낼 생각이 있습니까?)는 10점 척도(1: 더 낼 생각이 전혀 없다~

10: 많더라도 더 낼 것이다)를 통해 측정했다. 복지제도 효율성과 증세 의향 유무의 관측값은 표준화한 후 합산하여 복지 역량 점수를 산출했다 (cronbach's alpha=0.584). 점수가 높을수록 복지제도에 대해 긍정적으로 인식하고 있음을 의미한다. 변수의 구성과 측정방법을 〈표 7-1〉에 정리했다.

(3) 분석 방법

이 연구에서는 사회갈등의 영역 및 사회갈등 해소 역량 인식이 삶의 만족도에 미치는 영향력을 살펴보기 위해 기초적인 빈도분석과 상관분석을 수행했고, 범주형 설명변수를 가 변수화하여 삶의 만족도에 대한 다중회귀분석을 시행했다.

4. 분석 결과

1) 기술통계

조사 참여자의 사회인구학적 분포를 국가별로 살펴보면 〈표 7-2〉와 같다. 소득수준의 경우 4분위수로 나타냈으며, 월 가구소득에 대한 보고가 누락된 경우 분석에 포함시키지 않았다. 삶의 만족도 점수(1~10점)의 국가별 분포는 독일, 이탈리아, 한국, 터키, 그리스 순으로 높게 나타났다. 이러한 국가 간 삶의 만족도에서 점수 차이는 유의한 것으로 나타났다(p<0.001).

국가별로 나타나는 사회갈등 원천에 관한 하위 영역별 분포는 〈표 7-3〉과 같다. 이 중에서 경제적 갈등의 한 원천으로서의 경제적 위기 경험 지표

표 7-2 조사 참여자의 국가별 사회인구학적 분포

변수		한국		독일		이탈리아		그리스		터키	
		사례 수	%	사례 수	%	사례 수	%	사례 수	%	사례 수	%
		1000	100	1200	100	1001	100	1013	100	1018	100
성별	남자	497	49.7	612	51.0	475	47.5	498	49.2	527	51.8
	여자	503	50.3	588	49.0	526	52.5	515	50.8	491	48.2
연령	20대	191	19.1	171	14.3	128	12.8	227	22.4	325	31.9
	30대	211	21.1	130	10.8	155	15.5	187	18.5	252	24.8
	40대	226	22.6	199	16.6	214	21.4	193	19.1	200	19.6
	50대	193	19.3	176	14.7	195	19.5	165	16.3	188	18.5
	60대 이상	179	17.9	524	43.7	309	30.9	241	23.8	53	5.2
교육 수준	중졸 이하	181	18.1	354	29.5	584	58.3	347	34.3	454	44.6
	고졸 이하	386	38.6	695	57.9	282	28.2	366	36.1	391	38.4
	대학 재학 이상	433	43.3	140	11.7	134	13.4	300	29.6	168	16.5
	무응답	0	0	11	0.9	1	0.1	0	0	5	0.5
소득 수준	1분위(낮음)	256	25.6	293	24.4	178	17.8	183	18.1	331	32.5
	2분위	200	20.0	305	25.4	162	16.2	113	11.2	278	27.3
	3분위	242	24.2	289	24.1	210	21.0	96	9.5	154	15.1
	4분위(높음)	262	26.2	193	16.1	159	15.9	132	13.0	190	18.7
	무응답	40	4.0	120	10.0	292	29.2	489	48.3	45	4.4
삶의 만족도		평균	표준 편차	평균	표준 편차	평균	표준 편차	평균	표준 편차	평균	표준 편차
		6.26	1.75	6.52	1.54	6.35	1.84	5.56	2.12	5.95	2.32

표 7-3 국가별 사회갈등 영역의 분포

변수		한국		독일		이탈리아		그리스		터키	
		사례 수 (%)	평균 (표준 편차)	사례 수 (%)	평균 (표준 편차)	사례 수 (%)	평균 (표준 편차)	사례 수 (%)	평균 (표준 편차)	사례 수 (%)	평균 (표준 편차)
경제적 위기 경험			0.33 (0.86)		0.11 (0.43)		0.74 (1.35)		1.43 (1.51)		0.75 (1.49)
일반 신뢰	신뢰	212 (21.2)		522 (43.4)		171 (17.1)		188 (18.5)		244 (24.0)	
	불신	754 (75.4)		627 (52.3)		809 (80.8)		815 (80.5)		769 (75.5)	
	무응답	34 (3.4)		51 (4.3)		21 (2.1)		10 (1.0)		5 (0.5)	
	소계	1000 (100)		1200 (100)		1001 (100)		1013 (100)		1018 (100)	

	한국	독일	이탈리아	그리스	터키
정부 신뢰	3.86 (1.30)	5.30 (1.51)	3.22 (1.29)	2.96 (1.42)	4.73 (1.73)
관용도	5.48 (0.80)	5.76 (0.56)	4.04 (1.08)	5.32 (0.90)	4.35 (1.30)

탈물질주의		한국	독일	이탈리아	그리스	터키
	물질주의	451 (45.1)	176 (14.7)	349 (34.9)	263 (26.0)	150 (14.7)
	혼합주의	425 (42.5)	401 (33.4)	418 (41.8)	530 (52.3)	511 (50.2)
	탈물질주의	124 (12.4)	623 (51.9)	234 (23.4)	220 (21.7)	357 (35.1)
	소계	1000 (100)	1200 (100)	1001 (100)	1013 (100)	1018 (100)
복지 지향	경제성장	485 (48.5)	442 (36.8)	645 (64.4)	575 (56.8)	296 (29.1)
	복지 지향	515 (51.5)	639 (53.3)	356 (35.6)	411 (41.6)	722 (70.9)
	무응답	0 (0)	119 (9.9)	0 (0)	27 (2.6)	0 (0)
	소계	1000 (100)	1200 (100)	1001 (100)	1013 (100)	1018 (100)

표 7-4 **국가별 사회갈등 해소 역량 인식 수준**

변수	한국		독일		이탈리아		그리스		터키		합계	
	평균	표준편차	평균	표준편차	평균	표준편차	평균	표준편차	평균	표준편차	평균	표준편차
복지 역량	0.41	0.17	0.51	0.16	0.37	0.18	0.28	0.18	0.48	0.17	0.41	0.19
정치 역량	0.26	0.17	0.31	0.17	0.25	0.21	0.24	0.17	0.28	0.22	0.27	0.19
사회 역량	0.37	0.14	0.46	0.12	0.44	0.15	0.38	0.12	0.47	0.18	0.43	0.15

의 경우 그리스가 가장 높게 나타났으며(1.43), 이탈리아(0.74)와 터키(0.75)
가 비슷했고, 한국(0.33), 독일(0.11) 순으로 나타났다. 독일은 일반 신뢰 수
준, 정부 신뢰 수준, 관용도, 탈물질주의의 비율이 5개국 중 가장 높은 것으
로 나타났다.

사회갈등 해소 역량 인식의 하위 범주별 분포는 〈표 7-4〉와 같다. z점수로 표준화하여 합산한 각 역량 인식별 하위 영역 지표를 0과 1 사이의 값을 갖도록 정규화하여 국가별로 비교했다. 독일은 사회갈등 해소 역량 인식의 모든 하위 영역별 지표 값이 가장 높은 것으로 나타났다. 한국은 사회 역량 인식 수준에서는 5개국 중 가장 낮은 것으로 나타났다.

2) 회귀분석 결과: 삶의 만족도에 영향을 미치는 요인들

〈표 7-5〉에서는 5개국 조사 자료를 통합하여 삶의 만족도에 대한 사회갈등의 원천 및 사회갈등 해소 역량 인식의 영향력을 다중 회귀분석을 통해 검증했다.

모형 I은 개인의 사회인구학적 특성과 국가 요인을 통제한 상태에서 개인의 사회갈등 영역에서의 위치와 삶의 만족도와의 관계를 나타낸다. 분석결과 저학력(중졸 이하)일 경우, 월 가구소득이 적을 경우, 경제적 위기 경험이 많을수록 삶의 만족도가 낮아지는 것으로 나타났다. 일반인과 정부에 대한 높은 신뢰 수준과 삶의 만족도는 정적 관계로 나타났으며, 탈물질주의적 가치보다는 물질주의적 가치 혹은 혼합주의적 가치를 가진 사람들의 삶의 만족감이 유의하게 높았다. 또한 복지의 확대를 지향하는 사람보다는 경제성장을 우선으로 생각하는 사람이 높은 삶의 만족감을 느끼는 것으로 나타났다.

모형 II에서는 개인이 놓여 있는 다양한 차원의 갈등을 완충할 수 있는 사회갈등 해소 역량 인식 관련 변수를 추가하여 분석했다. 분석 결과 복지역량, 사회 역량과 삶의 만족도는 유의한 관련성이 있는 것으로 나타났다. 정치 역량 인식은 부정적인 영향을 미치는 것으로 나타났다. 개인의 잠재

표 7-5 삶의 만족도에 대한 영향 요인

변수			모형 I		모형 II	
			계수	표준오차	계수	표준오차
사회인구학적 특성	성별	남	.004	.062	.003	.063
	연령	20대	.134	.103	.166	.104
		30대	.054	.102	.087	.102
		40대	.052	.098	.072	.097
		50대	-.005	.101	.023	.101
	교육 수준	중졸	-.192*	.093	-.182 +	.093
		고졸	-.007	.085	-.014	.084
사회 갈등 영역	경제적 갈등	월 가구소득 1분위	-.575***	.096	-.527***	.096
		2분위	-.558***	.092	-.530***	.092
		3분위	-.251**	.092	-.222*	.092
		경제적 위기 경험	-.446***	.029	-.432***	.029
	관계의 갈등	일반 신뢰(신뢰)	.141 +	.073	.114	.073
		정부 신뢰	.128***	.022	.100***	.022
		관용도	-.098**	.033	-.105**	.033
	가치의 갈등	탈물질주의 물질주의	.406***	.092	.419***	.092
		혼합주의	.245**	.075	.245***	.075
		복지 지향 경제성장	.157*	.065	.165*	.065
사회갈등 해소 역량 인식	복지 역량		-	-	.079***	.017
	정치 역량				-.017 +	.010
	사회 역량				.036**	.010
국가	한국		.184 +	.110	.313**	.112
	독일		.397***	.110	.441***	.110
	이탈리아		.592***	.116	.666***	.116
	그리스		.311*	.127	.488***	.130
상수			6.204	.231	6.212	.230
F			27.552***		26.123***	
Adjusted-R²			0.143		0.153	

+ p⟨0.1, * p⟨0.05, ** p⟨0.01, *** p⟨0.001

적 갈등 소지 차이를 통제한 상태에서도 갈등을 해결할 수 있는 사회갈등
해소 역량에 대한 긍정적인 평가는 삶의 만족도와 유의한 정적 관계에 있
는 것으로 나타났다.

동일한 분석을 국가별로 수행한 결과는 〈표 7-6〉과 같다. 여기서 한국과

표 7-6 삶의 만족도에 대한 영향 요인: 국가별 분석

변수			한국	독일	이탈리아	그리스	터키
			계수				
사회인구학적 특성	성별	남	-.541***	.270**	.089	-.091	.144
	연령	20대	-.519*	.279+	.431	-.060	-.385
		30대	-.430+	.059	.408	-.239	-.728+
		40대	-.594*	-.023	.272	-.055	-.369
		50대	-.561**	-.183	.202	-.241	-.289
	교육 수준	중졸	-.530*	-.279	-.063	.238	-.406
		고졸	.030	-.191	-.316	.263	.271
사회갈등영역	경제적 갈등	월 가구소득 1분위	-.410*	-.984***	-.653*	-.768**	.035
		2분위	-.138	-.871***	-.649**	-.682**	.014
		3분위	-.187	-.371*	-.412+	-.724**	.289
		경제적 위기 경험	-.450***	-.278+	-.333***	-.319***	-.457***
	관계의 갈등	일반 신뢰(신뢰)	.272+	.198+	.103	.490*	-.451*
		정부 신뢰	.047	.038	-.019	.151*	.083+
		관용도	.047	.219*	-.177*	.344**	-.298***
	가치의 갈등	탈물질주의 물질주의	-.112	.546**	.437*	.302	.796**
		혼합주의	-.139	.409***	.276	.008	.419*
		복지 지향 경제성장	.336**	.133	.224	.623***	-.236
사회갈등 해소 역량 인식	복지 역량		.072*	-.020	.032	.175**	.120**
	정치 역량		.054*	.003	-.047*	.049	-.072**
	사회 역량		.055*	.011	.135***	.078*	-.007
상수			6.923***	5.410***	7.327***	4.156***	7.313***
F			6.767***	6.271***	7.131***	11.575***	9.394***
Adjusted-R²			0.128	0.107	0.194	0.328	0.190

+ p<0.1, * p<0.05, ** p<0.01, *** p<0.001

독일을 비교해보면, 사회갈등의 하위 영역들과 사회갈등 해소 역량 인식이 삶의 만족도에 미치는 영향에 차이를 보임을 알 수 있다. 한국의 경우 사회갈등 요인들과 사회갈등 해소 역량 인식을 동시에 모형에 포함시켜 분석했을 경우, 소득수준이 높고, 경제적 위기를 경험하지 않을수록, 일반 신뢰가 높을수록, 복지의 확대보다 경제성장에 대한 요구가 클수록 삶의 만족도가 높았다. 동시에 복지, 정치, 사회 역량에 대한 기대 수준이 높을수록 삶의

만족도가 높은 것으로 나타났다. 즉, 사회갈등 해소 역량에 대한 기대 수준이 높고 잠재적 갈등 소지가 적은 사람들은 삶의 만족도가 높게 나타났다. 반면 독일의 경우 사회갈등 해소 역량 인식 요인은 삶의 만족도에 영향을 미치는 변별력 있는 변수가 아니었으며, 갈등 영역에서 개인의 소득수준이 높고 물질주의적 가치관을 가지고 있는 경우 삶의 만족도가 높은 것으로 나타났다. 또한 일반 신뢰와 관용도가 높은 사람이 삶의 만족이 높다는 점도 알 수 있었다.

한국을 제외한 다른 국가들은 개인의 사회인구학적 특성에 따른 삶의 만족도 차이가 크게 나타나지 않는다는 공통점을 가지고 있다. 다만 국가별로 영향 요인들의 방향과 유의성에서는 차이가 있었다. 다른 국가들에 비해서 그리스에서는 일반 신뢰, 정부 신뢰, 그리고 관용도 모두 삶의 만족도를 유의하게 높이고 있었다. 또한 독일을 제외한 다른 국가들에서는 사회갈등 해소 역량 인식은 대체로 긍정적인 영향을 미쳤다. 그러나 정치 역량에 대한 인식은 한국을 제외하고는 삶의 만족도에 부정적인 영향을 미치거나, 유의미한 영향을 미치지 않았다. 한편 터키는 한국과 유사하게 소득별 차이보다는 특히 경제적 위기 경험이 삶의 만족도를 유의하게 낮추고 있었다.

4. 논의 및 결론

한국, 독일, 이탈리아, 그리스, 터키, 5개 국가를 통합한 자료 분석의 결과를 정리하면 다음과 같다. 첫째, 사회갈등 영역별 분석 결과, 경제적 갈등 영역에서는 가구소득의 차이와 경제위기 경험 여부가, 관계의 갈등 영역에서는 신뢰와 불신의 차이가 삶의 만족도에 통계적으로 유의한 영향을 미친 것이 확인되었다. 관계의 갈등을 구성하는 다른 변수인 관용도의 경우는 삶의 만족도에 부정적인 영향을 미치는 것으로 나타났다. 둘째, 가치의 갈등 영역에서는 물질주의 가치관이나 복지 지향적 가치관을 가진 개인들이 탈물질주의 가치관이나 성장 지향적 가치관을 가진 개인들보다 높은 삶의 만족도를 보였다. 정리한다면, 5개국 개인 인식 조사 자료를 통합하여 분석한 결과는 사회갈등의 주요 영역인 경제자원, 관계, 가치라는 세 가지 층위에서 개인들이 서 있는 서로 다른 위치가 서로 다른 수준의 삶의 만족도를 설명하고 있음을 말해준다.

한편, 사회갈등 해소 역량의 구성 요소로 가정한 복지 역량과 사회 역량에 대한 개인들의 신뢰는 삶의 만족도에 긍정적인 영향을 미치는 것으로 나타나 '좋은 사회'의 요소들이 개인의 삶의 만족도를 높이는 데 기여하는 것을 보여주었다. 이러한 결과로부터 이끌어낼 수 있는 함의는 여러 가지일 수 있겠으나, 여러 이론적 근거와 다른 실증연구를 참조하여 회귀분석에서 나타난 결과에 대한 정교한 논의는 앞으로 더 필요할 것으로 보인다.

여기에서 나아가 이 연구는 사회갈등의 원천과 사회갈등 해소 역량에 대한 인식이 국가에 따라 개인의 삶의 만족도에 다른 방식으로 영향을 미친다는 사실을 보여주었다. 한국을 중심으로 다른 네 나라를 비교해보면 다음과 같은 흥미로운 함의들을 도출해낼 수 있다. 그러나 분석 결과가 인과관계의 방향성을 아직 증명한 것은 아니라는 점에서, 이러한 함의는 전체 연구 과정을 통해 국가 간 차이에 대해서 토론해보고 싶은 부분으로 남겨두고자 한다.

첫째, 비교의 대상이었던 독일, 이탈리아, 그리스, 터키와 달리 한국인의 삶의 만족도는 통제 변수로 고려한 연령과 교육 수준에 따라 큰 차이를 보였다. 특히 연령의 경우 한국과 다른 네 나라의 차이가 두드러졌다. 예컨대 연령이 삶의 만족도에 유의한 영향을 미치지 않거나 연령이 낮아질수록 삶의 만족도가 높아지는 독일 같은 국가와 달리 한국은 60대의 고령층에 비해 젊은 연령대의 삶의 만족도는 모두 낮게 나타났다. 성별 차이를 보면 독일은 남성의 삶의 만족감이 유의하게 높은 반면, 한국은 남성의 삶의 만족도가 유의하게 낮았다. 또한 한국에서는 중졸 이하의 낮은 학력의 개인들이 유의하게 낮은 삶의 만족도를 보였는데, 독일이나 다른 국가들에서는 학력에 따른 삶의 만족도의 차이가 유의하게 나타나지 않았다.

둘째, 이 연구의 주요 갈등의 잠재적 원천으로서 경제적 요인에서도 독특한 패턴이 발견된다. 가구소득수준 차이에 따른 삶의 만족도를 비교해보면 독일의 경우 소득 상위 계층인 4분위에 속하는 개인들에 비해 그 아래에 속하는 개인들의 삶의 만족도가 유의하게 낮은 반면, 한국은 최하층의 삶의 만족도만 통계적으로 유의하게 낮은 것으로 나타났다. 그리스와 이탈리아의 경우도 독일과 유사하게 소득수준이 낮아지는 만큼 삶의 만족도가 떨어지는 양상을 보였다. 터키는 소득수준의 차이가 유의하게 삶의 만족도를 낮추지는 않는 것으로 나타났다. 종합한다면, 유럽 3개국, 독일, 이탈리아, 그리스에서는 소득에 따른 삶의 만족도 차이가 좀 더 뚜렷하게 나타난 반면, 한국과 터키는 이와 다른 양상을 보였다. 특히 한국의 경우, 최하층에 속하는 개인들만이 삶의 만족도가 유의하게 낮아졌다. OECD 회원국들 중에서 한국이 저임금층의 비중이 제일 높다는 사실(김유선, 2012)을 고려해보건대, 최하층의 상대적 박탈감이 크다고 볼 수 있을 것이다.

셋째, 일반 신뢰와 정부 신뢰의 신뢰 변수가 통합 자료에서는 유의하게 영향을 미치는 결과를 볼 수 있었으나, 국가별 자료에서는 일반 신뢰는 한국, 독일, 그리스에서는 긍정적으로 유의하게 나타났으나, 이탈리아에서는 유의하지 않게, 터키에서는 부정적으로 유의하게 나타났다. 정부 신뢰는 그리스와 터키에서 삶의 만족도에 긍정적 영향을 미쳤다. 관용도는 독일과 그리스에서 삶의 만족도에 긍정적 영향을 미쳤다. 이탈리아와 터키에서는 부정적 영향이 확인되었다. 관계의 갈등에서 국가별로 영향의 정도와 방향이 달리 나타나는 원인에 대한 심층적 이해는 추후 연구를 통해 보완해야 할 것이다.

넷째, 가치 갈등에서 보면, 국가별 자료 분석에서 탈물질주의 가치와 복지 지향 가치는 서로 상쇄하는 경향이 있다. 즉, 물질주의와 탈물질주의의 가치 대립이 삶의 만족도에 유의한 영향을 미치는 국가와 성장과 복지의 가치 대립이 삶의 만족도에 영향을 미치는 국가가 구분되고 있다. 이는 국가별로 둘 중 어느 한쪽의 가치의 차이가 삶의 만족도에 유의한 영향을 미치고 있음을 말해준다. 예를 들어 한국과 그리스는 성장과 복지, 나머지 국가들은 물질주의와 탈물질주의의 가치 차이의 영향이 더 중요하게 나타났다. 대립되는 가치의 사회적 중요성이 맥락에 따라 달라진다고 볼 수 있다.

다섯째, 통합 자료에서는 사회갈등 해소 역량 인식의 세 가지 요소들 중 정치 역량을 제외하고는 모두 유의하게 삶의 만족도에 긍정적 영향을 미치는 것으로 나타났는데, 국가별 자료 분석에서는 국가별로 유의한 변수들이 다르다. 독일에서는 사회갈등 해소 역량 인식이 모두 유의한 영향을 미치지 않았다. 그런데 이는 어느 정도 기존 연구의 결과와 일치한다. 기존 유럽 국가 비교연구(Böhnke, 2008)에 따르면, 한 사회가 경제적·정치적·사회적으로 안정되어 있을수록, 사회의 질에 대한 인식이 개인 삶의 만족도에 덜 중요하게 영향을 미친다. 거꾸로 말하면, 사회의 결핍 요인이 있을 때(개인 차원의 결핍과 별도로), 사회의 질에 대한 인식이 개인의 삶의 만족도에 더 중요한 영향을 미친다는 것이다. 독일 외 국가들은 독일과 반대로 생각해볼 수 있겠다.

복지 역량은 한국, 그리스와 터키에서, 사회 역량은 한국, 이탈리아, 그리스에서, 정치 역량은 한국에서 긍정적인 영향을 미치고 있어, 사회갈등 해소 역량 인식이 삶의 만족도에 갖는 함의들이 국가별로 다르다는 사실을 확인할 수 있다. 이는 각 사회에서 개인들은 삶을 긍정적으로 평가하는 데 있어 사회의 특정 갈등 해소 능력에 대한 기대와 관심을 보이고 있음을 말해준다. 한국에 대해 더 논의해보자면, 다른 사회에 비해서 특히 정치 역량에 관심을 가지고 활동하는 사람들이 유의하게 더 긍정적인 삶을 살아가고 있음을 알 수 있는데, 정치 역량 부분이 한국의 개인의 삶에서 의미 있는 역할을 하고 있다고 볼 수 있다. 앞서 뵌케(Böhnke, 2008)의 논의와 연결해 보면, 정치적으로 한국 사회가 갈등적이기 때문에, 이 부분에 대한 긍정적 인식이 삶의 만족도에 더 중요하게 영향을 미친다고 짐작해볼 수 있으나, 이는 추후 검증이 필요하다.

이 연구는 단면자료의 분석을 통한 탐색적 연구로서의 가치를 가지고 있으나 변수들 사이의 인과성을 밝히는 데에는 한계가 있었다. 따라서 좀 더 체계적으로 기존의 사회갈등과 통합에 대한 문헌들을 고찰하고, 연관된 실증분석 연구들을 검토하여 좀 더 정교한 이론 틀을 개발하고, 국가별 개인 인식 차이의 맥락을 명확히 설명하기 위한 방법론을 개선할 필요가 있다. 이는 향후 과제로 남겨두고자 한다. 한 가지 방법론적 대안으로 경로 모형의 구축이나 시계열 연구 설계를 고려해볼 수 있겠다. 또한 OECD 회원국들을 포함한 다수 국가에 대한 국가별 거시지표 분석을 추가하고 국가별 질적 연구를 보완한다면, 한국이 포함된 삶의 만족도 국가 비교연구를 발전시키는 데 기여할 것으로 보인다.

부록: 조사 설문지

Gallup KOREA

110-054 서울시 종로구 사직동 208 전화 (02) 3702-2100, 팩스 (02) 3702-2540, 한국갤럽 홈페이지 www.gallup.co.kr, 갤럽패널홈 panel.gallup.co.kr

affiliated with GALLUP INTERNATIONAL

GMR 2012-120-013 **삶과 사회에 관한 조사** A1-4 □□□□

> 안녕하세요? 저는 한국갤럽조사연구소에서 일하고 있는 면접원 ○○○ 입니다.
> 이번에 저희 연구소에서는 여러 주제에 대해서 국민들의 의견을 알아보고 있습니다.
> ○○ 님께서 응답해 주실 내용에는 맞고 틀리는 답이 없으며, 단지 이러한 의견이 몇 %라는 통계를 내는 데에만 사용될 뿐,
> 그 외의 목적으로는 결코 사용되지 않습니다. 바쁘시더라도 잠시만 시간을 내어 협조해 주시면 큰 도움이 될 것입니다. 감사합니다.

6-7 ■ 지역 : 1. 서울 2. 부산 3. 대구 4. 인천 5. 광주 6. 대전
7. 울산 8. 경기 9. 강원 10. 충북 11. 충남 12. 전북
13. 전남 14. 경북 15. 경남 16. 제주

2012년 4월
한 국 갤 럽 조 사 연 구 소
소 장 박 무 익
담당연구원 이 상 범
실사연구원 김 지 혜
주 소 서울시 종로구 사직동 208번지
전 화 02-3702-2668

8 ■ 지역특성 : 1. 대도시 2. 중소도시 3. 읍 4. 면/농어가지역

9-10 ■ 연 령 : 19 □□

11-12 귀하의 연세는 올해 만으로 어떻게 되십니까? _____ 세
→ 18세 이하(1993년 5월 이후 출생) 감사인사 후 면접종료

13 ■ 성 별 : 1. 남자 2. 여자

먼저 우리 사회에 대해 여쭙겠습니다.

문 1) 귀하는 대부분의 사람들을 믿을 수 있다고
생각하십니까? 아니면 조심해야 한다고
생각하십니까?

14
1. 믿을 수 있다
2. 조심해야 한다
9. 모르겠다 (읽지 말 것)

(보기카드)
문 2) 귀하는 다음과 같은 사람에 대해 얼마나
신뢰하십니까? 혹은 신뢰하지 않으십니까?

	매우 신뢰 한다	약간 신뢰 한다	별로 신뢰 하지 않는다	전혀 신뢰 하지 않는다	모르 겠다
15	①가족	1	2	3	4	9
16	②개인적으로 아는 사람	1	2	3	4	9
17	③낯선 사람	1	2	3	4	9
18	④외국인	1	2	3	4	9

(보기카드)
문 3) 귀하는 다음과 같은 조직이나 단체를 얼마나
신뢰하십니까? 혹은 신뢰하지 않으십니까?

	매우 신뢰 한다	약간 신뢰 한다	별로 신뢰 하지 않는다	전혀 신뢰 하지 않는다	모르 겠다
19	①중앙정부	1	2	3	4	9
20	②국회	1	2	3	4	9
21	③사법부	1	2	3	4	9
22	④지방자치정부	1	2	3	4	9

23	⑤ 군대	1	2	3	4	9
24	⑥ 정당	1	2	3	4	9
25	⑦ 노동조합	1	2	3	4	9
26	⑧ 시민단체	1	2	3	4	9
27	⑨ 언론	1	2	3	4	9

문 4) 귀하는 아래 사람들이 귀하의 이웃으로 산다면
문제가 된다고 생각하십니까, 아니면 문제가
되지 않는다고 생각하십니까?

	문제가 된다	문제가 되지 않는다	모르 겠다
28	①외국인 노동자/이민자	1	2	9
29	②동성애자	1	2	9
30	③정신질환자	1	2	9
31	④장애인	1	2	9
32	⑤전과자	1	2	9
33	⑥생활보호대상자/ 극빈층	1	2	9

(보기카드)
문 5) 귀하는 다음과 같은 사람들에 대하여 얼마나
가깝다고 느끼십니까? 혹은 멀다고 느끼십니까?

	매우 가깝다	가깝다	멀다	매우 멀다	모르 겠다
34	①같은 시도 거주자	1	2	3	4	9
35	②한국국민	1	2	3	4	9
36	③					
37	④아시아인	1	2	3	4	9
38	⑤세계시민	1	2	3	4	9

(보기카드)
문 6) 귀하는 한국 국민인 것을 얼마나 자랑스럽게 생각하십니까? 혹은 그렇지 않습니까?

A39

1. 매우 자랑스럽다
2. 자랑스러운 편이다
3. 자랑스럽지 않은 편이다
4. 전혀 자랑스럽지 않다
9. 모르겠다 (읽지 말 것)

(보기카드)
문 7) 귀하는 우리 사회가 다음 각 의견 중 어느 쪽에 가깝다고 생각하십니까? 가깝다고 생각되는 정도에 따라 표시해 주십시오.

40-41

위험한 사회									안전한 사회
1	2	3	4	5	6	7	8	9	10

42-43

불신 사회									신뢰 사회
1	2	3	4	5	6	7	8	9	10

44-45

차별과 소외가심한 사회									배려와 포용의 사회
1	2	3	4	5	6	7	8	9	10

46-47

활력없고 침체된사회									활력있고 역동적인사회
1	2	3	4	5	6	7	8	9	10

(보기카드)
문 8) 우리 사회에서 다음 사항들이 어느 정도 평등 또는 불평등하다고 생각하는지 말씀해 주십시오.

		매우 평등	약간 평등	그저 그렇다	약간 불평등	매우 불평등	모르 겠다
48	① 교육기회	1	2	3	4	5	9
49	② 취업기회	1	2	3	4	5	9
50	③ 법집행	1	2	3	4	5	9
51	④ 소득과 재산	1	2	3	4	5	9
52	⑤ 정보	1	2	3	4	5	9

다음은 정치와 정부에 대한 귀하의 의견을 여쭙겠습니다

(보기카드)
문 9) 귀하는 정치에 얼마나 관심이 있으십니까? 혹은 없으십니까?

53

1. 매우 관심이 있다
2. 관심이 있는 편이다
3. 관심이 없는 편이다
4. 전혀 관심이 없다
9. 모르겠다 (읽지 말 것)

문 10) 귀하는 어느 정당을 지지하십니까?

A54-55

1. 새누리당(구 한나라당) ── 문 11로 갈 것
2. 민주통합당(구 민주당)
3. 자유선진당
4. 통합진보당
5. 창조한국당
6. 국민생각
7. 진보신당
8. 기타(적을 것 : _____)
----
77. 말할 수 없다 (읽지 말 것)
88. 지지하는 정당 없다 (읽지 말 것)
99. 모르겠다 (읽지 말 것)

문 10-1) 굳이 말씀하신다면, 어느 정당에 조금이라도 더 호감이 가십니까?

D50-51

1. 새누리당(구 한나라당)
2. 민주통합당(구 민주당)
3. 자유선진당
4. 통합진보당
5. 창조한국당
6. 국민생각
7. 진보신당
8. 기타 정당 (적을 것 : _____)
----
77. 말할 수 없다 (읽지 말 것)
88. 지지하는 정당 없다 (읽지 말 것)
99. 모르겠다 (읽지 말 것)

(보기카드)
문 11) 귀하는 다음과 같은 의견에 어느 정도 동의, 또는 반대하십니까?

		매우 동의	동의	동의 도 반대 도 아님	반대	매우 반대	모르 겠다
A56	① 누구에게 투표를 하든 달라지는 것은 없을 것이다	1	2	3	4	5	9
57	② 정부는 무엇을 하려 할 때 국민이 어떻게 생각하는지에 관심을 기울인다	1	2	3	4	5	9
58	③ 때때로 정치는 너무 복잡해서 나 같은 사람은 이해할 수가 없다.	1	2	3	4	5	9
59	④ 나 같은 사람은 정부가 하는 일에 대해 뭐라고 얘기할 수 없다	1	2	3	4	5	9

문 12) 귀하는 현 정부가 누구를 가장 잘 대변한다고
생각하십니까?

A60-61

1. 국민 대다수
2. 부유층
3. 서민
4. 정치인/ 관료
5. 기타(적을 것 : _____)
9. 모르겠다 (읽지 말 것)

문 12-1) 귀하는 지난 2007년 대통령 선거 때 투표
하셨습니까? 하셨다면, 누구에게 투표하셨습니까?

D52-53

1. 정동영(대통합민주신당)
2. 이명박(한나라당)
3. 권영길(민주노동당)
4. 이회창(무소속)
5. 문국현(창조한국당)
6. 기타 후보
7. 투표를 하지 않았다/기권
8. 투표권이 없었다(당시 만 19세 미만)
77. 말할 수 없다 (읽지 말 것)
99. 모르겠다 (읽지 말 것)

문 12-2) 만약, 2007년으로 돌아가서 대통령 선거를 다시
한다면 누구에게 투표하시겠습니까?

D54

1. 정동영(대통합민주신당)
2. 이명박(한나라당)
3. 권영길(민주노동당)
4. 이회창(무소속)
5. 문국현(창조한국당)
6. 기타 후보
7. 말할 수 없다 (읽지 말 것)
9. 모르겠다 (읽지 말 것)

문 13) 귀하는 지난 4월 11일 국회의원 선거 때
투표하셨습니까?

A62

1. 예
2. 아니오 → 문 14로 갈 것
0. 투표권이 없었다 → 문 14로 갈 것

[문 13에서 '1. 예'인 경우에만 질문]
문 13-1) 어느 정당 후보에게 투표 하셨습니까?

63-64

1. 새누리당(구 한나라당) 후보
2. 민주통합당(구 민주당) 후보
3. 자유선진당 후보
4. 통합진보당 후보
5. 창조한국당 후보
6. 국민생각 후보
7. 진보신당 후보
8. 무소속 후보
9. 기타 정당 후보(정당명을 적을 것 : _____)
77. 말할 수 없다 (읽지 말 것)
99. 모르겠다 (읽지 말 것)

문 14) 귀하는 선거에서 어느 후보에게 투표할지를
결정할 때 어떤 점을 가장 중요하게
고려하십니까?

65-66

1. 후보에 대한 평판
2. 후보의 경력이나 능력
3. 소속정당
4. 정책이나 공약
5. 당선가능성
6. 기타 (적을 것 : _____)
9. 모르겠다 (읽지 말 것)

문 15) 귀하는 자신이 **정치적**으로 어느 정도 진보적,
또는 보수적이라고 생각하십니까?

67

매우 진보적		중도		매우 보수적
1____	2____	3____	4____	5____

다음은 귀하의 일상생활에 대하여 여쭈어 보겠습니다

문 16) 귀하는 평소에 신문, 라디오, 텔레비전,
인터넷 등을 통해서 정치나 시사뉴스를 어느
정도 자주 듣거나 보십니까?

68

1. 거의 매일
2. 1주일에 서너 번 정도
3. 1주일에 한두 번 정도
4. 1주일에 한 번 미만
5. 전혀 없음 → 문 18로 갈 것

문 17) 귀하가 정치나 시사뉴스를 알기 위해 가장
자주 이용하는 매체는 무엇입니까?

69-70

1. 신문(인쇄본)
2. 잡지(인쇄본)
3. 라디오
4. 텔레비전
5. 인터넷
6. 기타 (적을 것 : _____)

문 18) 귀하는 인터넷을 하루 평균 얼마나 사용하십니까?

_____71-72시간 _____73-74분
0. 전혀 사용하지 않는다

[문 18에서 '0'이 아닌 경우에만 질문]
문18-1) 귀하는 다음과 같은 인터넷 서비스를 얼마나
자주 사용하십니까?

		거의 매일	일주일에 두서너 번	일주일 에 한번 정도	일주일 에 한번 미만	전혀 안한다
75	① 이메일	1	2	3	4	5
76	② SNS(예: 트위터, 페이스북 등)	1	2	3	4	5
77	③ 인터넷동호회나 블로그	1	2	3	4	5

(보기카드)

문19) 귀하는 다음과 같은 일을 얼마나 자주 하십니까?

		거의 매일	일주일에 두세 번	일주일에 한번 정도	한달에 한두번 정도	한달에 한두번 미만	해당 없음
A78	① 자녀를 교육하고 돌보는 일	1	2	3	4	5	0
79	② 요리와 집안일	1	2	3	4	5	0
80	③ 노인, 또는 장애가 있는 가족이나 친척을 돌보는 일	1	2	3	4	5	0

(보기카드)

문20) 귀하는 전반적으로 귀하의 삶에 얼마나 만족하십니까? 혹은 만족하지 않습니까? '전혀 만족하지 않는다' 1점, '매우 만족한다' 10점 등 1~10점 사이에서 선택해주십시오.

B6-7

전혀 만족 하지 않는다									매우 만족 한다
1	2	3	4	5	6	7	8	9	10

(보기카드)

문21) 지난 1년 동안 귀하가 아래 단체/모임과 관련된 활동을 하신 적이 있는지를 묻고자 합니다. 각각에 대하여 답변해주시기 바랍니다.

	활동한 적이		회원가입여부	
	있다	없다	회원 이다	회원이 아니다
① 스포츠, 레저, 문화 모임 (예: 조기축구회, 동호회 등)	8 1	2	16 1	2
② 종교 모임 (예: 교회, 성당, 사찰 등)	9 1	2	17 1	2
③ 정당 등 정치적 모임/단체	10 1	2	18 1	2
④ 시민단체 (예: 인권 재단, 한국여성의전화, 참여연대, 환경운동연합 등)	11 1	2	19 1	2
⑤ 동문회	12 1	2	20 1	2
⑥ 향우회	13 1	2	21 1	2
⑦ 기타(적을 것 : _____)	14-15 1	2	22-23 1	2

(보기카드)

문22) 귀하는 지난 1년 동안 다음과 같은 활동을 얼마나 자주 하셨습니까?

		일주일에 한번 이상	한달에 한두번	일년에 6~7번	일년에 한두번 혹은 그이하	전혀 안했다
24	① 자원봉사	1	2	3	4	5
25	② 사회단체나 기관에 기부	1	2	3	4	5

(보기카드)

문23) 귀하와 함께 살지 않는 다음의 사람들과 직접 만나거나 또는 전화, 우편, 이메일 등으로 연락하는 빈도는 얼마나 됩니까?

		거의 매일	일주일에 여러 번	한달에 여러 번	일년에 6-7번	일년에 한두번	전혀 접촉 안함	(해당 되는 사람이 없음)
26	①가족	1	2	3	4	5	6	7
27	②친구	1	2	3	4	5	6	7
28	③이웃	1	2	3	4	5	6	7

(보기카드)

문24) 귀하는 다음과 같은 상황이 발생했을 때 도움을 청할 사람이 있습니까? 만일 있다면, 누구에게 가장 먼저 도움을 청하십니까?

① 감기가 심하게 걸려 식사준비나 장보기와 같은 집안일을 부탁해야 할 경우   29-30 _____

② 큰 돈을 갑자기 빌릴 일이 생길 경우   31-32 _____

③ 우울하거나 스트레스를 받아서 누군가와 이야기를 나누고 싶을 경우   33-34 _____

1. 배우자
2. 배우자를 제외한 가족
3. 친척
4. 직장동료
5. 친구
6. 이웃
7. 사회복지사, 전담공무원
8. 기타 (위에서 해당 칸에 적을 것)
9. 도움을 청할 사람이 없음
99. 모르겠다 (읽지 말 것)

다음은 귀하의 가족과 경제상황에 대하여 여쭈어 보겠습니다.

(보기카드)

문25) 지난 한 해 동안 귀하 가족의 상황에 해당하는 것은 무엇입니까?

35

1. 돈을 모았다
2. 그러저럭 먹고 살았다
3. 저축해 놓았던 돈을 찾아 썼다
4. 저축해 놓았던 돈을 쓰고 대출도 하였다
9. 모르겠다 (읽지 말 것)

문 26) 귀하 가구는 지난 1년 동안 **경제적인 어려움**으로 인하여 다음과 같은 경험을 하신 적이 있으십니까?

		있다	없다
36	① 식사 양을 줄이거나 식사를 거른 적이 있다	1	2
37	② 공과금(건강보험료와 전기요금, 전화요금, 수도요금 등)를 기한 내 납부하지 못한 적이 있다	1	2
38	③ 추운 겨울에 난방을 하지 못한 적이 있다	1	2
39	④ 본인이나 가족이 병원에 갈 수 없었던 적이 있다	1	2
40	⑤ 집세(월세, 전세금)가 밀렸거나 또는 그 이유로 집을 옮긴 적이 있다	1	2
41	⑥ 자녀(대학생 포함)의 교육비를 한달 이상 주지 못한 적이 있다	1	2

문 27) 다음 중 귀하의 주거형태에 해당하는 것은 무엇입니까?

42-43

1. 대출 없는 자가 소유
2. 자가소유이나 대출이 있음
3. 일반주택 세입자 (전세, 혹은 월세)
4. 공공임대주택 세입자 (전세, 혹은 월세)
5. 공공시설 무상거주
6. 기타 (적을 것 : _____)
9. 모르겠다 (읽지 말 것)

문 28) 귀하는 향후 1년 이내에 집값 부담으로 인하여 현재 살고 계신 곳을 떠나야 할 가능성이 얼마나 있다고 생각하십니까? 혹은 없다고 생각하십니까?

44

1. 매우 가능성이 있다
2. 어느 정도 가능성이 있다
3. 별로 가능성이 없다
4. 전혀 가능성이 없다
9. 모르겠다 (읽지 말 것)

문 29) 지난 1년 동안 귀하께서는 병원이나 의사를 찾은 적이 있었습니까? 있었다면, 병원이나 의사를 만나려 했을 때, 다음 각각의 사항들이 어떠했습니까?

		매우 그렇다	다소 그렇다	그렇지 않은 편이다	전혀 그렇지 않다	병원에 갈일이 없었다
45	① 병원까지의 거리가 멀었다	1	2	3	4	0
46	② 예약이나 진료 대기 시간이 길었다	1	2	3	4	0
47	③ 진료비가 부담스러웠다	1	2	3	4	0
48	④ 치료 자체는 만족스러웠다	1	2	3	4	0

문 30) 지난 1년 동안 귀하나 귀하의 가족이 아동 보육 시설을 이용한 적이 있었습니까? 있었다면, 시설이나 서비스를 이용하려 했을 때 다음과 같은 사항들이 어떠했습니까?

		매우 그렇다	다소 그렇다	그렇지 않은 편이다	전혀 그렇지 않다	이용 한적 없음
49	① 시설까지의 거리가 멀었다	1	2	3	4	0
50	② 보육 시설이용이나 서비스를 받기위해 대기해야 하는 시간이 길었다.	1	2	3	4	0
51	③ 이용하는 비용이 부담스러웠다	1	2	3	4	0
52	④ 보육의 질 자체는 만족스러웠다	1	2	3	4	0

문 31) 지난 1년 동안 귀하나 귀하의 가족이 고령자나 환자를 위한 요양 시설을 이용한 적이 있었습니까? 있었다면, 시설이나 서비스를 이용하려 했을 때 다음과 같은 사항들이 어떠했습니까?

		매우 그렇다	다소 그렇다	그렇지 않은 편이다	전혀 그렇지 않다	이용 한적 없음
53	① 시설까지의 거리가 멀었다	1	2	3	4	0
54	② 시설이용이나 서비스를 받기 위해서는 대기해야 하는 시간이 길었다.	1	2	3	4	0
55	③ 이용하는 비용이 부담스러웠다	1	2	3	4	0
56	④ 제공된 서비스의 질 자체는 만족스러웠다	1	2	3	4	0

문 32) 귀하는 차별을 당해보신 적이 있습니까? 만약 있다면 무슨 이유 때문입니까? 해당되는 것을 모두 선택해주십시오.

1. 피부색 인종	57	
2. 국적	58	
3. 종교	59	
4. 언어	60	
5. 민족	61	
6. 나이	62	
7. 성	63	
8. 장애	64	
9. 용모	65	
10. 학력/학벌	66	
11. 성적 지향(동성애 등)	67	
12. 병력(에이즈, B형 간염, 전염병등)	68	
13. 경제력	69	
14. 고용지위(비정규직 등)	70	
15. 사상 또는 정치적 입장	71	
16. 기타(적을것 : _____)	72-73	
0. 차별당한 적이 없음	74	

다음은 귀하가 하시는 일에 대하여 여쭈어 보겠습니다.

문 33) 귀하는 현재 수입이 있는 일을 하고 계십니까?

B75

1. 그렇다
2. 아니다 → 문 44 로 갈 것

문 34) 일주일에 평균 몇 시간 일하십니까? 둘 이상의 일을 가지고 계시다면 모두 합해서 말씀해주십시오.

76-78 _____시간

(보기카드)
문 35) 귀하는 귀하가 원한다면 현재 직장에서 계속 일을 하실 수 있는 가능성은 어느 정도라고 생각하십니까?

79

1. 그럴 가능성이 매우 크다
2. 그럴 가능성이 어느 정도 있다
3. 그럴 가능성이 별로 없다
4. 그럴 가능성이 전혀 없다
9. 모르겠다 (읽지 말 것)

문 36) 귀하는 현재 노동조합에 가입해 있습니까?

80

1. 그렇다
2. 아니다
0. 노동조합이 없음

(보기카드)
문 37) 지난 석 달 간 귀하에게 다음의 일들이 얼마나 자주 일어났습니까?

	거의 매일	자주	가끔	거의 없음	전혀 없음
81	① 직장에서 일을 끝내고 돌아오면 너무 피곤해서 집안일을 하기 힘들다	1	2	3	4	5
82	② 직장에서 보내는 시간이 많기 때문에 가정에서 할 일을 제대로 하기 어렵다	1	2	3	4	5
83	③ 집안일 때문에 너무 피곤해서 직장에 도착하면 제대로 일을 하기 어렵다	1	2	3	4	5
84	④ 가정에서의 책임 때문에 직장에서 업무에 집중하기가 어렵다	1	2	3	4	5

문 38) [주된 직장을 기준으로]
귀하가 하시는 일은 무엇입니까?
<직업분류표>를 참고하여 대답해주십시오.

85-86

(보기카드)
문 39) 귀하가 직업으로부터 얻는 월 평균 세전 소득은 얼마나 되십니까? 기본급, 상여금 그리고 기타 수당을 포함한 금액을 말씀해 주십시오.

87-92

1. 없음	12. 월 500 ~ 549 만원
2. 월 49 만원 이하	13. 월 550 ~ 599 만원
3. 월 50 ~ 99 만원	14. 월 600 ~ 649 만원
4. 월 100 ~ 149 만원	15. 월 650 ~ 699 만원
5. 월 150 ~ 199 만원	16. 월 700 ~ 749 만원
6. 월 200 ~ 249 만원	17. 월 750 ~ 799 만원
7. 월 250 ~ 299 만원	18. 월 800 ~ 849 만원
8. 월 300 ~ 349 만원	19. 월 850 ~ 899 만원
9. 월 350 ~ 399 만원	20. 월 900 ~ 949 만원
10. 월 400 ~ 449 만원	21. 월 950 ~ 999 만원
11. 월 450 ~ 499 만원	22. 월 1,000 만원이상

99. 모르겠다 (읽지 말 것)

(보기카드)
문 40) [주된 직장을 기준으로] 귀하의 고용상태는 다음 중 어디에 해당하십니까?

06

1. 임금근로자 → 문 41-1 로 갈 것
2. 고용원이 있는 사업주
3. 고용원이 없는 자영업자 → 문 42 로 갈 것
4. 무급가족종사자 → 문 42 로 갈 것
   (가족/친척의 일을 무급으로 돕는 경우)

문 40-1) 몇 명을 고용하고 있습니까?

7-10 _____ 명 → 문 42 로 갈 것

(보기카드)
문 41-1) [주된 직장을 기준으로] 귀하는 일하는 곳과 급여를 받는 곳이 다릅니까? 즉 파견 또는 용역업체에 소속되어 있습니까?

11

1. 예
2. 아니오

(보기카드)
문 41-2) [주된 직장을 기준으로] 귀하가 하시는 일은 상용직, 임시직, 일용직 중 어디에 해당합니까?

12

1. 상용직 (계약기간이 일년 이상인 경우 혹은 계약기간을 특정하지 않고 계속 일할 수 있는 경우)
2. 임시직 (계약기간이 한달 이상 일년 이내)
3. 일용직 (계약기간이 한달 이내)

문 41-3) 정규직으로 일하고 싶은데도 임시직으로 근무하고 계십니까?

13

1. 예
2. 아니오

[문 40 에서 2, 3, 4 로 응답한 경우]
(보기카드)
문 42) 사업을 하시는 경우(혹은 가족종사자 인 경우),
주된 이유는 무엇입니까? 가장 주된 이유 하나만
선택해주세요.

C14-15

1. 내 자신의 일을 하고 싶어서
2. 돈을 더 많이 벌 수 있기 때문에
3. 시간활용이 자유롭기 때문에
4. 임금근로를 할 수 있는 직장을 구할 수 없어서
5. 가족이 하는 일이라서
6. 본인의 직종에서 사업/자영업이 일반적이기 때문에
7. 기타 (적을 것 : _____)

문 43) 시간제로 일하십니까, 전일제로 일하십니까?

16

1. 시간제(주 40 시간 이하)
2. 전일제 → 문 45 로 갈 것

(보기카드)
문 43-1) 귀하가 주 직장으로 시간제 근무(주 40 시간 이하)를 하고 계시다면, 그 이유는 무엇입니까?

17-18

1. 전일제 근무를 찾을 수 없어서
2. 전일제 근무를 원하지 않기 때문에
3. 기타 (적을 것 : _____)

(보기카드)
[문 33 에서 '2. 아니다'인 경우에만 질문]
문 44) (수입이 있는 일을 하고 있지 않다면) 일을 하시지 않는 이유는 무엇입니까?

19-20

1. 은퇴
2. 가사
3. 학업
4. 질병, 또는 장애
5. 실직
6. 기타(적을 것 : _____)

문 44-1) 수입이 있는 일을 해보신 적이 있습니까?

21

1. 그렇다
2. 아니다 → 문 44-3 으로 갈 것

문 44-2) (만일 수입이 있는 일을 해보신 적이 있다면) 언제 일을 그만두셨습니까?

_____년 _____월
22-25   26-27

문 44-3) 귀하는 현재 구직 중이십니까?

28

1. 예
2. 아니오 → 문 45 로 갈 것

(보기카드)
문 44-4) (수입이 있는 일을 찾고 계신다면) 귀하가 일자리를 얻게 될 가능성은 어느 정도 높다고 생각하십니까?

29

1. 매우 높다
2. 다소 높다
3. 별로 높지 않다
4. 전혀 높지 않다
9. 모르겠다 (읽지 말 것)

다음은 귀하의 배우자가 하시는 일에 대하여 여쭈어 보겠습니다.

문 45) 귀하의 배우자는 현재 수입이 있는 일을 하고 계십니까?

30

1. 그렇다
2. 아니다 → 문 51 로 갈 것
0. 배우자 없음 → 문 51 로 갈 것

[문 45 에서 '1. 그렇다'인 경우에만 질문]
지금부터 가장 주된 직장을 기준으로 응답해주십시오

문 46) 귀하의 배우자는 시간제로 일하십니까, 전일제로 일하십니까?

31

1. 시간제
2. 전일제

문 47) 귀하의 배우자는 일주일에 평균 몇 시간 일하십니까? 둘 이상의 일을 가지고 계시다면 모두 합해서 말씀해주십시오.

32-34

_____시간

문 48) (주된 직장을 기준으로) 귀하의 배우자가 하시는 일은 무엇입니까? <직업분류표>를 참고하여 대답해주십시오.

35-36

(보기카드)
문 49) 귀하의 배우자의 고용상태는 다음 중 어디에 해당하십니까?

37

1. 임금근로자
2. 고용원이 있는 사업주 → 문 51 로 갈 것
3. 고용원이 없는 자영업자 → 문 51 로 갈 것
4. 무급가족종사자 (가족/친척의 일을 무급으로 돕는 경우) → 문 51 로 갈 것

(보기카드)
문 50-1) (주된 직장을 기준으로) 귀하의 배우자가 하시는 일은 상용직, 임시직, 일용직중 어디에 해당하십니까?

38

1. 상용직 (계약기간이 일년 이상인 경우 혹은 계약기간을 특정하지 않고 계속 일할 수 있는 경우)
2. 임시직 (계약기간이 한달 이상 일년 이내)
3. 일용직 (계약기간이 한달 이내)

문 50-2) (주된 직장을 기준으로) 귀하의 배우자가 일하는 곳과 급여를 받는 곳이 다릅니까? 즉 파견 또는 용역업체에 소속되어 있습니까?

39

1. 예
2. 아니오

다음은 귀댁의 소득에 대해 여쭈어 보겠습니다.

(보기카드)

문 51) 귀댁의 월 평균 수입은 세금과 각종 공과금 등의 납부 전을 기준으로 하여 얼마나 되십니까? 귀하를 포함한 모든 가족구성원의 근로소득, 이자, 주식배당, 자산소득, 지대, 연금, 복지 수당, 다른 사람의 도움 등을 합한 금액을 말씀해 주십시오.

C40-45

1. 없음	12. 월 500 ~ 549 만원
2. 월 49 만원 이하	13. 월 550 ~ 599 만원
3. 월 50 ~ 99 만원	14. 월 600 ~ 649 만원
4. 월 100 ~ 149 만원	15. 월 650 ~ 699 만원
5. 월 150 ~ 199 만원	16. 월 700 ~ 749 만원
6. 월 200 ~ 249 만원	17. 월 750 ~ 799 만원
7. 월 250 ~ 299 만원	18. 월 800 ~ 849 만원
8. 월 300 ~ 349 만원	19. 월 850 ~ 899 만원
9. 월 350 ~ 399 만원	20. 월 900 ~ 949 만원
10. 월 400 ~ 449 만원	21. 월 950 ~ 999 만원
11. 월 450 ~ 499 만원	22. 월 1,000 만원이상

----

99. 모르겠다 (읽지 말 것)

(보기카드)

문 52) 귀댁 소득의 가장 큰 부분을 차지하는 것은 다음 중 무엇입니까? 한가지만 선택해주십시오.

46-47

1. 봉급
2. 자영업 혹은 농림수산업으로 인한 수익
3. 자산 소득 등 기타 소득
4. 가족 혹은 친척의 보조금
5. 연금 혹은 보험급여 (예: 공적, 사적연금, 고용보험, 산재보험 등)
6. 정부보조금 (예: 양육수당, 장애수당, 기초생활보장급여 등)
7. 기타(적을 것 : _____)

(보기카드)

문 53) 한국사회의 최하층을 1로 하고 최상층을 10으로 한다면 귀하는 어디에 속한다고 생각하십니까?

48-49

최하층   최상층

1	2	3	4	5	6	7	8	9	10

다음은 우리사회의 여러 가지 문제에 대한 귀하의 의견을 여쭈어보겠습니다.

(보기카드)

문 54) 귀하는 향후 10년간 이루어야 할 국가목표 가운데 다음 4가지 중 무엇이 가장 중요하다고 생각하십니까? 중요한 순서대로 2가지만 선택해 주십시오.

첫 번째: _____ 두 번째: _____
                 50   51

1. 국방 강화
2. 직장과 사회에서의 참여 증대
3. 환경 보호
4. 경제 성장

(보기카드)

문 55) 그럼, 다음 4가지 중 무엇이 가장 중요하다고 생각하십니까? 중요한 순서대로 2가지만 선택해주십시오.

첫 번째: _____ 두 번째: _____
                 52   53

1. 국가의 질서 유지
2. 국가적 결정에 대한 국민의 참여 확대
3. 물가 상승 억제
4. 언론자유 확대

(보기카드)

문 56) 다음 각각의 두 가지 의견 중에서 귀하의 생각과 가장 가까운 것은 어느 것인지 말씀해주십시오.

54   **문56-1)** 복지 vs. 성장
         ① 경제성장을 위해 복지를 줄여야 한다
         ② 경제성장이 정체되더라도 복지를 늘려야 한다

55   **문56-2)** 복지 vs. 세금
         ① 복지혜택이 줄어든다 하더라도 세금을 더 적게 걷어야 한다
         ② 세금을 많이 거두어서라도 복지혜택을 늘려야 한다

56   **문56-3)** 선별적 복지 vs. 보편적 복지
         ① 복지는 가난한 사람들에게만 제공되어야 한다
         ② 소득수준에 관계없이 국민모두가 복지혜택을 받아야 한다

(보기카드)

문 57) 귀하는 정부가 다음의 사항들을 어느 정도 책임져야 한다고 생각하십니까?

	적극적으로 정부 책임	어느정도 정부 책임	별로 정부 책임 아님	전혀 정부 책임 아님	모르겠음
① 원하는 모든 사람에게 일자리 제공	1	2	3	4	9
② 환자에게 보건의료제공	1	2	3	4	9
③ 노인들에게 적정한 생활수준을 제공	1	2	3	4	9
④ 실업자에게 적정한 생활수준 제공	1	2	3	4	9
⑤ 저소득층 대학생에게 재정지원	1	2	3	4	9
⑥ 집을 마련하지 못하는 사람들에게 적정한 주거제공	1	2	3	4	9
⑦ 원하는 사람 누구에게나 육아서비스를 제공	1	2	3	4	9

(위 표의 행 번호: 57, 58, 59, 60, 61, 62, 63)

(보기카드)

문 58) 귀하는 다음과 같은 말들에 어느 정도 동의 또는 반대하십니까?

한국의 사회보장과 사회복지서비스는....	매우 동의	다소 동의	동의도 반대도 아님	다소 반대	매우 반대	모르겠다
① 경제에 너무 많은 부담이 된다	1	2	3	4	5	9
② 좀 더 평등한 사회로 이끈다	1	2	3	4	5	9
③ 사람들을 게으르게 만든다	1	2	3	4	5	9
④ 사람들이 자신과 자기 가족을 돌볼 의지를 덜 갖게 한다	1	2	3	4	5	9

(위 표의 행 번호: 64, 65, 66, 67)

문 59) 귀하는 복지를 담당하는 공공기관의
종사자들이 복지예산을 얼마나 투명하게
사용하고 있다고 생각하십니까?

C68

1. 매우 투명하게 사용하고 있다
2. 다소 투명하게 사용하고 있다
3. 보통이다
4. 다소 투명하지 않게 사용하고 있다
5. 매우 투명하지 않게 사용하고 있다
9. 모르겠다 (읽지 말 것)

문 60) 귀하는 한국에서 사회보장과 복지서비스가
어느 정도 효율적으로 제공되고 있다고
생각하시는지 말씀해주십시오.

69

1. 매우 효율적으로 제공되고 있다
2. 다소 효율적으로 제공되고 있다
3. 보통이다
4. 다소 비효율적으로 제공되고 있다
5. 매우 비효율적으로 제공되고 있다
9. 모르겠다 (읽지 말 것)

문61-1) 귀하가 내는 세금이 가난한 사람들의 복지를 위해
쓰인다면, 이를 위해 세금을 더 낼 생각이 있습니까?

70-71

더 낼 생각이 전혀 없다									많더라도 더 낼 것이다
1	2	3	4	5	6	7	8	9	10

문61-2) 귀하가 내는 세금이 소득 수준에 상관없이
모든 국민들의 복지를 위해 쓰인다면, 이를
위해 세금을 더 낼 생각이 있습니까?

72-73

더 낼 생각이 전혀 없다									많더라도 더 낼 것이다
1	2	3	4	5	6	7	8	9	10

문 62) 귀하는 다음의 주장들 중에서 어느 의견에
가장 동의하십니까?

74 문62-1) 노후연금은....
1. 연금을 많이 납입한 사람이 더 많이
받아야 한다
2. 가난해서 노후연금이 더 많이 필요한
사람이 더 받아야 한다
3. 모두가 똑같이 받아야 한다

75 문62-2) 실업급여는....
1. 소득이 많아서 세금을 많이 낸 사람이 더
받아야 한다
2. 가난해서 실업급여가 더 많이 필요한
사람이 더 받아야 한다
3. 모두가 똑같이 받아야 한다

문 63) 다음 두 주장에 대해 조금이라도 더 동의하는
쪽을 표기해 주십시오.

76

누군가 생계에 어려움이 있다면 이는,

1. 개인적인 노력이나 능력의 문제이다
2. 정치, 사회적 제도로 인한 문제이다

다음은 우리사회의 인권에 대해 여쭈어보겠습니다.

문 64) 귀하는 인권과 관련하여 다음의 사항에 대해
어느 정도 잘 알고 계십니까?

	매우 잘 안다	어느 정도 안다	잘 모른다	전혀 모른다
77	① 유엔이 제정하여 선포한 세계인권선언	1	2	3	4
78	② 자유권협약 (시민적, 정치적 권리에 대한 국제협약)	1	2	3	4

문 65) 귀하는 한국과 다른 나라, 혹은 국제 인권
상황에 대해 어느 정도 잘 알고 계십니까?

	매우 잘 안다	어느 정도 안다	잘 모른다	전혀 모른다
79	① 한국의 인권 상황	1	2	3	4
80	② 다른 나라, 또는 국제 인권 상황	1	2	3	4

문 66) 귀하는 한국에서 인권이 얼마나 존중되고
있다고 보십니까?

D6

1. 매우 존중된다
2. 다소 존중된다
3. 중간이다
4. 별로 존중되지 않는다
5. 전혀 존중되지 않는다
9. 모르겠다 (읽지 말 것)

문 67) 귀하는 한국의 인권보장 수준을 점수로 매겨볼
때, 전 세계 국가 중에서 어느 정도 된다고
생각하십니까?

7

1. 매우 높다
2. 높은 편이다
3. 중간 수준이다
4. 낮은 편이다
5. 매우 낮다
9. 모르겠다 (읽지 말 것)

(보기카드)

문 68) 귀하는 다음의 각 의견에 대해 어느 정도 동의 또는 반대하십니까?

		매우 동의	다소 동의	동의 도 반대 도 아님	다소 반대	매우 반대	모르 겠다
D8	① 경제발전을 위해서 노동자의 파업권은 제한될 수 있다	1	2	3	4	5	9
9	② 테러 위험을 막기 위해서 공항에 전신 투시장치 (알몸이 보이는 엑스레이)를 도입할 수 있다	1	2	3	4	5	9
10	③ 일자리가 더 늘어날 수 있다면, 내 근무시간과 임금이 줄어드는 것을 받아들일 수 있다	1	2	3	4	5	9

(보기카드)

문 69-1) 만약 귀하께서 버스를 이용해 출근을 하는 도중 휠체어를 이용하는 장애인이 버스에 승차하려고 한다면 최대한 얼마나 기다릴 수 있습니까?

11

1. 3 분 미만
2. 3 분~5 분 미만
3. 5 분~10 분 미만
4. 10 분~20 분 미만
5. 20 분 이상도 괜찮다
6. 기다릴 수 없다
9. 모르겠다 (읽지 말 것)

(보기카드)

문 69-2) 어떤 사람들은 가격이 비싸더라도 환경에 좋은 상품을 선택합니다. 귀하는 이런 상품이 어느 정도로 비싸면 구매하겠습니까?

12

1. 5% 미만
2. 5~10% 미만
3. 10~20% 미만
4. 20~30% 미만
5. 30% 이상도 괜찮다
6. 더 비싸다면 사지 않겠다
9. 모르겠다 (읽지 말 것)

(보기카드)

문 70) 귀하는 우리 사회에 대한 다음의 의견에 얼마나 동의하십니까?

		매우 동의	다소 동의	동의 도 반대 도 아님	다소 반대	매우 반대	모르 겠다
13	1. 누구나 노력만 한다면 사회경제적 지위를 높일 수 있다.	1	2	3	4	5	9
14	2. 언어나 문화가 달라도 외국인들이 불편 없이 생활할 수 있다.	1	2	3	4	5	9
15	3. 의료, 과학, 경제, 법률 등 전문 분야의 정보 공개가 잘 되어 있다.	1	2	3	4	5	9
16	4. 누구나 자유롭게 자신의 의사를 표현할 수 있다.	1	2	3	4	5	9

(보기카드)

문 71) 귀하께서는 정치·사회 현안에 관한 다음의 활동을 얼마나 자주 하십니까?

		매우 자주	자주	야 다 금	거의 안함	전혀 안함
17	1. 정치, 사회 문제에 대해 주변사람과 이야기하기	1	2	3	4	5
18	2. 블로그/트위터/페이스북/ 온라인게시판 등에 의견 올리기	1	2	3	4	5
19	3. 정부나 언론에 의견 제시, 또는 민원 접수하기	1	2	3	4	5
20	4. 서명운동, 시위, 집회 등에 참여하기	1	2	3	4	5

(보기카드)

문 72) 귀하는 다음의 진술에 어느 정도 동의하십니까?

		매우 그렇 다	다소 그렇 다	보통 이다	다소 그렇 지 않다	매우 그렇 지 않다	모르 겠다
21	1. 나는 내 미래를 낙관적으로 본다.	1	2	3	4	5	9
22	2. 나에게는 내 인생을 통제할 능력이 있다.	1	2	3	4	5	9
23	3. 나는 인터넷에서 찾은 의학 정보가 맞는지 틀리는지 판단할 수 있다	1	2	3	4	5	9
24	4. 나는 언론매체의 의학 보도내용을 잘 이해한다	1	2	3	4	5	9
25	5. 나는 건강상태에 대하여 의사가 하는 설명을 잘 알아 듣는다	1	2	3	4	5	9
26	6. 나는 약 봉투나 약병에 적힌 복용 설명서를 잘 이해한다	1	2	3	4	5	9

다음은 올해 있을 대통령선거에 대해 여쭈어보겠습니다

[문 72-1~문 72-4 : 보기의 순서를 돌려가며 읽어줄 것]

문 72-1) 귀하는 올해 대통령 선거에서 다음의 후보가 출마한다면, 어느 후보에게 투표를 하시겠습니까?

D55

1. 박근혜   2. 손학규
3. 모르겠다 (읽지 말 것)

문 72-2) 귀하는 올해 대통령 선거에서 다음의 후보가 출마한다면, 어느 후보에게 투표를 하시겠습니까?

D56

1. 박근혜   2. 문재인
3. 모르겠다 (읽지 말 것)

문 72-3) 귀하는 올해 대통령 선거에서 다음의 후보가 출마한다면, 어느 후보에게 투표를 하시겠습니까?

D57

1. 박근혜   2. 정동영
3. 모르겠다 (읽지 말 것)

문 72-4) 귀하는 올해 대통령 선거에서 다음의 후보가
출마한다면, 어느 후보에게 투표를 하시겠습니까?

D58

1. 박근혜   2. 안철수
3. 모르겠다 (읽지 말 것)

(보기카드)
문 72-5) 귀하는 올해 대통령 선거에 다음의 후보들이
출마한다면 절대로 투표하고 싶지 <u>않은</u> 후보가
있습니까? 있다면 **한 명**만 말씀해 주십시오.

D59

1. 박근혜   5. 정몽준
2. 안철수   6. 김문수
3. 문재인   7. 정동영
4. 손학규   8. 김두관
----
9. 특별히 투표하고 싶지 않은 후보는 없다

마지막으로 귀하에 대해 몇 가지 여쭈어보겠습니다.

(보기카드)
문 73) 귀하의 건강상태는 어떠하십니까?

D27

1. 매우 좋다
2. 약간 좋다
3. 보통이다
4. 약간 나쁘다
5. 매우 나쁘다
9. 모르겠다 (읽지 말 것)

(보기카드)
문 74) 귀하의 생활조건 전반에 대한 만족도와 삶의
질의 중요도 등 전반적인 상황을 고려할 때,
귀하께서는 현재 얼마나 행복하십니까?
혹은 불행하십니까?

28-29

전혀 행복 하지 않다									매우 행복하다
1	2	3	4	5	6	7	8	9	10

문 75) 귀하는 만성질환 또는 오래된 건강문제가
있습니까?

30

1. 있다   2. 없다

(보기카드)
문 76) 귀하는 담배를 얼마나 자주 피우십니까?

31

1. 매일 피운다
2. 일주일에 몇 번 피운다
3. 한 달에 몇 번 피운다
4. 일년에 몇 번 혹은 그 이하로 피운다
5. 전혀 피우지 않는다

(보기카드)
문 77) 사람들은 살아가면서 스트레스를 받기도 합니다.
귀하는 평소에 스트레스를 얼마나 받습니까?

32

1. 많이 받는다
2. 다소 받는다
3. 별로 받지 않는다
4. 거의 받지 않는다

(보기카드)
문 78) 귀하는 학교를 어디까지 마치셨습니까?

33

1. 정규학교를 다닌 적이 없다
2. 초등학교 중퇴
3. 초등학교 졸업
4. 중학교 중퇴
5. 중학교 졸업
6. 고등학교 중퇴/재학
7. 고등학교 졸업
8. 전문대 중퇴/재학
9. 전문대 졸업
10. 대학교 중퇴/재학
11. 대학교 졸업
12. 대학원 이상

(보기카드)
문 79) 귀하는 영어로 쓰인 글을 얼마나 잘 이해할 수
있습니까?

34

1. 매우 잘 이해한다
2. 잘 이해하는 편이다
3. 잘 이해하지 못하는 편이다
4. 전혀 이해하지 못한다
5. 모르겠다 (읽지 말 것)

(보기카드)
문 80) 귀하의 종교는 무엇입니까?

35-36

1. 종교 없음   6. 힌두교
2. 불교   7. 민간 신앙
3. 기독교(개신교)   8. 기타 (적을 것 : _____)
4. 가톨릭(천주교)   9. 모르겠다 (읽지 말 것)
5. 이슬람교

(보기카드)
문 81) 귀하의 혼인상태는 어떠하십니까?

37-38

1. 미혼   5. 별거
2. 기혼   6. 동거
3. 이혼   7. 기타 (적을 것 : _____)
4. 사별

문 82) 귀하의 집에는 귀하를 포함해서 현재 모두 몇
분의 가족이 같이 살고 있습니까? 취학, 취업,
입대 등의 이유로 일시적으로 따로 살고 있는
가족은 제외하고 말씀하여 주십시오.

39-40 _____ 명

문 83) 자녀가 있으십니까?

41 ─ 1. 예   2. 아니오

문83-1) 자녀가 있다면, 가장 어린 자녀의 나이는 몇
살입니까?

42-43 만 _____ 살

면접 후 기록		
응답자성명		
주소		
전화번호	( ) - ( ) - ( )
조사일시	월 일 (□□분간)
	44 45-46 47-49
면접원 성명	(ID :)
검증원	수퍼바이저
(ID :)	(ID :)

국제표준직업분류표 (ISCO 2008)

대분류	중분류	예시
1. 관리자	11 공공 및 기업 고위임직원, 의회의원	11 기업임원, 고위직공무원, 교장
	12 행정 및 경영지원 관리직	12 기업체 부장이상(금융, 인사, 판매, 마케팅)
	13 생산 및 전문서비스 관리직	13 기업체 부장이상(제조, 건설, 서비스, 교육, 광업)
	14 판매 및 고객서비스 관리직	14 기업체 부장이상(호텔, 요식업, 도소매, 스포츠)
2. 전문가	21 과학 및 공학 전문가	21 엔지니어, 건축가, 도시설계
	22 보건관련 전문가	22 의사, 약사, 영양사, 간호사, 물리치료사
	23 교육전문가	23 교수(시간강사포함), 교사(유치원, 직업학교 포함)
	24 경영 및 금융 전문가	24 회계사, 금융/투자전문가, 광고/마케팅전문가
	25 정보통신 전문가	25 네트워크엔지니어, SW/웹개발자
	26 법률 및 문화, 예술 전문가	26 법조인, 방송인, 예술인, 종교인, 사회복지사, 번역가, 사서
3. 기술자 및 준전문가	31 과학 및 공학관련 기술자	31 기술공, 감독자, 파일럿/항해사
	32 보건 관련 준전문가	32 구급차대원, 간호조무사, 방사선사, 치과위생사/치과기공사, 안경사
	33 경영 및 행정관련 준전문가	33 바이어, 무역중개인, 부동산중개인, 보험설계사
	34 경찰, 법률, 사회, 문화 관련 준전문가	34 법무사, 조세/인허가/복지공무원, 스포츠강사, 운동선수, 사진가, 요리사(주방장), 전도사, 수녀/수사
	35 정보통신 관련 기술자	35 컴퓨터기술자, 방송 및 시청각 기술공(기사)
4. 사무종사자	41 일반 사무원	41 회사원, 비서, 5급이하공무원, 자료입력 사무원
	42 고객서비스 사무원	42 고객안내, 접수, 대금수금원, 설문조사 면접원
	43 금융 및 보험, 회계, 통계, 재무관련 사무원	43 은행원, 회계사무원, 경리사무원
	44 기타 사무관련 종사자	44 우편배달 및 분류 사무원, 기타 사무직
5. 서비스 및 판매종사자	51 대인서비스 종사자	51 이미용사, 바리스타, 승무원, 애완동물 미용사, 장의사, 여행가이드, 요리사, 웨이터
	52 판매종사자	52 계산원, 내점원, 상점 판매원, 패션 및 기타 모델
	53 돌봄서비스 종사자	53 보육교사, 요양보호사, 간병인
	54 경찰, 소방 및 보안관련 종사자	54 경찰관, 소방원, 경비원, 경호원
6. 농림어업 숙련근로자	61 출하목적 농업 및 어업 숙련근로자	
	62 자급농림어업 종사자	
7. 기능원 및 관련기능 종사자	71 건설 및 관련 기능직	71 미장공, 도배, 보일러공, 목공, 석공
	72 금속, 기계 및 관련 기능직	72 용접공, 자동차, 항공기 등 기계정비/수리
	73 수공예 및 인쇄 관련 기능직	73 공예원, 간판제작
	74 전기 및 전자기술 관련 기능직	74 가전제품 수리원, PC/인터넷 및 사무기기 설치/수리, 건물관련 전기공
	75 식품가공, 목재품제조, 섬유 관련 기능직	75 제과사, 제빵사, 정육원, 재봉사, 재단사, 패턴사
8. 장치·기계 조작 및 조립 종사자	81 고정장치 및 기계 조작원	81 인쇄기, 전기설비 조작원, 각종 기계 조작원
	82 조립원	82 부품 조립원, 기계 조립원
	83 운전 및 이동장치 조작원	83 버스, 택시, 트럭 등 운전사
9. 단순노무 종사자	91 청소, 세탁, 가사 관련 단순노무자	91 가사도우미, 세탁원, 청소용역
	92 농림어업 관련 단순노무자	92 농업노동자, 품일꾼
	93 광업, 건설, 제조 및 운송 관련 단순노무자	93 시다, 일용잡부(노가다), 이삿짐운반, 단순 포장원
	94 음식 준비 관련 단순노무자	94 주방 설거지, 패스트푸드 조리원
	95 행상, 판매 및 서비스 관련 단순노무자	95 행상, 노점상, 주유원, 구두미화
	96 쓰레기, 재활용품 수거 및 배달, 운반 관련 단순노무자	96 환경미화원, 택배, 배달, 주차관리
0. 군인	01 장교	01 위관급 이상
	02 장기 부사관 등	02 하사관 이하
	03 기타 계급 군인	

참고문헌

서론 유로존 경제위기의 사회적 구성

Beck, Wolfgang et al. 2001. *Social Quality: A Vision for Europe*. Hague: Klewer Law International.

Van der Maesen, Laurent J. G. and Alan Walker. 2005. "Indicators of Social Quality: Outcomes of the European Scientific Network." *European Journal of Social Quality*, Vol. 5, Issue. 1/2, pp. 8~24.

Van der Maesen, Laurent J. G., Alan Walker and Margo Keiger. 2005. *European Network Indicators of Social Quality: Social Quality, the Final Report*. Amsterdam: European Foundation on Social Quality.

Yee, Jaeyeol and Dukjin Chang. 2011. "Social Quality as a Measure for Social Progress." *Development and Society,* Vol. 40, No. 1, pp. 153~172.

제1부 국가별 경제위기 대응

제1장 그리스의 사회경제적 위기와 회복탄력성

강유덕·오태현·이동은. 2010. 「남유럽 경제위기의 본질과 향후 전망」. 대외경제정책연구원. ≪오늘의 세계경제≫, Vol. 10, No. 12.

김득갑·이종규·김경훈. 2012. 「유럽 재정위기 극복방안과 전망」. 삼성경제연구소. ≪SERI 이슈페이퍼≫(1월).

김원섭·양재진·이주하. 2010. 「최근 금융위기에 대한 서구 복지국가들의 사회정책적 대응: 독일, 영국, 미국의 비교연구」. ≪정부학연구≫, 제16권 제3호, 57~89쪽.

김준석. 2010. 「그리스 경제위기와 유럽경제통합」. ≪정세와 정책≫, 제168호.

김태일. 2012. 「복지지출과 국가부채의 관계: OECD 국가분석과 한국에의 시사점」. ≪한국경제포럼≫, 제4권 제4호, 77~91쪽.

문우식. 2012. 「유럽재정위기의 요인과 대응방안」. 금융연구원. ≪주간 금융브리프≫, 제21권 제18호.

박준. 2010. 「정치경제적 관점에서 본 그리스 재정위기」. 삼성경제연구소. ≪SERI 포커스≫, 제293호.

신기철. 2012. 「유럽의 재정위기의 원인과 시사점」. ≪월간생명보험≫, 5월호.

이종규 외. 2010. 「남유럽 재정위기와 유로경제의 향방」. 삼성경제연구소. ≪SERI 이슈페이퍼≫(6월).

황현정. 2010. 「그리스 재정위기의 영향과 전망」. 산은경제연구소 이슈분석 보고서.

≪조선일보≫. 2015.7.7. "복지 포퓰리즘이 타락시킨 그리스의 자포자기"

≪중앙일보≫. 2015.7.7. "빚내 복지잔치 파산한 그리스 '긴축 수용 못해'"

Artavanis, N., Morse, A. and M. Tsoutsoura. 2015. "Tax evasion across industries: soft credit evidence from Greece." *Chicago Booth Research Paper*, No.12~25.

Bastian, J. and Kalypso Nicolaidis. 2012. "Hercules vs. Sisyphus: The Path to Democratically Sustainable Reform in Greece." In Othon Anastasakis and Dorian Singh(eds). *Reforming Greece: Sisyphean Task or Herculean Challenge?* South East European Studies at Oxford(SEESOX).

Featherstone, K. 2005. "'Soft' Coordination Meets 'Hard' Politics: The European Union and Pension Reform in Greece." *Journal of European Public Policy*, Vol.12, No.4, pp. 733~750.

Featherstone, K. and Dinitris Papadimitriou. 2003. "When do Prisoners Escape? The Limits of Consensus-building and Labour Market Reform in Greece." Paper presented to the RUSA 8th Biennial International conference.

Ferrera, M. 1996. "The Southern Model of Welfare in Social Europe." *Journal of*

European Social Policy, Vol.6, No.1, pp.17~37.

_____. 2007. "Democratisation and Social Policy in Southern Europe: From Expansion to 'Recalibration'." In Y. Bangura(ed.). *Democracy and Social Policy*. New York: Palgrave Macmillan.

Folke, C. et al. 2010. "Resilience Thinking: Integrating Resilience, Adaptability and Transformability." *Ecology and Society*, Vol.15, No.4, p.20. http://www.ecolo gyandsociety.org/vol15/iss4/art20/

Fukuyama, Francis. 2012. "The Two Europes." *American Interest* (May 8). http:// blogs.the-american-interest.com/fukuyama/2012/05/08/the-two-europes/

Hellecin Republic Ministry of Finance. 2011. *Hellenic National Reform Programme 2011-2014*.

Holzmann, Robert. David A. Robalino and Noriyuki Takayama(eds.). 2009. "Closing the Coverage Gap: The Role of Social Pensions and Other Retirement Income Transfers." World Bank Publications.

IMF(International Monetary Fund). 2012. World Economic Outlook Database(April).

Ioannou, C. 2000. "Trade Unions in Greece, Developments, Structures and Prospects." *Athens*, 1999, electronic edition. Friedrich Ebert Stiftung(FES) library. http://www. fes.de/fulltext/bueros/athen/00740toc.htm

Lavdas, Kostas A. 2005. "Interest Groups in Disjointed Corporatism: Social Dialogue in Greece and European 'Competitive Corporatism'." *West European Politics*, Vol.28, No.2, pp.297~316.

Lyberaki, A. and E. Tsakalotos. 2002. "Reforming the Economy without Society: Social and Institutional Constraints to Economic Reform in Post-1974 Greece." *New Political Economy*, Vol.7, No.1, pp.93~114.

Lyrintzis, Christos. 2011. "Greek Politics in the Era of Economic Crisis: Reassessing Causes and Effects." *GreeSE Paper*, No.45. Hellenic Observatory.

Malkoutzis, Nick. 2012. "Greece's Painful Political Transition: Analysis of the Upcoming National Elections." *International Policy Analysis* (May). Friedrich-

Ebert-Stiftung.

_____. 2011. "Greece — a Year in Crisis." *International Policy Analysis* (June). Friedrich-Ebert-Stiftung.

Mascio, F. et al. 2011. "Lands of Patronage? Southern European Party Patronage in Comparative Perspective." Unpublished manuscript.

Matsaganis, Manos. 2011. "The Welfare State and the Crisis: The Case of Greece." *Journal of European Social Policy*, Vol.21, No.5, pp.501~512(December).

OECD. 2011a. Government at a Glance 2011.

_____. 2011b. *Health at a Glance 2011*.

_____. 2011c. *Pension at a Glance 2011*.

_____. 2011d. *Society at a Glance 2011*. OECD Social Indicators.

_____. 2012. *OECD Factbook*.

_____. 2014. *Society at a Glance 2014*.

_____. 2015. *Economic Policy Reforms 2015: Going for Growth*.

Pagoulatos, George. 2003. *Greece's New Political Economy: State, Finance and, Growth from Postwar to EMU*. London and New York: Palgrave Macmillan.

Peters, Guy. 2008. "The Napoleonic Tradition." *International Journal of Public Sector Management*, Vol.21, No.2, pp.118~132.

Petmesidou, M. 1991. "Statism, Social Policy and the Middle Classes in Greece." *Journal of European Social Policy*, Vol.1, No.1, pp.31~48.

Politaki, Alex. 2013.2.11. "Greece is Facing a Humanitarian Crisis." *Guardian*. http://www.guardian.co.uk/commentisfree/2013/feb/11/greece-humanitarian-crisis-eu

Schneider et al. 2010. "Shadow Economies All over the World: New Estimates for 162 Countries from 1999 to 2007." *Policy Research Working Paper*, No.5356. World Bank.

Shefter, M. 1993. *Political Parties and the State: the American Historical Experience*. Princeton NJ: Princeton University Press.

Sotiropoulos, Dimitri. 2012. "The Social Situation of Greece under the Crisis." *International Policy Analysis* (September). Friedrich-Ebert-Stiftung.

_____. 2004. "Southern European Public Bureaucracies in Comparative Perspective." *West European Politics*, Vol.27, No.3, pp.405~422.

Soubbotina, T. P. and K. A. Sheram. 2000. *Beyond Economic Growth*. World Bank.

Thomadakis, S. 1997. "The Greek Economy: Performance, Expectations, and Paradoxes." In Graham Tillett Allison and Kalypso Nicolaïdis(eds.). *The Greek Paradox: Promise Vs. Performance*. Massachusetts: MIT press.

Tinios, P. 2005. "Pension Reform in Greece: 'Reform by Instalments', a Blocked Process." *West European Politics*, Vol.28, No.2, pp.402~419.

Tsakalotos, E. 1998. "The Political Economy of Social Democratic Economic Policies: the PASOK Experiment in Greece." *Oxford Review of Economic Policy*, Vol.14, No.1, pp.114~138.

Walker, B. H. et al. 2004. "Resilience, adaptability and transformability in social? ecological systems." *Ecology and Society*, Vol.9, No.2, p.5. http://www.eco logyandsociety.org/vol9/iss2/art5

Wisner, B. et al. 2004. *At Risk. Natural Hazards, People's Vulnerability and Disasters*. London: Routledge.

Zambarloukou, Stella. 2006. "Collective Bargaining and Social Pacts: Greece in Comparative Perspective." *European Journal of Industrial Relations*, Vol.12, No.2, pp. 211~229.

Eurostat database. http://ec.europa.eu/eurostat/data/database

ILOSTAT. database of labour statistics. http://www.ilo.org/ilostat/

UNODC statistics. https://www.unodc.org/unodc/en/data-and-analysis/statistics/

제2장   이탈리아의 사회경제적 위기

강명세. 2001. 「세계화, 탈산업화, 그리고 사회정책 개혁: 네덜란드, 이탈리아, 스웨덴」. 송호근 엮음. 『세계화와 복지국가: 사회정책의 대전환』. 서울: 나남출판.

강신욱 외. 2008. 『경제·사회양극화에 대한 선진국의 정책대응』. 한국보건사회연구원.

강유덕. 2013. 「유럽재정위기에 따른 유로존 거버넌스의 제도적 개혁방향」. 대외경제정책연구원.

김득갑 외. 2011. 「유럽 재정위기의 향방과 세계 경제」. 삼성경제연구소. ≪CEO Information≫, 제819호.

김득갑·이종규·김경훈. 2012. 「유럽 재정위기 극복방안과 전망」. 삼성경제연구소. ≪SERI 이슈페이퍼≫.

김선우. 2012. 「이탈리아 노동법 개정 내용과 시사점」. 한국경제연구원. ≪KERI Brief≫.

김시흥. 1995. 『이탈리아 사회연구 입문』. 서울: 명지출판사.

_____. 2001. 「2001년 이탈리아 총선과 Berlusconi 정부」. ≪EU연구≫, 제9호, 119~139쪽.

_____. 2003. 「이탈리아 지역주의의 사회적 기원」. ≪유럽연구≫, 제17권, 169~186쪽.

김용하. 2012. 「지속가능한 복지 정책의 기로」. 한국경제연구원. ≪KERI Column≫.

김종법. 2004a. 『이탈리아 노동운동의 이해』. 한국노동사회연구소.

_____. 2004b. 「하부정치문화요소를 통해 본 베를루스꼬니 정부의 성격」. ≪한국정치학회보≫, 제38권 제5호, 417~455쪽.

_____. 2006. 「변화와 분열의 기로에 선 이탈리아: 2006년 이탈리아 총선」. ≪국제정치논총≫, 제46권 제4호, 267~288쪽.

_____. 2007. 「정치적 전환기의 이탈리아; 걸프전과 보스니아/코소보전을 통해 본 대외 정책을 중심으로」. ≪국제정치논총≫, 제47권 제4호, 169~190쪽.

_____. 2012. 『현대 이탈리아 정치사회: 굴절과 미완성의 역사와 문화』. 서울: 바오출판사.

김혜란. 2008. 「이탈리아식 복지 모델 제도화의 정치: 정당지배체제, 파편화된 선호구조, 제도적 교환」. ≪국제정치논집≫, 제48권 제4호, 263~288쪽.

_____. 2009. 「EMU와 이탈리아의 경로변경적 연금개혁: 분절적 균형모델에 대한 비판」. ≪국제지역연구≫, 제18권 제1호, 127~158쪽.

_____. 2013a. 「협의적 사회보장개혁의 상이한 전략: 스페인과 이탈리아 사례를 중심으로」. ≪지중해 지역연구≫, 제13권 제1호, 31~60쪽.

_____. 2013b. 「이탈리아 노동시장 정책 조정의 동학: 적극화 전략에 대한 분석」. ≪동서연구≫, 제25권 제1호, 73~98쪽.

노명환. 2002. 「역사를 통해 본 이탈리아 기업문화 특징」. ≪EU연구≫, 제10호, 103~127쪽.

박영범. 2003. 「이탈리아의 고용관계」. 서울: 노사발전재단.

박준 외. 2009. 「한국의 사회갈등과 경제적 비용」. 삼성경제연구소. ≪CEO Information≫, 제710호.

서울대학교 사회발전연구소. 2012. 「사회발전과 사회모델 비교연구: 한국, 독일, 그리스, 이탈리아, 터키 최종보고서」.

송원근·김윤진. 2013. 「이탈리아 노동법 개정 내용과 시사점」. 한국경제연구원. ≪KERI Brief≫.

_____. 2013. 「유럽 재정위기 Monitoring」. 한국경제연구원. ≪KERI Monitoring≫.

송호근·홍경준. 2006. 『복지국가의 태동: 민주화, 세계화, 그리고 한국의 복지정치』. 경기: 나남출판.

신현중. 2010. 「남유럽 국가들의 복지국가로의 발전양상: 문화적 특성, 국민의 복지인식 및 복지 지출 규모를 중심으로」. ≪한국 사회와 행정연구≫, 제20권 제4호, 239~268쪽.

엄묘섭. 2007. 「시민사회의 문화와 사회적 신뢰」. ≪문화와 사회≫, 제3권, 7~45쪽.

오태현. 2012. 「재정위기 속 유럽의 정치지형 변화 및 전망」. 대외경제정책연구원. ≪KIEP 오늘의 세계경제≫, 제12권 제8호.

이병희. 『근로 빈곤 문제의 현황과 대책』. 한국노동연구원.

이재열. 1992. 「이태리 신 사회정책의 전개와 한계」. ≪비교사회복지≫, 제3권, 139~173쪽.

_____. 1998. 「민주주의, 사회적 신뢰, 사회적 자본」. ≪계간사상≫, 여름호, 65~93쪽.

외교통상부. 2010. 「외국의 통상환경_EU」. tradenavi.or.kr (검색일: 2013.4.11).

전병유 외. 2005. 『고용 없는 성장에 대한 대응전략 연구(1)』. 한국노동연구원.

정기혜·김용하·이지현. 2012. 『주요국의 사회보장제도: 이탈리아』. 한국보건사회연구원.

정병기. 2003. 「정치변동과 정당 특성 분석을 통해 본 전진이탈리아(Forza Italia)의 성공 요인과 전망」. ≪국제지역연구≫, 제12권 제1호, 91~111쪽.

_____. 2006. 「이탈리아 총선: 중도-좌파의 승리 요인과 정당체제의 변화」. ≪진보평론≫, 제28권, 188~209쪽.

정승국. 2003. 「최근 이탈리아 노조운동의 변화와 전망」. 『이탈리아 좌파노조의 노선 전환과 최근 노사관계 동향』. 한국노총중앙연구원.

조경엽 외. 2013. 「성공한 복지와 실패한 복지」. 한국경제연구원. ≪KERI Insight≫.

최성은 외. 2012. 「유럽의 복지 개혁 동향」. 한국조세연구원.

한국경제연구원. 2010. 「PIGS 국가부도 위기의 교훈」. ≪KERI Insight≫.

한국조세연구원. 2012a. 「유럽재정위기 대응추이」.

_____. 2012b. 「금융위기 전후 EU 재정관리 수요 변화」.

현대경제연구원. 2010. 「남·북유럽 국가의 재정건전성 차별화 요인: 남유럽 재정위기의 교훈」. ≪경제주평: 세계 경제 패러다임 변화와 한국경제≫, 제10권 제18호.

_____. 2011. 「이탈리아 재정위기의 파급경로와 시사점」. ≪현안과 과제≫, 제11권 제35호.

홍승현 외. 2011. 「이탈리아의 재정제도」. 한국조세연구원.

≪동아일보≫. 2012.3.22. "'평생 고용·연금 보장' 폐지 … 伊 신·구세대 힘겨루기로".

≪중앙일보≫. 2011.6.13. "고소득자에 부과된 세금 … 이탈리아가 러시아의 3배", 미주판 12면.

≪한국경제매거진≫. 2011.4.5. "伊, 소득절반을 세금으로".

위키피디아(http://ko.wikipedia.org/wiki)

Bardone, Laura and Anne-Catherine Guio. 2005. "In-Work Poverty: New Commonly Agreed Indicators at the EU Level." *Statistics in Focus: Population and Social Conditions* (May).

Berger, S. and Richard M. Locke. 2001. "IL Caso Italiano and Globalization, Daedalus, Italy: Resilience and Vulerable, Vol II." *Politics and Society*, Vol.130, No.3, pp.85~104.

Berton, F., M. Richiardi and S. Sacchi. 2012. *The Political Economy of Work Security and Flexibility: Italy in Comparative Perspective*. Bristol: Policy Press.

Bull, Martin and Martin Rhodes. "Between Crisis and Transition: Italian Politics in the 1990s." *Western European Politics*, Vol.20, No.1, pp.1~13.

Cavalli, Alessandro. 2001. "Reflections on Political Culture and the Italian National Character, Daedalus Italy: Resilience and Vulerable, Vol II." *Politics and Society*, Vol.130, No.3, pp.119~137.

EC(European Commission). 2013. "European Employment Report 2013."

Esping-Andersen. 1990. *The Three Worlds of Welfare Capitalism*. Princeton NJ: Princeton University Press.

_____. 1999. *The Social Foundations of Post-Industrial Economies*. Oxford: Oxford University Press.

Eurostat. 2010. labor market policy database.

Ferrera, Maurizio. 1996. "The Southern Model of Welfare in Social Europe." *Journal of European Social Policy*, Vol.6, No.1, pp.17~37.

_____. 1997. "The Uncertain Future of the Italian Welfare State." In Martin Bull and Martin Rhodes(eds.). *Crisis and Transition in Italian Politics* (Frank Cass), pp.231~249. London: Routledge.

Ferrera, Maurizio and Elisabetta Gualmini. 2000. "Reforms Guided by Consensus: The Welfare State in the Italian Transition." *West European Politics*, Vol.23, No.2, pp.187~208.

_____. 2004. *Rescued by Europe? Social and Labour Market Reforms in Italy from Maastricht to Berlusconi*. Amsterdam: Amsterdam University Press.

Fligstein, N. 1998. "Is Globalization the Cause of the Crisis of Welfare States?" Paper Prepared for the Annual Meetings of the American Sociological Association in Toronto, Canada.

Fukuyama, Francis. 1995. *Trust: The Social Virtues and the Creation of Prosperity*. NY: Free Press.

Garrett, G. 1998. "Global Market and National Politics: Collision Course or Virtuous Circle?" *International organization*, Vol.52, No.4, pp.787~824.

Huber, E. and John Stephens. 2001. *Political Choice in Global Market: Development and Crisis of Advanced Welfare State*. Chicago: Chicago University Press.

ISTAT. 2012. "rappòrto povero."

_____. 2013. ISTAT Labour. http://www.istat.it/en/labour

Jessoula, M. and T. Alti. 2010. "Italy: An Uncompleted Departure from Bismarck." In Bruno Palier(ed.). *A Long Goodbye to Bismarck?: The Politics of Welfare Reform in Continental Europe*. Amsterdam: Amsterdam University Press.

Oberschall, A. 1978. "Theories of Social Conflict." *Annual Review of Sociology*, Vol.4, No.1, pp.291~315.

OECD. 2009. OECD Factbook.

_____. 2012. OECD Stat.

_____. 2015. Unemployment rate. https://data.oecd.org/unemp/unemployment-rate.htm

Pierson, Paul. 1996. "The New Politics of the Welfare State." *World Politics*, Vol.48, No.2, pp.143~179.

Putnam, Robert. 1993. *Making Democracy Work: Civic Traditions in Modern Italy*. Princeton NJ: Princeton University Press.

Reinhart, C. and K. Rogoff. 2009. *This time is different: Eight Centuries of Financial Folly*. Princeton NJ: Princeton University Press.

Regalia, Ida and Marino Regini. 1998. "The Dual Character of Industrial Relations."

In A. Ferner and R. Hyman(eds.). *Changing Industrial Relations in Europe*, 2nd edition. NJ: Wiley-Blackwell Ltd.

_____. 2004. "Collective Bargaining and Social Pacts in Italy." In Harry Katz, Wonduck Lee and Joohee Lee(eds.). *The New Structure of Labor Relations: Tripartism and Decentralization.* Ithaca. NY: Cornell University Press.

Stolfi, F., C. Goretti and L. Rizzuto. 2010. "Budget Reform in Italy: Importing 'Enlightened Ideas in a Difficult Context." In J. Wanna et al(eds.). *The Reality of Budgetary Reform in OECD Nations: Trajectories and Consequences.* MA: Edward Elgar Publishing.

Visser, J. 1996. "A Truly Mixed Case: Industrial Relations in Italy." In J. Van Ruysseveldt and J. Visser(eds.). *Industrial Relations in Europe: Tradition and Transition.* London: Sage Publications Ltd.

Woolcook, Michael. 1998. "Social Capital and Economic Development: Towards a Theoretical Synthesis and Policy Framework." *Theory and Society*, Vol.27, No.2, pp.151~208.

제3장 사회의 질과 사회적 합의 지향성의 효용

기획재정부. 2012. 「독일경제 호조의 4가지 요인 및 시사점」. 기획재정부 보도자료.

김난영·구민교. 2011. 「미국, 독일, 일본, 한국의 신성장동력 정책 비교연구: 정책의 수렴과 경로의존성을 중심으로」. ≪한국 정책학회보≫, 제20권 제4호, 402~446쪽.

김면회. 2006. 「독일의 통합 정치와 도전들: 제도화와 해체의 변증법」. ≪한독 사회과학논총≫, 제16권 제1호, 165~187쪽.

김성수. 2010. 「독일의 사회적 시장경제에서 복지국가의 변화」. 『한국 정책학회 춘계학술발표논문집』, 87~103쪽.

김순임·민춘기. 2011. 「한국과 독일의 다문화 상황 비교와 시사점」. ≪독어교육≫, 제52집, 285~309쪽.

김용원. 2012. 「사회적 합의주의의 성공가능성에 관한 연구: 한국과 독일 사례의 비교를 중심으로」. ≪한국협동조합연구≫, 제30권 제2호, 79~105쪽.

김종법. 2012. 「세계 경제위기와 남유럽복지 모델의 상관성: 이탈리아와 스페인의 복지 정책을 중심으로」. ≪유럽연구≫, 제29권 제3호, 33~62쪽.

김필헌. 2010. 「PIIGS 국가부도 위기의 교훈」. ≪KERI Insight≫, 제10권 제11호, 1~26쪽.

밀러-쉘, 틸. 2010.11.2. "정부 개입 유효성 확인 복지국가 재구축 나서야: 금융위기 극복한 독일경제의 선택". ≪한겨레신문≫. http://www.hani.co.kr/arti/economy/-heri_review/446613.html(검색일: 2013.9.9).

박관규. 2012. 「사회단체와 정부 관계의 결정 요인: 참여, 규제, 상호의존, 제도화 및 정부 수준에 따른 다양성」. ≪지방행정연구≫, 제26권 제4호, 85~114쪽.

박명준. 2009. 「최근의 경제위기와 독일 자동차산업의 대응전략」, ≪국제노동브리프≫, 제7권 제2호, 20~32쪽

_____. 2010, 「글로벌 경제위기 시기 독일의 일자리 정책」. 참여연대. ≪시민과 세계≫, 18호, 75~86쪽.

_____. 2011. 「독일의 비정규직 증가와 노사관계의 변모: 파견근로의 증대로 인한 노사관계의 업종별 변화, 갈등 및 대응 양상」. 한국노동연구원. ≪국제노동브리프≫, 제9권 제3호, 71~79쪽.

_____. 2012a. 「주요 선진국 외국 정부와 기업의 고용친화적 정책: 미국, 일본, 독일의 사례와 함의」. 장홍근·박명준 엮음, 한국노동연구원. ≪대기업 고용책임의 확대방안 연구≫, 87~153쪽.

_____. 2012b. 「일자리 나누기와 노동연대 독일의 노동시장 내적 유연화 정책」. 윤홍식 엮음, 『우리는 한배를 타고 있다: 보편적 복지국가를 향한 노동과 시민의 친복지연대』, 135~147쪽. 이매진.

_____. 2013. 「독일의 경제부상, 어떻게 볼 것인가」. ≪시민과 세계≫, 제23호, 100~113쪽.

박종민·배정현. 2011. 「정부 신뢰의 원인: 정책결과, 과정 및 산출」. ≪정부학연구≫, 제17권 제2호, 117~143쪽.

박홍기. 2003. 「독일의 사회적 시장경제: 이론적 기초와 실제」. ≪비교경제연구≫, 제10권 제2호, 41~85쪽.

박희봉 외. 2012. 「신뢰 유형별 국가 경쟁력에 미치는 영향 비교: OECD 19개국과 주요 18개 비회원국을 중심으로」. ≪한국행정논집≫, 제24권 제1호, 77~103쪽.

비르크, 롤프(Rolf Birk). 2003. 「독일에서의 노동법 개정: 독일 정부의 어젠다2010에 관한 고찰」. ≪노동법학≫, 제17권, 294~339쪽.

서울대학교 사회발전연구소. 2008. 「사회의 질 연구 자료집」.

성태규. 2002. 「독일 질서자유주의에서의 정치적 질서 정책: 시장경제와 민주주의의 발전을 위한 함축」. ≪국제정치논총≫, 제42권 제2호, 217~236쪽.

슈미트, 귄터(Günther Schmid). 2008. 「독일 고용정책의 주요 개혁과 성과」. 한국노동연구원. ≪국제노동브리프≫, Vol.6, No.7, 20~30쪽.

안승국. 2012. 「아시아에 있어서 정치·사회적 신뢰와 결사체민주주의」. ≪비교민주주의연구≫, 제8권 제1호, 63~86쪽.

어기구. 2009. 「독일의 경제위기 탈출과 고용전략」. 어기구 외 엮음. 『주요 국가들의 경제위기 탈출과 고용전략』, 7~54쪽. 한국노총 중앙연구원.

오승구. 2005. 「독일경제위기를 어떻게 볼 것인가」. 삼성경제연구소. ≪SERI 연구에세이 17≫.

이규영. 2009. 「경제위기 극복을 위한 독일의 경기활성화 정책」. ≪국제노동브리프≫, 제7권 제4호, 37~47쪽.

_____. 2010. 「독일의 2009년 노동시장 현황과 2010년 전망」. ≪국제노동브리프≫, 제8권 제1호, 21~33쪽.

이성기·이승협. 2006. 「독일 노동복지 정책 개혁에 관한 연구: 실업급여, 실업부조 및 사회부조의 개혁 논의를 중심으로」. ≪사회복지 정책≫, 제24권, 413~436쪽.

이재열. 2009a. 「사회의 질과 '삶의 질'」. 『한국의 사회동향과 삶의 질』. 한국 사회학회 특별 심포지엄 자료집.

_____. 2009b. 「무너진 신뢰, 지체된 투명성」. 『한국 사회의 트렌드를 읽는다: 국민의식 조사를 통해서 본 외환위기 10년』. 서울: 서울대학교출판부.

이정언·김강식. 2011. 「경제위기에 대응한 독일 기업의 고용유연성 제고 전략」. ≪경상논총≫, 제29권 제1호, 65~83쪽.

이현진. 2011. 「최근 독일 경제 활성화의 주요 요인과 향후 전망」. 대외정책연구원.

≪KIEP 지역경제포커스≫, 제5권 제15호, 1~10쪽.

자이페르트, 하르트무트(Hartmut Seifert). 2013. 「독일의 노동시장 현황: 비정규직 고용 및 전망」. 한국노동연구원. ≪국제노동브리프≫, Vol.11, No.2, 15~25쪽.

정창화. 2005. 「독일 노동시장의 개혁 정책에 관한 연구」. ≪한독 사회과학논총≫, 제 15권 제1호, 81~111쪽.

정창화·허영식. 2012. 「사회통합의 관점에서 바라본 다문화주의와 공화주의적 주도 문화: 독일의 사례를 중심으로」. ≪유럽연구≫, 제30권 제1호, 73~101쪽.

조경엽 외. 2013. 「성공한 복지와 실패한 복지」. ≪KERI Insight≫, 제13권 제2호, 1~35쪽.

최성수. 2000. 「선진국 사회적 합의주의의 특성과 시사점」. 한국경제연구원.

최승호. 2012. 「1990년대 중반 이후 독일 노동시장의 유연화 방식에 대한 고찰」. ≪한 독 사회과학논총≫, 제22권 제4호, 97~130쪽.

최진식. 2012. 「직관적 탐지이론을 통한 정부의 위험관리역량에 대한 신뢰 요인에 관한 연구」. 『한국행정학회 하계학술발표논문집』, 1~11쪽.

한국은행 프랑크푸르트 사무소. 2011. 「독일 '고용 기적'의 배경과 전망」.

황규성. 2008. 「2000년대 독일 노동시장 개혁과 복지국가의 미시적 작동 방식 변화」. ≪노동정책연구≫, 제8권, 151~183쪽.

Bothfeld, Silke, Werner Sesselmeier and Claudia Bogedan(eds.). 2009. *Arbeits-markpolitik in der sozialen Martkwirtschaft: Vom Arbeitsföederungsgesetz zum Sozialgesetzbuch II und III.* VS Verlag.

Bourdieu, P. 1983. "Forms of Capital." in J. G. Richardson(ed.). *Handbook of Theory and Research for the Sociology of Education.* New York: Greenwood Press.

Buntenbach, Annelie. 2009. "Hartz-Reformen: Viel Bewegung neue Probleme wenig Fortschritt." In Hartmut Seifert and Olaf Struck(eds.). *Arbeitsmarkt und Sozialpolitik: Kontroversen um Effizienz und soziale Sicherheit.* VS Verlag.

Coleman, J. 1988. "Social Capital in the Creation of Human Capital." *American*

Journal of Sociology, Vol.94, pp.95~120.

Council of Europe. 2005. *Concerted Development of Social Cohesion Indicators: Methodological Guide*. Belgium: Council of Europe Publishing.

Evans, P. 1996. "Government Action, Social Capital and Development: Reviewing the Evidence on Synergy." *World Development,* Vol.24, No.6, pp.1119~1132.

Giddens, A. 1990. *The Consequences of Modernity*. Standford: Standford University Press.

Granovetter, M. 1973. "The Strength of Weak Ties." *American Journal of Sociology*, Vol.78, pp.1360~1380.

Hasse, R., H. Schneider and K. Weigelt(Hrsg.). 2002. *Lexikon Soziale Marktwirtschaft, Wirtschaftpolitik von A bis Z*, Paderborn.

Hassel, Anke and Christof Schiller. 2010. *Der Fall Hartz IV: Wie es zur Agenda 2010 kam und wie es weitergeht*. Campus Verlag.

IFD(Institut für Demoskopie Allensbach). 2010.1. Allensbacher Archiv.

OECD. 2010. OECD Employment Outlook.

_____. 2011. OECD stat.

Palier, Bruno. 2010. "Ordering Change: Understanding the 'Bismarckian' Welfare Reform Trajectory." In Bruno Palier(ed.). *A Long Goodbye to Bismarck? The Politics of Welfare Reform in Continental Europe*. Amsterdam: Amsterdam University Press.

Putnam, Robert. 1995. "Turning in, Turning out: The strange Disappearance of Social Capital in America." *Political Science and Politics*, Vol.28, pp.664~683.

Schneider et al. 2010. "Shadow Economies All over the World: New Estimates for 162 Countries from 1999 to 2007." *Policy Research Working Paper*, No.5356. World Bank.

Siegrist, M., T. C. Earle, and H. Gutscher. 2003. "Test of a Trust and Confidence Model in the AppliedContext of Electromagnetic Field (EMF) Risks." *Risk Analysis,* Vol.23, No.4, pp.705~716.

제4장 사회통합 역량으로 바라본 터키 사회의 질

김대성. 2008. 「터키 정의발전당의 창당과 집권에 대한 연구」. ≪지중해 지역연구≫, 제10권 제4호, 1~29쪽.

이현주 외. 2012. 『사회정책과 사회통합의 국가 비교: 아시아 국가를 중심으로 1(터키)』. 한국보건사회연구원.

정해식. 2012. 「사회의 질(SQ), 그 측정과 적용에 관한 비교사회정책 연구: 복지국가와 국민행복을 중심으로」. 서울대학교 사회복지학과 대학원 박사학위논문.

Abbott Pamela and Claire Wallace. 2011. "Social Quality: A Way to Measure the Quality of Society." *Social Indicator Research,* Vol.108, No.1, pp.153~167.

Beck, W. et al. 1997. *The Social Quality of Europe.* Bristol: The Policy Press.

Berman, Y. and Philips, D. 2004. "Indicators for Social Cohesion." Paper presented at the conference on The European Network on Indicators of Social Quality, Amsterdam(June).

Bernard, Paul. 1999. *Social Cohesion: A Dialectical Critique of a Quasi-Concept?* Ottawa: Strategic Research and Analysis Directorate, Department of Canadian Heritage.

Council of Europe. 2005. *Concerted Development of Social Cohesion Indicators.* Council of Europe Publishing.

Ebaugh, Helen Rose. 2010. *The Gulen Movement: A Sociological Analysis of a Civic Movement Rooted in Moderate Islam.* New York: Springer

Esposito, J. L. and Ihsan Yilmaz. 2010. "Transnational Muslim Faith-based Peace building: Initiatives of the Gullen Movement." *European Journal of Economics and Political Studies,* pp.87~102.

Forrest, Ray and Ade Kearns. 2001. "Social Cohesion, Social Capital and the Neighbourhood." *Urban Studies*, Vol.38, No.12, pp.2125~2143.

Fukuyama, F. 1995. *Trust: The Social Virtues and the Creation of Prosperity.* New York: The Free Press.

Jenson, Jane. 1998. "Mapping Social Cohesion: the State of Canadian Research." *CPRN Study*, No.F/03. Ottawa: Strategic Research and Analysis Directorate, Department of Canadian Heritage and Canadian Policy Research Networks.

Kholodilin, Konstantin and Ulrich Thiehen. 2011. "The Shadow Economy in OECD Countries: Panel-Data Evidence." *Discussion Papers of DIW Berlin*.

OECD. 2012. OECD Outlook. http://www.oecd.org/statistics (검색일: 2012.6.26)

Pew Research Center. 2012. "The World's Muslims: Unity and Diversity." http://www.pewforum.org/Muslim/the-worlds-muslims-unity-and-diversity-2-religious-commitment.aspx (검색일: 2012.10.16)

Ritzen, Jo. 2000. "Social Cohesion, Public Policy, and Economic Growth: Implications for OECD Countries." Keynote address presented at the Symposium on the Contribution of Human and Social Capital to Sustained Economic Growth and Well Being at Quebec City(March 20).

Van der Maesen, L. J. G. and Walker, A. C. 2005. "Indicators of Social Quality: Outcomes of the European Scientific Network." *European Journal of Social Quality*, Vol.5, pp.8~24.

World Bank. 2013. Data: http://data.worldbank.org/indicator/NY.GDP.MKTP.CD (검색일: 2013.4.15)

Yee, Jaeyeol and Chang, Dukjin. 2011. "Social Quality as a Measure for Social Progress." *Development and Society*, Vol.40, No.2, pp.153~172.

Yilmaz, Ihsan. 2010. "Civil Society and Islamic NGOs in Secular Turkey and Their Nationwide and Global Initiatives: The Case of the Gullen Movement." *Journal of Regional Development Studies*, pp.115~130.

제5장 한국의 사회의 질과 복지 체계

강원택. 2003. 『한국의 선거 정치: 이념, 지역, 세대와 미디어』. 파주: 푸른길.

_____. 2012. 「정치의 위기와 정치개혁의 과제」. SBS 정책포럼 발표문.

구혜란. 2013. 「그리스의 사회경제적 위기와 회복탄력성」. ≪국제지역연구≫, 제22

권 제3호.

금재호. 2012. 「자영업 노동시장의 변화와 특징」. ≪노동리뷰≫, 10월호, 57~75쪽.

김용하 외. 2011. 『OECD 국가의 복지지표 비교연구』. 한국보건사회연구원.

김종법. 2012a. 『현대 이탈리아 정치사회: 굴절과 미완성의 역사와 문화』. 서울: 바오
출판사.

_____. 2012b. 「이탈리아의 정치 상황과 한국적 함의: 권력 구조와 정책적 특징을
중심으로」. 서울대학교 사회발전연구소 특강발표문.

김주현·박명준. 2013. 「독일의 사회의 질과 경제위기 극복」. ≪국제지역연구≫, 제22
권 제3호, 89~120쪽.

김흥종. 2012. 「그리스의 위기와 사회의 질」. 서울대학교 사회발전연구소 특강 발표문.

남은영. 2013. 「이탈리아 사회경제적 위기: 복지 모델과 사회갈등을 중심으로」. ≪국
제지역연구≫, 제22권 제3호, 45~87쪽.

민주통합당. 2012. 「사람이 먼저인 대한민국: 국민과의 약속 119」. 민주통합당 정책
공약집.

박명준. 2012. 『독일 싱크탱크 산책』. 서울: 희망제작소.

새누리당. 2012. 「세상을 바꾸는 약속 책임 있는 변화」. 새누리당 정책공약집.

서우석. 2012. 「유럽 재정 위기와 사회의 질: 독일」. 서울대학교 사회발전연구소 특강
발표문.

양재진. 2008. 「한국 복지 정책 60년」. ≪한국행정학보≫, 제42권 제2호, 327~349쪽.

_____. 2012. 「유럽에 비추어 본 한국복지국가의 현재와 미래 과제」. SBS 정책포럼
발표문.

이병훈. 2012. 「새 정부의 노동정책 과제」. SBS 정책포럼 발표문.

이재열. 1998. 「민주주의, 사회적 신뢰, 사회적 자본」. ≪사상≫, 제37권, 65~93쪽.

장덕진. 2013. 「유로존 경제위기의 사회적 구성: 그리스, 이탈리아, 독일, 터키, 한국
비교」. ≪국제지역연구≫, 제22권 제3호, 1~16쪽.

장덕진 외. 2012a. 「사회발전과 사회모델 비교연구」. 서울대학교 사회발전연구소.

_____. 2012b. 「18대 대선 후보별 공약 평가 보고서」. SBS.

장혜경. 2006. 「아동과 노인은 누가 돌보나?」. ≪보건복지포럼≫, 제115호. 35~43쪽.

전상진. 2008. 「자기계발의 사회학: 대체 우리는 자기계발 이외에 어떤 대안을 권유할 수 있는가?」. ≪문화와 사회≫, 제5권, 103~140쪽.

정진성 외. 2009. 『한국 사회의 트렌드를 읽는다』. 서울: 서울대학교출판부.

조경엽 외. 2013. 「성공한 복지와 실패한 복지」. ≪KERI Insight≫, 13-02, 1~35쪽.

허재준. 2012. 「사회보험 사각지대 축소 정책 패키지: 사회보험료 원천징수와 사회보험 저축계좌」. SBS 정책포럼 발표문.

홍경준·송호근. 2003. 「한국 사회복지 정책의 변화와 지속: 1990년대 이후를 중심으로」. ≪한국 사회복지학≫, 제55권, 205~230쪽.

≪경향신문≫. 2010.9.13. "월 400유로 '미니잡' 확산, 임금덤핑 막을 묘책 고심".

Beck, Wolfgang, Laurent J. G. Van der Maesen, and Alan Walker. 1997. "Theorizing Social Quality: The Concept's Validity." In Beck, Van der Maesen and Walker(eds.), *The Social Quality of Europe*. The Hague: Kluwer Law International.

Berger-Schmitt, R. 2002. "Considering Social Cohesion in Quality of Life Assessment: Concept and Measurement." *Social Indicators Research*, Vol.58, No.1~3, pp.403~428.

Esping-Andersen, Gosta. 1990. *The Three Worlds of Welfare Capitalism*. Princeton, NJ: Princeton University Press.

Fukuyama, Francis. 1995. Trust: *The Social Virtues and the Creation of Prosperity*, Free Press.

Inglehart, R. 1997. *Modernization and Postmodernization: Cultural, Economic, and Political Change in 43 Societies,* Vol.19. Princeton, NJ: Princeton University Press.

Kickert, W. 2007. "Public Management Reforms in Countries with a Napoleonic State Model: French, Italy, and Spain." In *New Public Management in Europe*.

OECD. 2011. OECD Outlook. http://www.oecd.org/statistics

Sustainable Governance Indicators. 2011. *South Korea Report.* http://www.sgi-network.org/index.php?page=countries_keyfindings&country=KOR (검색일: 2013.3.14)

Wallace, Claire and Pamela Abbott. 2007. "From Quality of Life to Social Quality: Relevance for Work and Care in Europe." *Calitatea Vietii Revista de Politici Sociale,* Vol.18, No.1~2, pp.109~123.

Walker, Alan. 2009. "The Social Quality Approach: Bridging Asia and Europe." *Development & Society*, Vol.38, No.2, pp.209~235.

Yee, Jaeyeol and Dukjin Chang. 2011. "Social Quality as a Measure for Social Progress." *Development and Society*, Vol.40, No.2, pp.153~172.

제2부 국가 비교연구

제6장　신뢰 유형과 정치 참여

돌턴, 러셀(Russell J. Dalton). 2010. 『시민정치론: 선진 산업민주주의 국가의 여론과 정당』. 서유경 옮김. 서울: 아르케.

린, 낸(Nan Lin). 2004. 「신뢰의 사회적 맥락」. 이온죽 엮음. 『신뢰: 지구촌 시대의 사회적 자본』. 서울: 집문당.

박병진. 2007. 「사회 참여, 신뢰와 민주주의 지지」. 주성수 엮음. 『한국 민주주의와 시민 참여』. 서울: 아르케.

박종민·김왕식. 2006. 「한국에서 사회 신뢰의 생성」. ≪한국정치학회보≫, 제40권 제2호, 149~267쪽.

박통희. 2010. 「대인 신뢰에 대한 가치관과 단체 참여의 영향: 어떤 가치관과 단체 참여가 사회적 자본을 배태시키나?」. ≪한국행정학보≫, 제44권 제1호, 67~97쪽.

이윤석. 2005. 「잠재집단분석」. 이재열 엮음. 『사회과학의 고급계량분석: 원리와 실제』. 서울: 서울대학교 출판부.

이재열. 1998. 「민주주의, 사회적 신뢰, 사회적 자본」. ≪사상≫, 여름호(통권 37),

65~93쪽.

이재혁. 1998. 「신뢰의 사회구조화」. 《한국 사회학》, 제32권.

장수찬. 2005. 「개인의 네트워크 자원과 정치 참여 수준-대전 지역조사를 중심으로」. 《한국 정당학회보》, 제4권 제1호, 71~141쪽.

정회옥. 2011. 「미국의 민족주의자는 정치참여자인가?」. 《국제지역연구》, 제20권 제2호, 37~63쪽.

Alesina, Alberto and Paola Giuliano. 2011. "Family Ties and Political Participation." *Journal of the European Economic Association,* Vol.9, No.5, pp.39~817.

Almond, Gabriel Abraham and Sidney Verba. 1963. *The Civic Culture : Political Attitudes and Democracy in Five Nations.* Princeton: Princeton Univ. Press.

Anderson, Christopher J. 1996. "Political Action and Social Integration." *American Politics Research,* Vol.24, No.1, pp.24~105.

Brehm, J. and W. Rahn. 1997. "Individual-Level Evidence for the Causes and Consequences of Social Capital." *American journal of political science,* Vol.41, No.3, pp.999~ 1023.

Earle, Timothy C. and George Cvetkovich. 1995. *Social Trust: Toward a Cosmopolitan Society.* Praeger Publishers.

Fukuyama, Francis. 1995. *Trust : The Social Virtues and the Creation of Prosperity.* New York: Free Press.

Goodman, Leo A. 2002. "Latent Class Analysis: The Empirical Study of Latent Types, Latent Variables, and Latent Structures." In Jacques A. Hagenaars and Allan L. McCutcheon(eds.). *Applied Latent Class Analysis.* Cambridge University Press.

Huntington, Samuel P, and Joan M Nelson. 1976. *No Easy Choice: Political Participation in Developing Countries.* Harvard University Press Cambridge.

Khodyakov, Dmitry. 2007. "Trust as a Process a Three-Dimensional Approach."

Sociology, Vol.41, No.1, pp.32~115.

Lewis, J. David and Andrew Weigert. 1985. "Trust as a Social Reality." *Social forces,* Vol.63, No.4, pp.85~967.

McCutcheon, A. 2002. "Basic Concepts and Procedures in Single - and Multiple - Group Latent Class Analysis." In Jacques A. Hagenaars and Allan L. McCutcheon(eds.). *Applied Latent Class Analysis.* Cambridge University Press.

Mishler, W. and R. Rose. 2005. "What Are the Political Consequences of Trust? A Test of Cultural and Institutional Theories in Russia." *Comparative Political Studies,* Vol.38, No.9, pp.78~1050.

Norris, P. 2001. "Making Democracies Work: Social Capital and Civic Engagement in 47 Societies." *Harvard University, John F. Kennedy School of Government Working Paper Series.*

Pagden, Anthony. 2000. "The Destruction of Trust and Its Economic Consequences in the Case of Eighteenth-Century Naples." *Trust: Making and Breaking Cooperative Relations*, electronic edition. *Department of Sociology,* University of Oxford.

Putnam, Robert D. 1995. "Bowling Alone: America's Declining Social Capital." *Journal of Democracy,* Vol.6, No.1, pp.65~78.

_____. 2000. *Bowling Alone : The Collapse and Revival of American Community.* New York: Simon & Schuster.

Putnam, Robert D., Robert Leonardi, and Raffaella Nanetti. 1993. *Making Democracy Work : Civic Traditions in Modern Italy.* Princeton, N.J.: Princeton University Press.

Verba, Sydney, Kay Lehman Schlozman and Henry E Brady. 1995. *Voice and Equality: Civic Voluntarism in American Politics,* Harvard University Press.

Schofer, E. and M. Fourcade-Gourinchas. 2001. "The Structural Contexts of Civic Engagement: Voluntary Association Membership in Comparative Perspective." *American Sociological Review,* pp.28~806.

Sitkin, Sim B. 1995. "On the Positive Effects of Legalization on Trust." *Research on negotiation in organizations,* Vol.5, pp.185~218.

Sztompka, Piotr. 1999. *Trust: A Sociological Theory.* Cambridge, UK ; New York, NY: Cambridge University Press.

Uslaner, E.M. 1999. "Democracy and Social Capital." In Mark Warren(ed.). *Democracy and Trust.* Cambridge: Cambridge University Press.

Verba, Sidney, and Norman H Nie. 1972. *Participation in America: Social Equality and Political Democracy.* New York: Harper& Row.

Verba, Sidney, Norman H Nie, and Jae-On Kim. 1978. *Participation and Political Equality: A Seven-Nation Study.* New York: Cambridge University Press.

Warren, Mark E. 2001. *Democracy and Association.* Princeton University Press.

Weiner, M. 1971. "Participation." *Crises and Sequences in Political Development,* Princeton University Press Princeton.

Zucker, Lynne G. 1986. "Production of Trust: Institutional Sources of Economic Structure, 1840-1920." *Research in organizational behavior,* Vol.8.

World Values Survey Association. 2009. "World Values Survey 2005 Official Data File V. 20090901." http://www.worldvaluessurvey.org

제7장 '좋은 사회'는 삶의 만족을 높이는가

고용노동부. 2011. 「고용형태별 근로실태조사」. 통계청 국가통계포털(KOSIS). http://kosis.kr/

김신영. 2010. 「한국인의 복지의식 결정 요인 연구: 국가의 공적 책임에 대한 태도를 중심으로」. ≪조사연구≫, 제11권 제1호, 87~105쪽.

김왕배. 2001. 『산업사회의 노동과 계급의 재생산』. 서울: 한울아카데미.

김유선. 2012. 「OECD 국가 임금비교」. 『일의 가격은 어떻게 결정되는가 II: 해외 사례 연구』. 서울: 한울아카데미.

박재흥·강수택. 2012. 「한국의 세대 변화와 탈물질주의: 코호트 분석」. ≪한국 사회학≫, 제46집, 제4호, 69~95쪽.

이재열. 2010. 「무너진 신뢰, 지체된 투명성」. 정진성 외. 『사회의 질 연구(I) 한국 사회의 트렌드를 읽는다: 국민 의식 조사를 통해서 본 외환위기 10년』. 서울: 서울대학교출판문화원. 13~32쪽.

_____. 2011. 「사회발전과 사회적 갈등 해소 능력」. 김광억 외 엮음. 『한국 기업과 사회의 경쟁력』. 서울: 서울대학교출판문화원.

이현주 외. 2012. 「사회정책과 사회통합의 국가 비교: 아시아 국가를 중심으로 1(터키)」. 한국보건사회연구원.

장덕진 외. 2012. 「지중해 연안 국가와 한국의 사회의 질 국제 비교연구: 한국, 독일, 그리스, 이탈리아, 터키」. 한국 사회학회·서울대학교 사회발전연구소.

장용석 외. 2012. 「사회통합의 다원적 가치와 영향 요인에 관한 탐색적 연구: 국가주의, 개인주의, 공동체주의, 세계시민주의를 중심으로」. ≪한국사회학≫, 제46집, 제5호, 289~322쪽.

정진성 외. 2010. 『사회의 질 연구(III): 사회의 질 동향 2009』. 서울: 서울대학교출판문화원.

폴라니, 칼(Karl Polanyi). 2011. 『거대한 전환』. 홍기빈 옮김. 서울: 도서출판 길.

Acemoglu, Daron, Simon Johnson and James A. Robinson. 2006. "Institutions as a Fundamental Cause of Long-Run Growth." In Philippe Aghion and Steven N. Durlauf (eds.). *Handbook of Economic Growth,* Vol 1A. Armsterdam·Boston: North Holland.

Bailey, Thomas C. et al. 2007. "Hope and Optimism as Related to Life Satisfaction." *Journal of Positive Psychology*, Vol.2, No.3, pp.168~175.

Bjørnskov, Christian, Axel Dreher, and Justina A. V. Fischer. 2008. "Cross-country determinants of life satisfaction: exploring different determinants across groups in society." *Soc Choice Welfare*, Vol.30, pp.119~173.

Blekesaune, Morten and Jill Quadagno. 2003. "Public Attitudes toward Welfare State Policies: A Comparative Analysis of 24 Nations." *European Sociological Review*, Vol.19, No.5, pp.415~427.

Böhnke, Petra. 2008. "Does Society Matter? Life Satisfaction in the Enlarged Europe." *Soc Indic Res*, Vol.87, pp.189~210.

Collins, Randall. 1994. *Four Sociological Traditions*. New York: Oxford University Press.

Council of Europe. 2005. *Concerted Development of Social Cohesion Indicators*. Council of Europe Publishing.

Esping-Andersen, Gøsta. 1990. *The Three Worlds of Welfare Capitalism*. New Jersey: Princeton University Press.

Helliwell, John F. 2003. "How's Life? Combining Individual and National Variables to Explain Subjective Well-being." *Economic Modelling*, Vol.20, No.2, pp. 331~360.

_____. 2006. "Well-being, Social Capital and Public Policy: What's New?" *The Economic Journal*, Vol.116(March), C34~C45.

_____. 2008. "Life Satisfaction and Quality of Development." *NBER Working Paper*, No. 14507. http://www.nber.org/papers/w14507

Howard, Marc Morjé and Leah Gilbert. 2008. "A Cross-National Comparison of the Internal Effects of Participation in Voluntary Organizations." *Political Studies*, Vol.56, No.1, pp.12~32.

Huntington, Samuel. 1968. *Political Order in Changing Societies*. New Haven: Yale University Press.

Inglehart, Ronald F. 1990. *Culture Shift*. Princeton, New Jersey: Princeton University Press.

_____. 2008. "Changing Values among Western Publics from 1970 to 2006." *West European Politics*, Vol.31, No.1~2, pp.130~146.

Jeon, Seung-Bong. 2012. "Establishing a Trusting Culture: The Role of Labor Market Institutions and Welfare Policy in Cultivating Social Trust." *Korean Journal of Sociology*, Vol.46, No.6, pp.123~151.

Kaltenthaler, Karl C. and Stephen J. Ceccoli. 2008. "Explaining Patterns of Support for the Provision of Citizen Welfare." *Journal of European Public Policy,* Vol.15, No.7, pp. 1041~1068.

Putnam, Robert D. 1993. *Making Democracy Work: Civic Traditions in Modern Italy.* New Jersey: Princeton University Press.

Rai, Shirin M. 2002. *Gender and the Political Economy of Development.* Cambridge, UK: Polity.

Rodrik, Dani. 1998. "Globalization, Social Conflict and Economic Growth." *The World Economy,* Vol.21, No.2, pp.143~158.

Sen, Amartya. 1999. *Development as Freedom.* New York: AFRED A. KNOPF, INC.

Svallfors, Stefan. 2004. "Class, Attitudes and the Welfare State: Sweden in Comparative Perspective." *Social Policy & Administration,* Vol.38, No.2, pp.119~138.

_____. 2007. "Class and Attitudes to Market Inequality: A Comparison of Sweden, Britain, Germany, and the United States." In Stefan Svallfors(ed.). *The Political Sociology of the Welfare State: Institutions, Social Cleavages, and Orientations.* Stanford, California: Stanford University Press.

Wilkinson, Richard and Kate Pickettt. 2009. *Why Greater Equality Makes Societies Stronger.* New York: Bloomsbury Press.

Yee, Jaeyeol and Dukjin Chang. 2011. "Social Quality as a Measure for Social Progress." *Development and Society,* Vol.40, No.2, pp.153~172.

찾아보기

기획

서울대학교 사회발전연구소

서울대학교 사회발전연구소는 1965년에 설립되어 2015년에 50주년을 맞이한 전통 있는 연구기관이다. 설립 이래 지금까지 한국 사회가 요청하는 시대적 과제를 외면하지 않고 그에 대한 사회과학적 해답을 제시하는 연구를 꾸준히 진행해왔다. 인구문제가 가장 중요한 사회정책적 과제였던 1960년대부터 인구학 분야의 연구를 개척했으며, 체계적인 사회조사를 가장 먼저 도입하기도 했다. 1970년대에는 빠른 산업화와 더불어 등장한 산업사회와 노동 관련 연구를, 1980년대에는 민주화와 더불어 시작된 정치사회적 변동에 관한 연구를 진행했다. 1990년대에는 정보통신 및 이주, 가족, 여성 등 우리 사회의 다양한 소수자에 대한 연구를 포괄했으며, 2000년대 이후에는 고령화 및 양극화 등 한국 사회의 장기 추세 변화에 대한 연구를 진행해왔다. 2007년부터는 세계 여러 나라들과의 사회모델 비교를 통해 경제위기, 노동시장 거버넌스, 위험사회 등 다양한 영역에서 한국 사회 발전을 위한 정책적 대안을 제시해왔다.

http://www.isdpr.org

지은이

장덕진

현재 서울대학교 사회학과 교수이며, 서울대학교 사회발전연구소장으로 재직 중이다. 미국 시카고 대학에서 사회학 박사학위를 받고, 이화여자대학교 교수와 하버드 대학교 사회학과 방문교수를 지냈다. 주요 연구 주제는 사회모델 비교연구, 소셜미디어 분석 등이며, 주요 논저로 "Social Quality as a Measure for Social Progress"(공동, 2011), "The Birth of Social Election in South Korea, 2010~2012"(공동, 2012), 「17대 국회 법안표결의 정치경제학: 146개 쟁점법안에 대한 NOMINATE 분석을 중심으로」(공동, 2012), 「유로존 경제위기의 사회적 구성: 그리스, 이탈리아, 독일, 터키, 한국의 비교」(2013), "Leveling the Playing Field: Social Media and Politics in South Korea"(2014) 등이 있다.

구혜란

현재 서울대학교 사회발전연구소 연구교수로 재직 중이다. 미국 시카고 대학에서 사회학 박사학위를 받고, 성균관대학교 동아시아학술원 연구교수와 한국사회과학자료원 원장을 지냈다. 주요 연구 주제는 사회조사 방법, 사회지표 개발, 국제 비교연구 등이다. 주요 논문으로「위험 인식의 집단 간 차이」(2010),「지역사회의 질 수준과 격차」(2013),「공공성은 위험을 낮추는가?: OECD 국가를 중심으로」(2015) 등이 있다.

남은영

현재 서울대학교 아시아연구소 선임연구원이며, 아시아연구소 정기학술지 ≪아시아리뷰≫의 책임편집을 맡고 있다. 서울대학교 사회학과를 졸업하고 동 대학원에서 사회학 석사·박사학위를 취득했다. 주요 연구 주제는 사회계층, 소비사회학이다. 주요 논저로「외환위기 이후 계층의 양극화」(2009),「한국 중산층의 소비문화: 문화자본과 사회자본의 함의를 중심으로」(2010),『한국사회 변동과 중산층의 소비문화』(2011), "Class, Cultural Capital and Cultural Consumption: Exploring the Effects of Class and Cultural Capital on Cultural Taste in Korea"(공동, 2011),「행복감, 사회자본, 여가: 관계형 여가와 자원봉사활동의 함의를 중심으로」(공동, 2012),「이태리 사회경제적 위기: 복지모델과 사회갈등을 중심으로」(2013), "Social Risks and Class Identification after the Financial Crisis in Korea"(2013),『나눔의 사회과학』(공저, 2014),「한국, 독일, 이탈리아 친복지태도 비교연구: 제도인식의 영향을 중심으로」(공동, 2014)「사회적 위험과 국민인식: 정책적 함의를 중심으로」(2015), "Who is Willing to Pay More Taxes for Welfare: Focusing on the Effects of Diverse Types of Trust in South Korea and Taiwan"(공저, 2015) 등이 있다.

김주현

현재 서울대학교 사회발전연구소 연구교수를 지냈고, 현재 충남대학교 사회학과 교수로 재직 중이다. 서울대학교에서 사회학 석사·박사학위를 취득했으며 일본 와세다 대학교에서 박사 과정을 마쳤다. 주요 연구 주제는 노년사회학, 인구학, 노인복지, 사회정책이다. 최근 논문으로「연령주의(Ageism)척도의 개발 및 타당성 연구」(2012),「韓国と日本のエイジズム(Ageism)の構造と影響要因の比較」(2013) 등이 있다. 한국의 사회의 질 연구에서는 독일 사례연구를 통한 합의적 거버넌스 분석[「사회의 질과 사회적 합의 지향성의 효용: 독일의 경제위기 극복사례」(2013)]과 동아시아 4개국의 일-가족 갈등에 대한 비교연구["Do Part-Time Jobs Mitigate Workers' Work-Family Conflict and Enhance Well-being? New Evidence from Four East-Asian Societies"(2015)]를 수행했다.

박명준

현재 한국노동연구원 연구위원이자 동원 국제협력실장으로 재직 중이다. 서울대학교 사회학 학사와 석사를 졸업하고 독일 쾰른 대학에서 사회학 박사학위를 취득한 후, 베를린 자유대학에서 전임연구원으로 재직한 바 있다. 주요 연구 주제는 비교노사관계론과 고용-노동정책에 관한 사회학적 연구이다. 주요 논문으로 「독일 싱크탱크 산책」(2012), 「노동조합의 정책역량에 관한 연구」(공동, 2013), 「독일 미니잡의 성격과 함의」(공동, 2013), 「노동이해대변의 다양화와 새로운 노사관계 형성 과정」(공동, 2014) 등이다.

최슬기

현재 KDI국제정책대학원 교수이다. 미국 노스캐롤라이나 대학에서 사회학 박사학위를 받았고, 이화여자대학교 사회학과 연구교수와 서울대학교 사회발전연구소 선임연구원을 지냈다. 주요 연구 주제는 인구문제와 삶의 질 등이며, 주요 논문으로 「한국사회의 인구 변화와 사회문제」(2011), 「소득과 삶의 역량에 따른 행복 결정요인 연구」(공동, 2014) 등이 있다.

정병은

현재 서울대학교 사회발전연구소 선임연구원으로 재직 중이다. 연세대학교 사회학과를 졸업하고 동 대학원에서 석사·박사학위를 취득했다. 한국여성정책연구원 객원연구원, 한림대학교 고령사회연구소 전임연구원, 성균관대학교 서베이리서치센터 연구교수를 역임했다. 주요 연구 주제는 인권사회학, 장애의 사회학, 사회적 경제 등이며, 주요 논저로 「한국의 사회의 질과 복지 체계」(2013), 『장애아동의 문화예술: 권리이해와 실태보고』(2013), 『인권사회학』(2013), 「네덜란드의 홍수 위험 극복과 공공성: 1953년 대홍수와 이중학습의 진전」(2015), 『세월호가 우리에게 묻다: 재난과 공공성의 사회학』(공저, 2015), 『한국 사회의 질: 이론에서 적용까지』(공저, 2015) 등이 있다.

서형준

현재 애리조나 대학(University of Arizona) 사회학과 박사과정 중이다. 주요 연구 주제는 사회운동론, 정치사회학, 양적 방법론이다. 주요 논문으로 「사회자본과 정치참여 간 상관관계 연구: 국가별 경제수준, 불평등 정도와 정치발전을 중심으로」(2013), 「사회통합: 개념과 측정, 국제비교」(공동, 2014)가 있으며, "General Trust or Outgroup Trust?: Trust and Social Movement Participation"(공동), "Neighborhood Disorder, Sense of Powerlessness and Political Participation" 등의 논문을 준비 중이다.

이재열

현재 서울대학교 사회과학대학 사회학과 교수로 재직 중이다. 서울대학교 사회학과를 졸업하고 동 대학원을 거쳐 미국 하버드 대학교에서 사회학 박사학위를 받았으며, 한림대학교 사회학과 교수, 워싱턴 주립대학교 방문교수, 서울대학교 사회발전연구소장, 한국사회학회 연구이사 등을 역임했다. 최근에는 '성장사회'에서 '성숙사회'로 나가는 데 관심을 가지고 사회의 질 연구에 참여하고 있다. 한국 사회의 연결망에 주목해 네트워크사회에 관한 3부작 『한국사회의 연결망연구』(공저, 2004), 『한국사회의 변동 연결망』(공저, 2006), 『네트워크사회의 구조와 쟁점』(공저, 2007) 등을 묶어낸 바 있다. 논저로 "Social Capital in Korea: Relational Capital, Trust and Transparency"(2015), 『당신은 중산층입니까』(공저, 2015) 등이 있다.

우명숙

현재 서울대학교 사회발전연구소 객원연구원이다. 미국 브라운 대학에서 사회학 박사학위를 받고, 연세대학교 사회과학연구소, 중앙대 중앙사회학연구소, 서울대학교 사회발전연구소에서 전임연구원으로 재직했다. 주요 연구 주제는 복지국가, 사회정책, 여성노동 등이며, 주요 최근 논저로 "A Newly Emerging Small Welfare State and Social Cleavage: The Korean Case"(2011), 「공적 제도 인식이 친복지태도에 미치는 영향: 한국과 독일을 중심으로」(공저, 2014), 「1990년대 이후 스웨덴 사회정책 변화와 합의의 재구축: 거버넌스의 관점에서」(공저, 2014), "Who Is Willing to Pay More Taxes for Welfare: Focusing on the Effects of Diverse Types of Trust in South Korea and Taiwan"(공저, 2015) 등이 있다.

김길용

서울대학교 보건대학원에서 보건학 석사·박사학위를 받았다. 주요 연구 주제는 건강의 사회경제적 불평등 연구, 건강 정책의 효과 평가 등이다. 주요 논문으로 「사회자본과 건강만족 및 건강행위: 서울시 구단위 다수분 분석」(2014), "A Latent Class Analysis of Metabolic syndrome in Adolescents: National Health & Nutrition Examination Survey"(2014) 등이 있다.

유명순

현재 서울대학교 보건대학원 교수로 재직 중이다. 미국 버클리 대학에서 보건학 박사학위를 받고, 한림대학교 경영학부 교수를 지냈다. 현재 서울시 환자권리옴부즈만, 한국병원경영학회 부회장, 헬스커뮤니케이션 학회 이사 등을 맡고 있다. 주요 연구 주제는 보건의료 조직과 보건위험에 관한 인식과 커뮤니케이션이다. 주요 논저로 "의료기관의 조직 책무성"(2011), *Outrage factors in government press releases of food risks and their influence on news media coverage*(2014) 등이 있다.

조병희

현재 서울대학교 보건대학원 원장·보건사회학 교수로 재직 중이다. 서울대학교 사회학과를 졸업하고 동 대학원에서 석사학위를, 스탠퍼드 대학교에서 사회학 석사학위를, 위스콘신-매디슨 대학교에서 사회학 박사학위를 취득했으며 계명대학교 사회학과 교수로 재직했다. Social Quality Consortium in Asia 회원이고 사회정책학회 회장을 역임했으며 한국AIDS퇴치연맹 부회장을 맡고 있고 통계청 국가통계위원회 사회통계분과위원이기도 하다. 주요 연구 주제는 의료전문직, 질병인식, 지역사회역량, 건강증진, 대체의학 등이다. 오랫동안 한 사회의 신체적·정신적·사회적 건강을 평가하는 방법과 전반적 건강 수준을 향상시키는 방안에 천착해왔으며, 최근에는 보건 영역을 넘어서 사회통합과 갈등의 문제를 고민하고 있다. 주요 저서로『질병과 의료의 사회학』(2006, 2015 개정판),『섹슈얼리티와 위험 연구』(2008) 등이 있다.

한울아카데미 1830

유로존 경제위기의 사회적 기원

서울대학교 사회발전연구소 ⓒ 2015

기　획 | 서울대학교 사회발전연구소
지은이 | 장덕진·구혜란·남은영·김주현·박명준·최슬기·정병은·서형준·이재열·우명숙·김길용·
　　　　유명순·조병희
펴낸이 | 김종수
펴낸곳 | 도서출판 한울
편집책임 | 배유진
편집 | 양혜영

초판 1쇄 인쇄 | 2015년　9월 30일
초판 1쇄 발행 | 2015년 10월 15일

주소 | 10881 경기도 파주시 광인사길 153 한울시소빌딩 3층
전화 | 031-955-0655
팩스 | 031-955-0656
홈페이지 | www.hanulbooks.co.kr
등록번호 | 제406-2003-000051호

Printed in Korea.
ISBN 978-89-460-5830-9 93330 (양장)
ISBN 978-89-460-6066-1 93330 (학생판)

* 책값은 겉표지에 표시되어 있습니다.
* 이 책은 강의를 위한 학생판 교재를 따로 준비했습니다.
　강의 교재로 사용하실 때에는 본사로 연락해주십시오.